品质课程聚焦丛书
王雪梅　杨四耕　主编

活跃
学校课程实施

孙　波◎主编

全国教育科学"十三五"规划课题
"区域推进中小学品质课程建设的实践研究"
（课题编号FHB180571）之研究成果

华东师范大学出版社
·上海·

图书在版编目（CIP）数据

活跃学校课程实施 / 孙波主编. —上海：华东师范大学出版社，2022
（品质课程聚焦丛书）
ISBN 978-7-5760-2595-8

Ⅰ.①活… Ⅱ.①孙… Ⅲ.①课程建设-教学研究-小学 Ⅳ.①G622.3

中国版本图书馆CIP数据核字（2022）第034899号

品质课程聚焦丛书

活跃学校课程实施

丛书主编	王雪梅 杨四耕
主　　编	孙　波
责任编辑	刘　佳
项目编辑	林青荻
特约审读	刘诗意
责任校对	黄　燕　时东明
装帧设计	卢晓红

出版发行	华东师范大学出版社
社　　址	上海市中山北路3663号　邮编 200062
网　　址	www.ecnupress.com.cn
电　　话	021-60821666　行政传真 021-62572105
客服电话	021-62865537　门市（邮购）电话 021-62869887
地　　址	上海市中山北路3663号华东师范大学校内先锋路口
网　　店	http://hdsdcbs.tmall.com

印 刷 者	上海龙腾印务有限公司
开　　本	787×1092　16开
印　　张	15.75
字　　数	143千字
版　　次	2022年6月第1版
印　　次	2022年6月第1次
书　　号	ISBN 978-7-5760-2595-8
定　　价	50.00元

出 版 人　王　焰

（如发现本版图书有印订质量问题，请寄回本社客服中心调换或电话021-62865537联系）

丛书编委会

主 编
　　王雪梅　杨四耕
编 委
　　孙　波　李德山　崔春华　裴文云　李　红　廖纯连　苏家云
　　刘文芬　王慧珍　牛旌丽　柴　敏　吴长生　裴章云　刘　兵

本书编委会（成员不分先后）

主 编
　　孙　波
副主编
　　李德山　王慧珍
成 员
　　陈　慧　朱莉萍　李延好　陆　晨　张永梅　余　华　徐诗友
　　王宝文

丛书总序

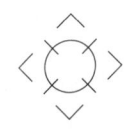

自2015年以来，我们在合肥市蜀山区推进"品质课程"项目，致力于学校课程文化变革，改变区域课程改革生态。这些年，我们深刻地感受到，课程是一种文化存在，文化是课程的存在方式和存在本身。

怀特海指出，过程是世界万物固有的本性。[1]在他看来，"事件"和"事物"不同：事件是唯一的，是不可重复的；而事物则是自然之物，是永恒的。[2]据此，我们认为，课程文化不仅仅是事物的集合，更是事件的生成。我们可将课程文化理解为事件之展开而非仅仅是事物之集合，由此所展现的将是课程文化要素、课程文化形态、课程文化主体共同构成的一幅立体兼容的文化图景。

从"事物"角度看，课程文化是课程形态和课程实践蕴含的价值、信仰、规范以及语言等文化要素的合生体，这些文化要素构成了课程文化的基质。因此，课程文化是一种信仰、一种语言、一种规范、一种眼光、一种思维方式、一种处理问题的方式，它们具体表现为课程精神文化、行为文化、制度文化以及物质文化。课程文化要素的相互摄入以及微观生成，构成学校课程文化变革的内在过程。在怀特海看来，把具体要素据为己有的每一过程叫作摄入。[3]"摄入"理论从微观层面说明了现实存在自我生成的内在机制。

课程精神文化、行为文化、制度文化以及物质文化诸要素相互摄入进而存在于另一存在之中，成为相互依存的合生体。在这个合生体中，课程精神文化是最核心的、最深层的、根部性的文化要素，是课程物质文化、制度文化与行为文化的价值凝练和理念引领。课程制度文化是具有中介性质的文化，它联结课程物质文化和行为文化，既是课程物质文化的制度保证，又是课程

---

[1] 怀特海.过程与实在：宇宙论研究（修订版）[M].杨富斌，译.北京：中国人民大学出版社，2013.
[2] 陈奎德.怀特海哲学演化概论[M].上海：上海人民出版社，1998.
[3] 杨富斌，等.怀特海过程哲学研究[M].北京：中国人民大学出版社，2018.

行为文化的规约机制。课程行为文化是课程文化的表现,既受课程精神文化的直接影响,又受课程制度文化的现实规范。课程物质文化处在表层,是课程精神文化、课程行为文化和制度文化的空间和载体。如此,课程文化诸要素相互摄入、相互作用,共同构成课程文化的深层结构。

课程文化变革过程包含"物质性摄入"与"概念性摄入",[①]这两种摄入是多维关联的重构过程,其中微观生成是生动活泼而丰富多彩的。一般地说,学校课程文化诸要素之间的相互摄入,其中课程精神文化居于核心地位,它体现于其他各要素之中。课程文化变革可以从课程文化的部分要素开始,以点带面,但要实现课程文化彻底转向,或要真正提升学校课程品质,就必须整体协调课程文化之各要素,就要以"文化的眼光"或"思维方式"进行这种摄入行动的思考和判断。

以上是课程文化的"事物观"及其变革机理。在这里,我想再说一个观点,那就是:课程文化不是简单的要素组合,而是一个展开的事件。正如巴迪欧在《存在与事件》一书中所言:真理只有通过与支撑它的秩序决裂才得以建构,它绝非那个秩序的结果;我把这种开启真理的决裂称为"事件";真正的哲学不是始于结构的事实(文化的、语言的、制度的等),而是仅始于发生的事件,始于仍然处于完全不可预料的突现的形式中的事件。[②]从"事件"角度看,课程文化是一个不可能重复出现的生成过程,处于不断运动变化之中。作为"事件"的课程文化之真理即是在完整的课程实践中成就人、发展人和完善人。

课程文化是学校里公开的或隐蔽的信念、行为、习惯和价值观等要素相互"包含""进入""创造""构成"的"合生"事件,它融合了课程的物质和精神两个层面的意涵,它不仅包含课程意识、课程理念、课程价值等内隐的精神文化形态,而且包含学校课程实践过程中所创造的课程物质、课程制度以及课程行为等外显的文化形态,是诸要素相互参与和多维互动的创造过程,是"事件"的生成与发生过程——因为"文化的每一个方面都是一个能够改

---

① 怀特海认为,对现实存在的摄入——其材料包含着现实存在的摄入——叫作"物质性摄入";对永恒客体的摄入叫作"概念性摄入"。参阅:杨富斌,等.怀特海过程哲学研究[M].北京:中国人民大学出版社,2018.

② Alain Badiou. Being and Event [M]. London: Continuum International Publishing Group, 2006.

变文化的创造源,都是非常主动的创造性力量"①。

一种文化首先意味着一种眼光,眼光不同,对所有事情的理解就不同。②课程文化是我们做事的眼光、处事方式或思维习惯,是生长着的"事件",是我们理解课程实践、推进课程变革的眼光。当然,课程文化虽然是一个"事件",但在本体论意义上,课程文化仍然是一种不易感知的实在。人类学家指出,人们一般意识不到他们身边的文化,因为此类文化表现为平常的生活,表现为看上去正常和自然的东西。文化以无意识的状态或者说未被检查的状态悄悄地让我们做出选择、进入生活。③

但是,这并不妨碍我们认识课程文化,我们仍然可以用智慧感知课程文化的存在,我们仍然可以用眼睛捕捉课程物质文化、制度文化、行为文化和精神文化。课程物质文化是以物质形态存在的设施和空间,这是课程文化赖以存在的物质基础与场域条件;课程制度文化是学校制定的规约课程实践的活动程序和价值规范,是学校课程变革过程中形成的价值体系和活动规则;课程行为文化是行为主体在长期的课程实践过程中形成的处理课程事务的一以贯之的行为方式,这种行为方式具有长期稳定性、潜意识性和无需提醒等特点;课程精神文化是学校课程文化的核心,是主导学校课程实践的理念和精神,通常会借助富有哲理的语言加以概括。这些课程文化要素,我们可以"看见"它们的合生性存在,也可以"分辨"它们的原子性存在。

我们的结论是:课程与文化有着天然的血肉联系,凡是课程变革一定是文化变革,没有文化内核的课程变革很难取得成功;文化变革需要课程建设支撑,没有课程支撑的文化变革是不可思议的。怀特海指出,现实存在就是合生,每一个现实存在都不是只有一种元素的简单的存在,不是原子论意义上的存在,而是由诸多要素构成的合生或有机体。④在学校课程变革过程中,课程与文化二者"合生"即生成课程文化。课程与文化的"合生"设计,是学校课程文化变革的重要方法。

在具体操作上,推进学校课程文化变革有两条道路可供选择。第一条道

---

①② 赵汀阳.赵汀阳自选集[M].桂林:广西师范大学出版社,2000.
③ 约瑟夫,等.课程文化[M].余强,译.杭州:浙江教育出版社,2008.
④ 怀特海.过程与实在:宇宙论研究(修订版)[M].杨富斌,译.北京:中国人民大学出版社,2013.

路是自上而下的演绎道路，实现从文化概念到课程设计的"合生"。首先确定学校课程哲学，包括学校课程理念、课程愿景、育人目标和课程目标。其次，厘定学校育人目标和课程目标。再次，梳理学校课程框架，设计学校课程内容。复次，活跃学校课程实施，使课程功能最大化。最后，把握学校课程评价和管理。如此，课程文化建设是从文化概念建构开始的，由此展开学校课程整体规划，实现从文化概念到课程设计的"合生"。

第二条道路是自下而上的归纳道路，实现从课程实践到文化逻辑的"合生"。学校课程文化建设实际上也是学校文化决策过程，每一所学校都有自己的文化背景，包括周边的文化资源、历史传统、现实经验，这是学校课程文化变革的客观基础，也是学校课程哲学生长的土壤，"土质"的不同导致学校课程哲学追求的不同。在分析学校课程情境的基础上，对学生的需求进行调查，了解现有课程的实施情况，发现学校课程中存在的问题；根据学校课程情境分析和学生需求调查，形成学校课程哲学，明确学校的育人目标和课程目标；基于课程价值需求分析，建构学校课程框架与体系；布局学校课程实施的多维途径和多种方式，确保课程实施的有序与有效；制定一套课程管理制度，保障课程变革顺利推进；制定一套评估方法，对课程品质进行评估。这是由课程实践到文化逻辑的"合生"过程。

合肥市蜀山区"品质课程"项目实践表明，学校课程文化变革可以是演绎式，也可以是归纳式。演绎式可理解为"概念先行——实践验证"方式；归纳式可理解为"实践探索——归纳提升"方式。课程是具有情境性和价值负载的文本，学校课程文化变革宜采取"理论、研究与实践互动"的方式。这种方式不完全依赖于概念或理论，也不脱离学校实际情境。在学校课程实践中，以学校课程情境为基础，以课程的实际问题为切入点，以理论为指导，以概念为圆心，边研究边行动，在实践中总结提炼，又在实践中加以验证与改造，在理论与实践的互动互补、碰撞对话中生成学校独有的课程文化框架。

马克思说："全部社会生活在本质上是实践的。凡是把理论引向神秘主义的神秘东西，都能在人的实践中以及对这种实践的理解中得到合理的解决。"[1]

---

[1] 马克思恩格斯选集（第1卷）[M].中央编译局，译.北京：人民出版社，1995.

合肥市蜀山区"品质课程"项目探索告诉我们：实践是课程文化价值实现的根本途径，是推进学校课程文化变革的关键力量。学校课程文化变革必须为行动提供充分的理据，从而使得行动趋于合理化，增强学校文化变革的认同感和一致性。在某种意义上，这也是一种文化自觉。

杨四耕
2021年2月5日于上海市教育科学研究院

目录

前　言　课程，落地开花的语言 —— 1

第一章　课堂教学即课程微观 —— 1

课堂教学即课程微观，顾名思义，课堂教学就是对课程教学的微观体现。课堂教学是对课程教学的分解，课程教学必然通过多节课的课堂教学来予以实现。一门课程包含着若干个章节，具备多样化的知识点，所以课程教学就需要微观的课堂教学方式予以开展。

特色学校　合肥市西园新村小学南校教育集团 / 3
特色课程　小天鹅课程：小天鹅，从这里起飞 / 3
第一节　让儿童成为飞翔的小天鹅 / 4
第二节　培养灵动秀美的小天鹅 / 7
第三节　磨炼小天鹅的成长经历 / 9
第四节　让小天鹅体验飞翔的喜悦 / 16

第二章　重组整合即课程创造 —— 35

重组整合课程是一种全新的教学模式，也是一种课程创造。课程的重组整合是对课程内容知识的有效转变，能够改变课程内容的排布顺序，能够以重组的方式打开课程教学的模式，让更多的知识点通过重组来改变教学的效率，刷新了教师对课程教学的观念，使课程教学因为重组而大放光芒。

特色学校　合肥市蜀山小学 / 37
特色课程　新生态课程：让孩子们焕发生命活性 / 37
第一节　让孩子们焕发生命活性 / 38
第二节　尽情绽放孩子们的活力 / 41
第三节　让每个孩子都成为活力的源泉 / 44
第四节　搭建展现孩子活力的舞台 / 49

第三章　研学旅行即课程实践　— 67

课程理论的真实意义，可以用实践来检验，通过实践可以培养儿童成为理论与实践并重的人才，让儿童在实践方面拥有强大的能力。研学旅行凸显了课程实践的重要性，给学生制造轻松愉悦的气氛，使儿童参与到实践当中，让儿童在研学旅行中感受到实践的真正内涵，感受课程实践带给自己的重要作用和价值。

特色学校　合肥市蜀新苑小学 / 69
特色课程　S-M-I-L-E课程：用微笑点靓儿童生活 / 69
第一节　寻找儿童自信微笑的源泉 / 70
第二节　在儿童心田种下微笑的种子 / 73
第三节　微笑甘霖浸润校园 / 76
第四节　微笑之花绚丽绽放 / 80

第四章　　社团活动即课程聚焦　　— 101

　　社团活动就是课程的聚焦所在，能够为课程教学带来丰富精彩的活动，让更多的学生认识到社团活动开展的重要性。旨在找到课程教学与社团活动的契合点，让社团活动以课程教学为主题进行开展，使课程教学内容真正成为社团活动的主导，从而令社团活动变得真正具有意义。

　　特色学校　合肥市安居苑小学 / 103
　　特色课程　小绿叶课程：向着美好自然生长 / 103
　　第一节　向着美好自然生长 / 104
　　第二节　润泽每一片成长的叶子 / 107
　　第三节　让每片叶子都美好成长 / 111
　　第四节　关注每一片润美的叶子 / 117

第五章　　节日民俗即课程情愫　　— 145

　　节日民俗即课程情愫，顾名思义就是说节日民俗成为课程的情愫所在。课程中加入节日民俗，改变了原本老旧的课程教学理念，增添了课程教学的节日气息，丰富了课程教学的传统理念，带给课程教学更加美好的发展历程，让课程教学因为节日民俗的存在而变得更加具有特点，提升了课程教学的实际意义。

　　特色学校　合肥市新城小学 / 147
　　特色课程　智慧城课程：让每个孩子在这里绽放
　　　　　　　精彩 / 147
　　第一节　我们与世界只差一个你 / 148
　　第二节　让每个孩子绽放精彩 / 151

第三节　生命因智慧而精彩 / 153
第四节　丰富多彩的课程实施 / 157

第六章　寓教于乐即课程生长　　—— 177

寓教于乐是指在娱乐中寄托教育的作用，在课程教学中融入让学生娱乐的元素，增强课程教学的创造力，让课程教学变得更加新颖，让学生能够在欢愉的氛围中积极学习，使学生更容易在课程学习中得到满足。寓教于乐改变了课程教学的实际状况，使课程教学真正成为寓教于乐的温床，使课程教学变得更加新颖。

特色学校　合肥市琥珀小学 / 179
特色课程　美好派课程：向着美好生长 / 179
第一节　美好生长是最美的姿态 / 180
第二节　让每个孩子都拥有美好的未来 / 182
第三节　描绘美好课程的蓝图 / 184
第四节　奔着美好的方向生长 / 195

第七章　礼仪学习即课程愿景　　—— 203

礼仪学习即课程愿景，是对课程教学的期许。课程教学需要让礼仪学习成为其愿景，这是一种对教学的升级，也是教师开展课程教学的主要目的。礼仪学习可以帮助课程教学变得更有深度，更能够彰显课程教学的实际意义，为课程教学带来更大的教学意义，才可以深化课程教学的内在，让课程教学变得更有营养。

特色学校　合肥市大柏中学 / 205
特色课程　芳香派课程：向着芳香生长 / 205
第一节　向着芳香生长 / 206
第二节　让每个孩子都有自己的芳香特质 / 209
第三节　建构蕴含芳香的园地 / 211
第四节　让每个孩子芳香四溢 / 216

后　记　　　　　　　　　　　　　　　── **228**

前言　课程，落地开花的语言

学习对于每一个学生来说都至关重要，只有接受优良的教育，他们才可以培养起良好的学习能力，具备更加丰富的知识理论，从而拥有良好的实践能力。如今是全新的时代，作为新时代的学生，他们应该明白学习的意义，更要清楚自己学习是为了什么。因此在教学过程中，只有对学生的课程加强实施和引导，才可以使学生们变得更加优秀，使学生们更加认真地对待学习，在学习过程中提升自己的知识水平、学习能力，使自己在学习中学到更多的课程知识和技能。对于学生而言，一定要通过努力学习来提升自己学习的素质，也应该在实际的学习中领悟更多的学习技巧。学习需要技巧，更需要持之以恒的决心和勇气。那么就需要老师积极带动学生、引导学生，教会学生运用个性化的学习方法来对待课程学习。由此可见，课程学习方式是非常重要的，不懂得学习方法的学生在学习时的效率会很低。因此，教师一定要让学生们掌握有效的课程学习方法，帮助他们找到适合自己的课程学习方法。

那么在实际的课程教学中，教师一定要让课程变得趣味化，让学生知道课程的重要性，看到课程的趣味性，只有这样学生们才可以对课程有深刻的认识并认真地学习。对于学校来说，课程的开展是必然的，学校只有开展课程才可以实施教学，课程是学校开展教学的基本形式，没有课程，那么学校将无法开展教学。学校开展多样化的课程，教学才能变得丰富多彩，各种知识才能展露出来，增强教学的专业性，使更多的学生可以学到更多的课程。不同的课程在不同的角度培养了学生的学习能力，让学生掌握了专业的知识和理论，知道了更多的文化内容。不同的课程蕴含着不同的内涵和价值[1]，学生学习的每一门课程都有自己的作用和价值，这些，都能够从不同的视角教

---

[1] 冯连民.提升教师课程能力的思考与实践[J].基础教育参考，2019（19）：47-50.

会学生更多的文化。所以对于课程老师来说，一定要抓住本课程的教育原则，为自己设立一定的目标，让自己教有所长，能够在课程教学中融入德育教育元素，如此才可以从更深角度来提升教学的影响力和作用力。在未来的教育教学中，老师应该明白课程教学的重要性，能够对本课程进行有效地学习，最终使学校课程活跃，从更深层次来提升学校课程的活跃度，让更多的学生能够参与到学校课程之中，使课程变得更具生命力。

课程，落地开花的语言，对于学生们来说，课程教学是非常重要的，课程中包含着非常丰富的文化知识，能够使各方面的知识系统化、专业化，能够让学生们学习到更加系统的文化知识，其中包含着更多的文化内容，学生们可以在各个领域中获得丰富的知识点。学校教育因为具备课程教学而变得更加饱满，而老师也会因为课程的存在而变得更有存在价值。学校应该懂得活跃自身的课程实施，让课程开展获得无限的生命力。相信活跃学校课程实施定会使学校的课程教学走向更加美好的发展之地。

课程，落地开花的语言，其能够让学生深入到各个课程的学习之中，为更多的学生带来知识上的启迪，使学生的思维得到开发，让学生们收获更多学习乐趣。课程无论在何时何地都绽放光芒，为学生们开辟崭新的学习道路，只有让课程教学变得丰富多彩，使课程在积极活跃的氛围中开展，才可以提升课程教学的实际效率，为更多的学生带来丰富精彩的课程教学。课程教学会让教学变得更加多样化，为国家和社会培养出专业化的人才，为更多的学生打下课程学习的基础，使更多的学生在专业化的领域发展下去。因此，必须要加强课程教学的专业性，使课程教学方式变得更加鲜明且具有特点。相信活跃学校课程实施定会促成课程的实施，让课程变得更加精彩且充满乐趣[1]。

在未来的教育之中，必须要活跃学校课程实施，学校课程的活跃实施定会使学校课程走向更加美好的未来，让更多的学生树立良好的课程基础，使他们明白课程教学的深刻内涵，最终使课程教学焕发更大的活力，展现出更加精彩的内容。

（撰稿者：陈慧）

---

[1] 宋涤非，杨建荣.开发益智校本课程　促进学生数学思维的发展［J］.辽宁教育，2019（01）：27-30.

第一章

课堂教学即课程微观

课堂教学即课程微观，顾名思义，课堂教学就是对课程教学的微观体现。课堂教学是对课程教学的分解，课程教学必然通过多节课的课堂教学来予以实现。一门课程包含着若干个章节，具备多样化的知识点，所以课程教学就需要微观的课堂教学方式予以开展。

课堂教学即课程微观，顾名思义，课堂教学就是对课程教学的微观体现，对于一门课程来说，必然会由专业老师开展专业的课堂教学，如果课程教学缺失课堂教学，那么课程教学将无从开展。课程教学是通过一节节的课堂教学予以体现的，由此可以看出课堂教学的重要性。对于学生而言，一定要学好每一节课的课堂教学，如果一节课堂教学没有跟着老师的思路予以开展，那么以后的课堂教学将会无法适从，因为前面的课堂教学是对后面课堂教学的铺垫，一旦学生在某一堂课没有认真听讲，那么势必会影响以后的课堂教学，学生的实际学习情况将遭受到巨大的损害。因此，在课堂教学中必须让每一个学生认识到课堂学习的重要性，在每一节课堂学习中都应该抓住老师的课堂内容，积极配合老师开展教学，从而认真听取每一节课的内容。相信对课堂教学的认真学习，定会让学生在学习中寻觅到更多的快乐。而老师也应该教好每一节课，在课堂教学中融入更加专业的文化知识，让学生们感受到更加精彩的课堂教学过程，不断加深学生对课程教学的理解，使学生喜欢上每一门课程，并可以在每一门课程教学中体验到更多的学习知识，从而带来更好的教学结果。

课堂教学是对课程教学的分解，课程教学也必须通过多节课的课堂教学来予以实现，因为一门课程包含着多个章节，具备多样化的知识点，那么课程教学就需要专业的老师通过课堂教学的方式予以开展，那就需要老师在课堂教学中进行细致地讲解，最终令课堂教学变得更加精细化，更加有效化。课堂教学反映着教学老师的教学好坏，那么作为老师，就应该在课堂教学中表现自己的教学风格，通常要设定幽默轻松的讲课氛围，这样才可以使学生们积极参与到实际的教学之中，就可以使课堂教学变得更加高效，让更多的学生感受到课堂教学的魅力所在，其就会积极主动地学习课堂教学内容，进而对这一课程充满喜爱之情[①]。

课堂教学即课程微观，站在微观的角度来看课程教学，课堂教学就显得非常重要，一定要更加清晰地明白课堂教学的重要性，作为老师也应该明白课堂教学是课程教学的微观体现，能够处理好课堂教学与课程教学两者的关系，使课堂教学成为课程教学的微观体现，让课程教学成为课堂教学的主导和参照。课堂教学应该体现出这一课程的实际特点，能够充分展现出专业的教学特点，在课堂教学中也必须要考虑到课程的专业性，能够将课程的专业

---

① 冯连民.提升教师课程能力的思考与实践［J］.基础教育参考，2019（19）：47-50.

知识和理念在课堂教学之中体现出来。总之，课堂教学定会让课程教学变得更加专业，更能够详细地说明课程教学中的各个知识点，让学生们在课堂教学之中领略课程教学的风采和乐趣，使更多的学生热衷于课堂教学，令课堂教学变得更有价值，更有意义，吸引更多的学生加入实际的教学之中。

（撰稿者：陈慧）

特色学校　合肥市西园新村小学南校教育集团
特色课程　小天鹅课程：小天鹅，从这里起飞

合肥市西园新村小学1987年诞生于合肥市五里墩立交桥下风景优美的西园新村内。2009年6月16日，学校正式入驻政务文化新区；2016年5月合肥市西园新村小学教育集团成立；2018年6月，合肥市西园新村小学教育集团分为南北两个教育集团。合肥市西园新村小学南校教育集团现拥有南校和嘉和苑两个校区。集团现有教师240余人，教学班88个，在校学生4060名。学校不但教学设备完善，拥有网络教室、红领巾电视台、多媒体教室、多功能活动厅等专用功能教室，还拥有一支高素质的教师队伍。学校先后涌现出全国劳动模范、全国优秀教师、全国模范教师、全国美育带头人、全国优秀班主任、全国优秀中队辅导员等各级各类的骨干、名师。学校在师生的共同努力下，校风醇厚，学校成了孩子们学习生活的"花园、学园、乐园"，师生幸福指数高。自办学以来，学校一直以良好的办学成绩，享有很高的社会声誉，曾获得全国语言文字规范化示范学校、全国信息技术实验学校、全国优秀家长学校、全国美育教育成果百强名校、全国防震减灾科普示范校、全国首批"科普中国·校园e站"、安徽省教育系统先进单位、合肥市特色学校、合肥市素质教育示范学校、合肥市文明校园等荣誉称号。其中，《小学校本课程的开发与实施》获安徽省基础教育课程改革教育教学成果奖二等奖。我们依据《中共中央国务院关于深化教育教学改革全面提高义务教育质量的意见》《教育部关于深化课程改革，落实立德树人根本任务的意见》《国家中长期教育改革和发展规划纲要（2010—2020年）》相关文件精神，紧紧围绕"每一个学生都是飞翔的小天鹅"的办学理念，推进"小天鹅课程"体系建设。

第一节

让儿童成为飞翔的小天鹅

学校课程哲学的形成,是学校基于实际情况和课程的变化历程,以课程的视角审视学校的办学理念,在继承学校课程发展的经验和传承中进行个性化的自主表达。

一、学校教育哲学：小天鹅教育

学校办学历史悠久,位处天鹅湖畔,我们将"小天鹅"定位为校园文化主题。结合着原有校训"至真、至纯、至善、至美",我们将"小天鹅课程"育人目标定位为:"培养真、纯、善、美的小天鹅。"我们提炼出"让每一个孩子都成为飞翔的小天鹅"这一核心办学理念。

"小天鹅教育"是至真的教育,倡导求真知,做真人。讲求在师生的共同学习实践活动中,教会学生不断探求知识,享受探索的过程;建立他们科学的求真态度。从而润物细无声,潜移默化地造就他们面对人生时的踏实认真。

"小天鹅教育"是至纯的教育,倡导守纯心,做纯人。讲求通过营造轻松、有趣、平等、和谐的学习氛围,让学生在学习中自由地、充分地展示自我。

"小天鹅教育"是至善的教育,致力扬善举,做善人。讲求涵养人文底蕴,继承和弘扬中华优秀传统文化、革命文化、社会主义先进文化,拓展文化视野,增强文化自觉。培养志向远大、品行纯良的学生,让期许在内心萌发,让善行在现实绽放,不断感知、内化生命中的"善"。

"小天鹅教育"是至美的教育，崇尚绽美德，做美人。让学生认识到彰显优势的独特姿态就是最"美"姿态。致力于培养学生的综合素养，让学习真正迈入"美"的境界。

我们坚信，
学校是成就生命成长的地方；
我们坚信，
教育是一种潜移默化的影响；
我们坚信，
每一个孩子都将拥有"一飞冲天"的力量；
我们坚信，
教育就是在尽情体验后点亮每一个生命的绽放；
我们坚信，
塑造生命彰显优势的独特姿态就是教育的极致向往。

二、学校课程理念：小天鹅，从这里起飞

基于以上课程哲学，我们提出了"小天鹅，从这里起飞"的课程理念，打造"小天鹅课程"模式。教育就是一种唤醒，唤醒"至真、至纯、至善、至美"的心灵。我们期望"每一个孩子都是飞翔的小天鹅"，将课程理念概括为"用全景式课程涵养生命的真、纯、善、美"。

用全景式课程涵养生命的真、纯、善、美。为使同学们享受丰富多彩的课程，学校以国家课程实施为基础，精品特色校本课程的开发为补充，构建了与学生内在发展需求相一致的，有利于夯实学科基础、促进专业发展、提高综合素养、形成自主能力的课程体系[1]。我们认为：

——课程即真实浸润。"小天鹅课程"通过丰富的课程内容，利用多样的实施途径，切近学情，引领学生前进，让学生真实地体验学习的过程，给予学生需要的能力素养以支持未来的学习和发展。课程强调深度引导，侧重实

---

[1] 陈艳燕.兴趣引领　问题驱动——以"色谱分离技术"教学谈化学校本课程的开发[J].化学教与学，2019（08）：11-14.

践应用。在特定的教育情境中,每一位教师和学生都能真实地浸润在课程中,教师与学生共同促进积极的教育过程。

——课程即智慧生长。"小天鹅课程"体现的是对儿童天性的顺应。营造雅致的育人环境,充分尊重每一个个体生命的成长。倡导儿童的学习内容与方式应该是智慧的、自由的、平等的。课程既让儿童天性在这里得到最大的尊重和包容,又让他们拥有智慧面对以后生活的勇气和能力。

——课程即向善阳光。"小天鹅课程"主张绽放自我、向善阳光的教育。张扬是一种积极向上的鲜活个性,是一种意气风发的精神状态;张扬是全力以赴地突破困境,是不拘一格地塑造人才;张扬是一种自信,更是一种勇气[1]。不断积蓄,厚积薄发,课程使每一个孩子都呈现着积极向上的生命力量。

——课程即极美绽放。"小天鹅课程"的设置更多注重科学地挖掘学生内在潜能,培养学生可持续发展的学习能力,提高学生的综合素质。既体现了学校的办学宗旨,又注重每个孩子的个性需求,让他们充分展示自我,得到全面的素养提升。构建丰富多彩的学科课堂与艺术课堂,通过多样化的课程满足学生动态发展的需求,让每一只小天鹅都能绽放独属于自己的美丽。

---

[1] 夏林.美好课程让学校教育有了灵魂[J].国家通用语言文字教学与研究,2020(6):101.

第二节

培养灵动秀美的小天鹅

育人目标是学校办学理念的具化和落实，更是我们在构建课程时必须明确并坚守的方向。

一、学校育人目标

我校的育人目标是"培养真、纯、善、美的小天鹅"，我们致力于培养"至真、至纯、至善、至美"的西小学子，让一只只小天鹅从这里展翅高飞。

——至真：爱学习，敢质疑，乐探究，善表达。

——至纯：讲诚信，求质朴，爱劳动，善合作。

——至善：讲孝道，会感恩，能宽容，乐助人。

——至美：懂礼仪，会审美，有情趣，能创造。

二、学校课程目标

培养目标是通过课程目标去达成的。在学校育人目标框架下，根据学校课程目标，我们将课程目标细化为低、中、高三个学段。（见表1-1）

表1-1 合肥市西园新村小学南校"小天鹅课程"分段目标表

育人目标＼课程目标＼学段	低 年 级	中 年 级	高 年 级
至真	热爱学习，基本养成听说读写的良好习惯。养成在日常学校、	热爱学习，养成浓厚的学习兴趣，能注重联系实际。能大胆提	学习从不同的角度去思考问题，尽可能多地寻找解决问题的方法。学习比

（续表）

育人目标＼课程目标＼学段	低年级	中年级	高年级
至真	家庭、社会生活中动脑筋、想问题的习惯，遇到有兴趣但不太懂的事情喜欢问教师、问家长，会动手查资料、找答案。热爱生活，能对日常常见问题提出"为什么"。上课积极发言，在各种交际活动中学会倾听、表达与交流。能够与同桌或在小组内表达清楚自己的意见，在班级发言时声音响亮，思路清晰。	出问题，对所提出的问题进行比较和评价，并会探究如何解答问题，能提出复杂的、有一定深度的问题。学习积极主动，对自己有自信，能独立思考，表达自己的感受和观点。和他人进行交流的时候可以安静听取别人的话，并且能够就不明白的言语向对方询问，拥有不同的想法也能和对方讨论。更加有信心地表达自己的观点。	较全面地看待社会生活中发生的事件，处理生活中发生的问题。独立思考，有与他人不一样的解决问题的方法与策略。在沟通的时候能够从内心对对方表示尊重和认可。积极地与他人沟通，并且敢发表自己观点。安静地听别人的发言，并且能够理解对方的意思，同时也能向其他人表达同样的意思。在讲话的时候能够冷静、有逻辑。在遇到不同的交流对象的时候，通过短暂的思考就可以和对方交流。
至善	听父母的话，学会与父母分享。学会对父母和老师的付出表示感谢。学会原谅别人的过错，会说"没关系"。能积极帮助别人做力所能及的小事。	好好学习，自己的事情自己做，减轻父母的负担。学会对陌生人和其他帮助自己的人表示感谢。理解他人的做法，互让、互谅、互敬。会动脑筋帮助别人解决困难。	能和父母和睦相处，遇到问题和矛盾耐心解释、沟通解决。感恩祖国和社会给予的生活，并转化为学习和前进的动力。学会换位思考，尊重他人。能找到最佳帮助别人的方法和途径。
至美	认真上课、认真完成作业，培养自主学习好习惯。学会做值日，知道上下楼梯靠右走，学会自己整理衣物。喜欢艺术活动，感受艺术活动给自己带来的愉悦情绪。喜欢唱歌、乐器演奏、舞蹈、画画等艺术活动，对学校专业队有着无限向往。善于观察生活，有丰富的想象力和强烈的好奇心。	注重个人礼仪，主动与父母沟通交流，体谅父母的辛苦，自己的事情自己做。欣赏名家作品，感悟经典，有一定的欣赏美、鉴赏美的能力。能够将自己的好奇转变为行动力，并且养成自己的喜好。思维能随机应变，举一反三，能提出新观点，有旺盛的求知欲。	做文明的人，爱护低年级同学，文明课间。自觉遵守公共秩序，公共场合不喧闹、不拥挤、不喧哗，礼让他人。艺术能力得到一定程度提高，学到更多的艺术知识，喜好美好的艺术。能从日常平凡小事中，发现乐趣，体验情趣。希望能够探索更加美好的生活，拥有积极的生活态度。思维具有新颖性和独创性，意志品质出众，能排除外界干扰，长时间地专注于某个感兴趣的问题之中。

第三节

磨炼小天鹅的成长经历

学校秉承"小天鹅课程"课程哲学,围绕"培养真、纯、善、美的小天鹅"的育人目标,经过多年的实践和提炼,构建了"小天鹅课程"体系。

一、学校课程逻辑

学校的教育哲学、课程理念、课程模式、课程结构、课程实施路径与育人目标之间形成如下逻辑关系。(见图1-1)

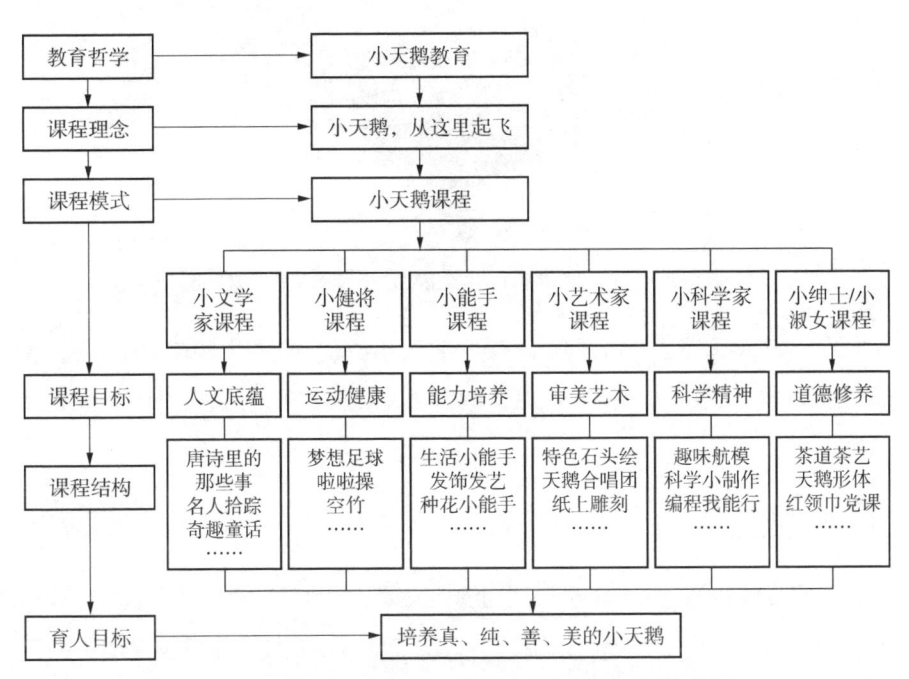

图1-1 合肥市西园新村小学南校"小天鹅课程"逻辑图

"小天鹅课程"由"小文学家课程""小健将课程""小能手课程""小艺术家课程""小科学家课程""小绅士/小淑女课程"构成，体现了课程设置的全面性。学校通过特色课程的研发和实施，将以上六个体系的课程目标分别设为"人文底蕴""运动健康""能力培养""审美艺术""科学精神""道德修养"，践行课程育人目标，实施课程理念，推进课程改革。努力让每一个孩子都能成为"飞翔的小天鹅"。

二、学校课程结构

为了达成"小天鹅课程"目标，我们依据课程类别将"小天鹅课程"划分为六类课程，形成"小天鹅课程"体系。（见图1-2）

图1-2 合肥市西园新村小学南校"小天鹅课程"结构图

"小天鹅课程"共包括六个体系一百多门课程，这些琳琅满目的课程，极富个性魅力，既独立又相互交融，为西小南校孩子们的成长提供了多元的选择。

三、课程设置

我们坚持"每一个孩子都是飞翔的小天鹅"的办学理念，努力做到让我们的孩子好问、乐学、善思、致用，为实现"至真、至纯、至善、至美"的课程目标，我们将"小天鹅课程"按照六类课程与学段进行了分类。（见表1-2）

表1-2 合肥市西园新村小学南校"小天鹅课程"设置表

年级	学期	小科学家课程	小艺术家课程	小健将课程	小文学家课程	小能手课程	小绅士/小淑女课程
一年级	上	1. 科学幻想家 2. 乐高机器人 3. 折纸飞机 4. 科学小实验 5. 七巧板 6. 珠心算	1. 我爱跳舞 2. 跟我唱（五线谱和简谱） 3. 奇趣儿童画 4. 趣味书写 5. 小天鹅从这里起飞（入学教育）	1. 我会做操 2. 炫彩啦啦操 3. 我爱跳绳 4. 健体小达人 5. 缤纷体育游戏 6. 健将体能	1. 日有所诵 2. 经典故事屋 3. 小绘本大世界 4. 看图编故事 5. 英语歌谣 6. 娃娃识字馆	1. 生活小能手 2. 校园安全 3. 学习小标兵	1. 我爱校园 2. 天鹅校园礼仪（初） 3. 家庭小主人（自理能力上） 4. 天鹅形体
一年级	下	1. 科学幻想家 2. 乐高机器人 3. 折纸飞机 4. 科学小实验 5. 七巧板 6. 珠心算	1. 我爱跳舞 2. 跟我唱（简单音阶练习1） 3. 奇趣儿童画 4. 趣味书写 5. 小天鹅从这里起飞（校园礼仪）	1. 我爱跳绳 2. 炫彩啦啦操 3. 控球小达人 4. 缤纷体育游戏 5. 缤纷体育（民族民间） 6. 健将体能	1. 日有所诵 2. 经典故事屋 3. 小绘本大世界 4. 看图编故事 5. 英语歌谣 6. 娃娃识字馆	1. 生活小能手 2. 校园安全 3. 学习小标兵	1. 我爱校园 2. 天鹅校园礼仪（中） 3. 家庭小主人（自理能力下） 4. 天鹅形体
二年级	上	1. 科学幻想家 2. 乐高机器人 3. 航空模型 4. 科学大爆炸 5. 数独 6. 珠心算	1. 天鹅形体 2. 天鹅合唱（简单音阶练习2） 3. 变废为宝（美术创想） 4. 书香墨韵 5. 天鹅手工 6. 携趣水溶豆	1. 控球小达人 2. 炫彩啦啦操 3. 我爱跳绳 4. 天鹅运动家 5. 健行武术 6. 健将体能	1. 必背古诗词 2. 我爱童话 3. 绘写语句 4. 英语故事屋 5. 唐诗里的风景 6. 趣读绘本	1. 劳动小能手 2. 校园安全 3. 学习小标兵	1. 天鹅校园礼仪（高上） 2. 家庭小主人（我会做） 3. 天鹅形体

（续表）

年级	学期	小科学家课程	小艺术家课程	小健将课程	小文学家课程	小能手课程	小绅士/小淑女课程
二年级	下	1. 科学幻想家 2. 乐高机器人 3. 航空模型 4. 科学大爆炸 5. 数独 6. 珠心算	1. 天鹅形体 2. 天鹅合唱（小型曲目单声部） 3. 天鹅欣赏 4. 书香墨韵 5. 天鹅手工 6. 百变折纸	1. 控球小达人 2. 缤纷体操 3. 健将武术 4. 我爱跳绳 5. 缤纷体育（民族民间） 6. 健将体能	1. 必背古诗词 2. 我爱童话 3. 词串大爆炸 4. 英语故事屋 5. 趣读绘本 6. 唐诗里的风景	1. 劳动小能手 2. 校园安全 3. 学习小标兵	1. 天鹅校园礼仪（高下） 2. 家庭小主人（我会做下） 3. 天鹅形体
三年级	上	1. 乐高机器人 2. 电子百拼 3. 校园科技动手做 4. 桥梁STEM课程 5. 食物的奥秘 6. 绘写科学	1. 天鹅舞蹈（汉族舞） 2. 天鹅合唱（小型曲目双声部） 3. 美术创想 4. 翰墨飘香硬笔书法（钢笔字1） 5. 源远合粒画 6. 指尖黏土	1. 体育与健康基础知识 2. 基本身体活动 3. 体操类活动 4. 我爱跳绳 5. 健将武术 6. 缤纷体育（民族民间） 7. 天鹅运动家 8. 控球小达人	1. 吟诵小古文 2. 天鹅读书会 3. 精彩序段 4. 天鹅英语绘本 5. 唐诗里的故事 6. 英语自然拼读	1. 家务小能手 2. 校园安全 3. 学习小标兵	1. 天鹅公共礼仪（交通） 2. 家庭小主人（爱家人） 3. 我会表达（情商教育）
三年级	下	1. 乐高机器人 2. 电子百拼 3. 校园科技动手做 4. 桥梁STEM课程 5. 食物的奥秘 6. 绘写科学	1. 天鹅舞蹈（少数民族舞） 2. 天鹅合唱（优秀合唱曲练习） 3. 美术创想（剪纸） 4. 翰墨飘香（钢笔字2） 5. 源远合粒画 6. 指尖黏土	1. 健体小达人 2. 健将体能 3. 缤纷体操 4. 控球小达人 5. 健将武术 6. 缤纷体育（民族民间） 7. 我爱运动（选用教材体育游泳、羽毛球等体育项目）	1. 吟诵小古文 2. 天鹅读书会 3. 精彩序段 4. 天鹅英语绘本 5. 唐诗里的故事 6. 英语手工绘	1. 家务小能手 2. 校园安全 3. 学习小标兵	1. 天鹅公共礼仪（聚会） 2. 家庭小主人（爱劳动） 3. 我会表达（情商教育）

(续表)

年级	学期	小科学家课程	小艺术家课程	小健将课程	小文学家课程	小能手课程	小绅士/小淑女课程
四年级	上	1. 乐高机器人 2. 科技小发明 3. 校园科技活动手做 4. 楼房STEM课程 5. 食物的奥秘 6. 绘写科学	1. 天鹅舞蹈（国外舞蹈） 2. 天鹅合唱 3. 美术创想（刮画） 4. 翰墨飘香（钢笔字3） 5. 闪亮钻石画 6. 纸上雕刻 7. 天鹅管乐	1. 健将体能 2. 健体小达人 3. 缤纷体操 4. 控球小达人 5. 健将武术 6. 缤纷体育（民族民间） 7. 畅玩游戏 8. 我爱运动（选用教材游泳、羽毛球等体育项目）	1. 天鹅吟诵 2. 天鹅读书会 3. 善思乐写 4. 天鹅英语绘本 5. 我爱宋词 6. 英语讲故事	1. 种植小能手 2. 校园安全 3. 生活百宝箱	1. 天鹅公共礼仪（文明所为） 2. 家庭小主人（电话礼仪） 3. 我会交际
四年级	下	1. 轨迹机器人 2. 科技小论文 3. 科技小实验 4. 楼房STEM课程 5. 食物的奥秘 6. 绘写科学	1. 天鹅舞蹈（现代舞） 2. 天鹅合唱 3. 美术创想（写生上） 4. 翰墨飘香（钢笔字4） 5. 闪亮钻石画 6. 纸上雕刻 7. 天鹅管乐	1. 健将体能 2. 健体小达人 3. 缤纷体操 4. 控球小达人 5. 健将武术 6. 缤纷体育（民族民间） 7. 畅玩游戏 8. 我爱运动（选用教材游泳、羽毛球等体育项目）	1. 天鹅吟诵 2. 天鹅读书会 3. 善思乐写 4. 天鹅英语绘本 5. 我爱宋词 6. 英语讲故事 7. 创编小报	1. 种植小能手 2. 校园安全 3. 生活百宝箱	1. 天鹅公共礼仪（与人沟通） 2. 家庭小主人（街坊邻里） 3. 我会交际

（续表）

年级	学期	小科学家课程	小艺术家课程	小健将课程	小文学家课程	小能手课程	小绅士/小淑女课程
五年级	上	1. 灭火机器人 2. 科技实践活动 3. 3D打印 4. 车辆模型 5. 图形编程 6. 趣味数学	1. 天鹅少儿瑜伽 2. 天鹅写生 3. 翰墨飘香（软笔书法） 4. 天鹅合唱 5. 天鹅管乐 6. 纸上雕刻 7. 天鹅舞蹈	1. 健体小达人 2. 健将体能 3. 天鹅队列与队形 4. 缤纷体操 5. 天鹅体育技巧 6. 器械体操 7. 炫彩韵律（活动和舞蹈） 8. 健将足球 9. 健将武术	1. 天鹅吟诵 2. 天鹅读书会 3. 汉字研究院 4. 英语绘本创编 5. 讲英语故事 6. 纯享阅读	1. 种植小能手 2. 校园安全 3. 插花	1. 天鹅社交礼仪（上） 2. 家庭小主人（家务篇） 3. 我会处理（危机处理安全篇）
	下	1. WER机器人 2. 科技实践调查 3. 3D打印 4. 车辆模型 5. 图形编程 6. 趣味数学	1. 天鹅少儿瑜伽 2. 天鹅写生 3. 翰墨飘香（软笔书法） 4. 天鹅合唱 5. 天鹅管乐 6. 纸上雕刻 7. 天鹅舞蹈	1. 健体小达人 2. 健将体能 3. 天鹅队列与队形 4. 缤纷体操 5. 天鹅体育技巧 6. 炫彩韵律（活动和舞蹈） 7. 天鹅羽毛球 8. 健将足球 9. 健将武术	1. 天鹅吟诵 2. 天鹅读书会 3. 汉字研究院 4. 英语绘本创编 5. 讲英语故事 6. 纯享阅读	1. 种植小能手 2. 校园安全 3. 茶艺	1. 天鹅社交礼仪（中） 2. 家庭小主人（理财篇） 3. 我会处理（危机处理安全篇）

(续表)

年级	学期	小科学家课程	小艺术家课程	小健将课程	小文学家课程	小能手课程	小绅士/小淑女课程
六年级	上	1. 校园"智慧未来"创新机器人教育平台 2. 3D建模和扫描 3. 科技小发明 4. 设计STEM课程	1. 翰墨飘香（软笔书法） 2. 美术创想（人物画） 3. 天鹅舞蹈 4. 天鹅管乐 5. 纸上雕刻 6. 天鹅合唱	1. 健体达人 2. 健将体能 3. 天鹅队列与队形 4. 缤纷体操 5. 天鹅体育技巧 6. 健将足球 7. 炫彩韵律（活动和舞蹈） 8. 天鹅篮球 9. 健将武术	1. 天鹅名篇诵读 2. 天鹅名著赏读 3. 思维创写 4. 英语表达 5. 天鹅文学社 6. 英语绘本创编	1. 天鹅美食家 2. 社会安全课 3. 垃圾分类	1. 天鹅社交礼仪（高上） 2. 家庭小主人（设计篇） 3. 我敢表达（公共场合表达训练）
	下	1. 电脑机器人工程挑战 2. 3D建模和扫描 3. 科技小发明 4. 设计STEM课程	1. 翰墨飘香（软笔书法） 2. 美术创想（人物画） 3. 天鹅舞蹈 4. 天鹅管乐 5. 纸上雕刻 6. 天鹅合唱	1. 健体达人 2. 健将体能 3. 天鹅队列与队形 4. 缤纷体操 5. 天鹅体育技巧 6. 健将足球 7. 炫彩韵律（活动和舞蹈） 8. 天鹅篮球 9. 健将武术	1. 天鹅名篇诵读 2. 天鹅名著赏读 3. 思维创写 4. 英语表达 5. 天鹅文学社 6. 英语绘本创编	1. 天鹅美食家 2. 社会安全课 3. 垃圾分类	1. 天鹅社交礼仪（高下） 2. 家庭小主人（感恩篇） 3. 我敢表达（公共场合表达训练）

第四节

让小天鹅体验飞翔的喜悦

学校通过构建"求真课堂""悟真学科""睿纯主题""守纯劳动""崇善礼仪""雅善节日""创美社团""乐美研学"实践与展示平台、实施多元化评价等手段让课程建设落到实处。

一、构建"求真课堂",夯实基础课程

(一)"求真课堂"内涵

1."求真课堂"是追求本真的课堂。站在学生的角度,努力让学生养成认真学习、积极探索、敢于询问的优秀学习习惯,在教学方面真正做到满足学生的需求,帮助学生发展,做到让学生在课堂上真正学到东西、得到成长。强调让课堂回归到最本质的状态,让课堂结构更加简单但又充满教育意义。

2."求真课堂"是纯正心性的课堂。文化内涵和文化精神将会充满整个课堂,它能够让知识点的学习转变为学生文化的提升,这样做的目的就是为了让学生学到的内容重新归于文化本质,追求教育的真正内涵,继而能够让教育方式更加的灵活,符合学生的需求。

3."求真课堂"是相互学习的课堂。在课堂上学生不仅可以从课本和资料中学到新的知识,同时也能在与人的交流当中学到他人为人处事的经验,完善学生的价值观和人生观。在课堂上学生学习到的是世界发展过程中伟人的处事经验和瑰丽文化,这些知识能够帮助学生真正成为一个"人"。

4."求真课堂"是不懈探究的课堂。学生可以在丰富的生活里学到不同的知识,并且能将这些知识合理地运用于自己的生活以及成长中,学生能够在

课堂上学习到的所有伟大思想的集合能够帮助他们拓宽视野，在已经制定好的主题下交流自己的真实态度，帮助学生和老师完成更加深入的交流，感受交流带来的乐趣。

（二）"求真课堂"实施

1. 制定"求真课堂"的教学标准。根据国家《课程标准》，按照"小天鹅课程"的目标，制定对本校学生具有适切性的、校本化的"求真课堂"实施纲要，形成标准一致的"求真课堂"教学标准。

2. 建构"求真课堂"教学模式。"求真课堂"本质就是重新回到教育的内涵中，寻找教育的新价值。而该教学方式的本质就是在相互的沟通中找到问题，并且在老师的帮助下让学生找到解决问题的方法。教育的核心是学生，他们在课堂上带着自己内心想要了解的问题，之后因为当下问题的解决而又产生了全新的问题，循环往复形成了主动解决问题的方式。这样才能让教师从最开始的知识的传递者变成问题解决的引导人，在老师的帮助下学生可以学到更多解决问题的方式。

（三）"求真课堂"评价

根据"求真课堂"标准，落实"求真课堂"教学，做好"求真课堂"评价。制定合肥市西园新村小学南校"求真课堂"评价表。（见表1-3）

表1-3 合肥市西园新村小学南校"求真课堂"评价表

评价项目		评 价 维 度	权重	等级分值			得分
求真学生	真参与	1. 学生对问题情境关注，参与面大，参与时间充足。	5	5	4	3	
		2. 各个层面的学生都能积极地参与到教学各个环节中。	5	5	4	3	
		3. 学生具有良好的学习习惯和一定的教学素养。	5	5	4	3	
	真思考	1. 学习时注意力集中，主动地收集、加工学习信息，积极地思考问题、提出问题。	5	5	4	3	
		2. 能独立思考，勇于发表自己的见解，并乐于听取和尊重别人的意见。	5	5	4	3	
		3. 学生主动地进行观察、思考等学习活动，学习活动生动活泼、富有个性。	5	5	4	3	
		4. 在学习过程中能正确地评价同学和自己。	5	5	4	3	

（续表）

评价项目		评 价 维 度	权重	等级分值			得分
求真教师	真收获	1.理解和掌握所学的知识与技能，经历知识形成的过程，基本训练到位。	5	5	4	3	
		2.在学习过程中得到了综合发展，能运用获得的思想、方法、能力和经验分析来解决问题。	5	5	4	3	
		3.获得了积极的情感体验，增强了学习的兴趣。	5	5	4	3	
	真目标	1.体现知识与技能、教学思考、解决问题、情感与态度四方面要求，切合教材要求和学生实际。	5	5	4	3	
		2.表述明确具体，准确适用刻画知识技能与教学活动水平的目标。	5	5	4	3	
	真技巧	1.准确把握教材，正确理解各部分教学内容的本质、地位及相互之间的内在联系。	5	5	4	3	
		2.合理组织教学内容，整合教学资源，落实教学目标。	5	5	4	3	
	真活动	1.逻辑合理、核心突出，能满足学生的教学需求，帮助学生建立科学的问题解决模式。	5	5	4	3	
		2.教学方式灵活多样，情境创设恰当有效，问题设计严谨合理，注重学生思维发展。	5	5	4	3	
	真调控	1.能从多角度鼓励学生提出问题，正确、及时评价学生的回答，给予学生自尊、自信。	5	5	4	3	
		2.在分析当下的信息之后，对教学的方式进行一定的调节，合理处理动态生成的各种资源，时空分配合理。	5	5	4	3	
	真育人	1.坚持立德树人，通过活动参与、文本解读，弘扬社会主义核心价值观。	5	5	4	3	
		2.以个人品格影响学生，以个人魅力熏陶学生，学生在学习之后能够树立正确人生观、价值观和社会观。	5	5	4	3	
总评							

二、建设"悟真学科"，深化学校课程

学校开展基于课程标准下的学科拓展课程群建设，丰盈"小天鹅课程"体系。

（一）学科课程群建设途径

学校根据师资力量和学科课程建设实际情况，分两步推进学科课程群建设。首批课程群建设从语文、数学、英语和体育四个学科开始。在第一批学科课程群建设基本成熟的基础上启动第二批学科课程群建设，形成学科群建设覆盖全学科的局面。在学校课程规划整体方案框架内制定学科课程群建设方案，落实学科课程目标。

1."纯美语文"课程群。我校语文课程在不断的教学实践中，发现要打造纯朴质美的语文课堂，不但要关注"教什么"，更要关注课堂上来自学生内心的"学"，师生的教与学都要充满智慧。我们的语文学科要保留教材中呈现出的语文学习元素，去除教学中的"杂质"，还语文学习一份纯洁。基于此，我们提出以"纯美语文"为核心的语文学科课程理念，即体验、感受、探究，步入语文纯美之境。纯美又充满智慧的语文课堂应该是师生心灵相约的精神家园，是课堂预设和生成并重的生命旅程[①]。我校语文学科课程注重语文知识的积累与运用，并在培养过程中，有目的地渗透思维品质、品德修养、审美情趣、个性与人格培养等。用语文学科的特性营造浓浓的成长氛围，让孩子从小就在美好的氛围中生长。这与学校"天鹅文化"中"至真、至纯、至善、至美"的教育理念相一致。我们以"纯"为始引领学生的智慧成长，以"美"为终落实学生的核心素养。

2."SAIL"英语课程群。我们的"SAIL"英语是学校英语学科的核心精神，具体解释为以下四个英文字母开头的短语构筑的意义。"SAIL"英语是以学生为中心的课堂教学（Students—centred）。学习是学生的主要目的，让学生找到合适的定位，帮助学生在现实的状况中了解和分析语言，从而自然习得语言。"SAIL"英语是以活动为基础的课堂教学（Activity—based），教师会根据学生的英语程度在课堂中设计不同难度的任务，这些任务能满足学生语言交际能力培养的需要。"SAIL"英语是以兴趣为支点的课堂教学（Interest—focused）。在学习的时候学生如果能够得到别人的认可这样的积极情绪，会帮助他们提高学习的积极性。"SAIL"英语是与实际生活密切相关的课堂教学（Life—related）。教师在平时的教学当中要学会创新教学的方

---

① 都香枝.语文课，应高效纯美[J].少儿科学周刊（教育版），2014（6）：89.

式，利用和学生生活贴近的事例教育他们，让他们能够对获得的信息进行分析，学会用英语沟通和解决问题，让学生获得积极的体验。

3. "至真数学"课程群。我们认为，"至真"是学校数学学科的核心精神，也是学校数学学科的共同追求。"至真数学"的课程，旨在围绕"真"字开展数学课程建设，真经历—真质疑—真探究—真发现—真创造，使学生在真切的数学经历中、求真的质疑思考下、针对性探究活动上、本真的数学发现里等等过程中，提升学生的数学学科素养，追求小学数学教育的真义，让学生在具体化中明确，在形象化中聪颖，在抽象化中成长。帮助学生找到适合自己的学习方法，不断建构属于自己的知识体系，逐步提升自己的数学素养。

4. "绽美体育"课程群。"绽美"是学校体育学科的核心精神，也是学校体育学科的共同追求。体育课程不只是为了学习运动技能，体育课应该始终和品德教育结合起来，努力给学生们营造宽松、欢乐的气氛；体育课程体系的初衷是促进学生身心协调、获得多方面的进步，帮助学生养成主动学习、与他人共同学习、寻找问题的学习习惯，让学生更有信心。强调将学习和生活相连接，帮助学生找到运动的快乐，同时也要引导学生形成合理的人生观和判断事物的能力，让学生在生活中养成锻炼身体的习惯。课程的建立帮助学生掌握调节情绪和与人交往的方法，在各种体育游戏中挖掘学生们的创造力，通过各个环节的设计让学生们的思想产生碰撞，最大化地激发学生内在的潜能。

（二）学科课程群评价要求

学科课程群对标学科课程标准，结合学科培养目标，采用多元化评价形式制定该学科群组评价标准，施行过程性评价和结果性评价互补的综合评价模式，提高学科教学效益。

学科课程评价由学校课程领导小组负责，具体分为三个步骤：第一步在课程开发初期，对学科教研组编制的学科方案的可行性、适切性、特色性进行评价，对学科教师开发的课程进行审核性、改进性评估；第二步，在课程实施中期，组建评估小组，采用随机观课的形式对课程实施情况进行过程性、督导性评价；第三步，在课程实施末期，由课程中心制定课程实施情况调查问卷，从教师、家长、学生三个维度，采用线上、线下相结合的模式对课程实施成效及存在问题进行诊断性评价。同时，制定学校品牌课程评选标准，组成评审小组，对课程建设成果进行展示性、鉴定性评价，得分较高的品牌课程的相关学科教师将获得相应的绩效奖励。

三、打造"睿纯主题"，推动项目课程

主题性活动是学校课程的一种新的形式，是小学实施课堂教学改革和学校课程开发的有效途径，也是构建生命化课程、培养学生综合实践能力的创新举措。为培养学生综合能力，我校打造"睿纯主题"活动，推动课程联动发展。

（一）"睿纯主题"内涵

"睿纯主题"是围绕一个或多个主题进行学习、生活、拓展的多项活动。通过搭建学习和研讨的平台使学生在丰富的实践活动中提升理性认识，在交流中促使学生增强认识、提高能力、关注民俗风情、亲近传统文化、弘扬庐州精神。

（二）"睿纯主题"实施

"睿纯主题"按照年级确定中心主题，各学科依照中心主题开展课堂教学、活动探究、角色扮演、手工制作、书画摄影等一系列活动，形成一套行之有效的主题探究性活动方案，让学生在参与探究中形成综合能力。在我校就读的学生，从一年级入学到六年级毕业，会参与六个"睿纯主题"活动。（见表1-4）

表1-4 合肥市西园新村小学南校"睿纯主题"设置表

年级	活动主题	活动内容
一年级	西帅、西妹带你一起见"圾"行事	1. 观看"垃圾分类"的微视频，在签名墙上签名，初步了解垃圾分类。 2. 制作"垃圾分类"手抄报，开一次小小画展。 3. 区角游戏DIY。和爸爸妈妈一起制作"垃圾分类飞行棋"。 4. 制作主题式的绘本册。
二年级	我的足球世界杯	1. 制作足球礼仪小报和规则小报，展示足球发展历史，彰显心中向往。 2. 将足球文化与各学科课堂教学融合，如语文学科学写战报，音乐学科体会足球歌曲律动，美术学科设计队旗、奖杯等。 3. 开展足球联赛，在竞赛中培养"小天鹅精神"。 4. 为自己的班级球队设计队服、海报，提炼班级球队理念、口号，形成团队凝聚力。

（续表）

年级	活动主题	活 动 内 容
三年级	木榨油考察小分队	1. 实地探访油菜花田，了解木榨油原料基地。 2. 走访皖南木榨油生产基地，了解木榨油生产工艺流程及其科学原理。 3. 探究木榨油传统工艺的优势及劣势，尝试提出改进措施。 4. 开展围绕"木榨油"为主题的手抄报比赛。 5. 以小队为单位完成安徽传统"木榨油"油坊考察日志。
四年级	走进家乡的古桥	1. 通过查阅资料和询问长辈，了解家乡有哪些古桥，及其坐落于何处，完成"家长古桥统计表"。 2. 了解古桥主要部件的学名和俗称，了解各部件的功能，制作成PPT，开展主题分享活动。 3. 成立古桥观察小队，实地考察一座古桥，认识该桥的外观、状况，并做记录。 4. 在校园内开展古桥摄影展和绘画作品展，展出优秀作品。
五年级	探秘古树见证传奇	1. 初识古树——开展《古树名木与保护》博士讲座。 2. 开展校园植物识别大赛，让学生在比赛中认识更多树木品种。 3. 开展校园植物叶画比赛，将绘画艺术融入活动中，提高学生审美素养。 4. 实地考察古树名木，近距离走进古树的前世今生。 5. 组织学生开展古树保护措施研究，探讨在新时代如何做好古树的守护人。
六年级	学包公识廉政	1. 参观包公祠，深入了解包拯为官清廉的事迹，学习他英勇顽强，不畏强权，一心为民的高尚精神。 2. 组织观看和包公有关的影视作品，丰富学生的感性认识，拓宽学生的视野。 3. 开展"我说包公"主题讲故事比赛，争做包公代言人。

（三）"睿纯主题"评价

我校的"睿纯主题"是一种综合性、实践性、客观性、强调学生生活经历的课程形式，它独特的教学方式也要求其在教学的时候重视多样性、大局观等分析原理。在评价主体上，既有教师对学生的评价，也有学生对自己、学生对学生的评价。在评价内容上，既要有对学习结果的评价，又要有对学习过程、方法的评价。

1. 学生评价：（1）你是否一直对你参与的主题活动感兴趣？（2）你是否参加过活动主题的选择？（3）你收集信息、资料的途径有哪些？（4）你在活动中遇到的最大问题是什么？（5）本次活动中你最感兴趣的是什么？（6）你对活动成果是否满意？（7）本次活动中，你发现了什么？（8）活动中，你最大的收获是什么？

2. 互评内容包括：（1）小组成员合作是否愉快？（2）你们在活动中遇到哪些困难或问题？（3）你们是怎样合作克服困难的？（4）你们认为下次活动还应从哪些方面加以改进？

3. 学校评价内容：（1）主题选择是否恰当？（2）活动设计是否科学？（3）活动组织是否周密？（4）活动形式是否适合参加活动的儿童？（5）活动效果如何？是否达到预期目标？（6）教师取得了哪些新经验？得到哪些新的认识？

四、开设"守纯劳动"，落实劳动课程

为进一步贯彻落实教育部《关于加强中小学劳动教育的意见》，学校组织学生在校园内外开展劳动主题教育与劳动实践活动。

（一）"守纯劳动"内涵

"守纯劳动"是立足于在行动中学习和学习中行动的教育理念建立的，它能够有效教育学生在体验中寻找新的知识，获得全新的能力和想法。它的主要目的是希望学生在平时的劳动中获得更多的经验和方法，全面学习这些能力将作为课堂的主要教学内容。"守纯劳动"是通过"爱学习、爱劳动、爱祖国""节水、节电、节粮""三爱三节"教育为主要内容的劳动教育，以丰富教育形式和载体，以任务为导向，从现实的问题角度考虑，让学生的习惯、情绪体会、成就感提升等方面共同融合在一个项目里。引导小学生树立正确的劳动观念，提高劳动素养。

（二）"守纯劳动"实施

1. 培养劳动观点，端正劳动态度。学校和家长密切配合，达成共识，开展"劳动最光荣"的活动，共同帮助孩子树立正确的劳动观。

2. 养成良好的劳动习惯，形成良好的技术素养。自己能做的事情自己做。从中低年级起，安排他们清洗小件物品，整理个人生活用品，使用一般家电；调查家长家务劳动的情况；在班上组织"红领巾考察"活动，将《中小学生守则》《小学生日常规范》作为规范，对照检查自己的一言一行、一举一动。在进行了这些工作之后，学生能够了解劳动的意义，真正地做到自己的事情自己完成，甚至能够帮助家长完成一些家务，体会劳动带来的成就感。

3. 集体的事情大家做。提倡"一捡、一擦、一扫、一放、一洗",利用课余时间,坚持捡一捡(看见地上有纸屑就捡),擦一擦(看见课桌、黑板、门窗脏了就擦),扫一扫(看见地上脏了就扫),放一放(把纸屑放进塑料袋),洗一洗(抹布脏了就洗,劳动结束后洗手)等活动。树立"找事干""积极干""悄悄干"的宗旨,做一个关心班级、关心学校、乐于助人的好学生,老师组织学生进行检查、记录,每天表扬,每周总评。

4. 社区的事情共同做。让学生走出校门,进行实践活动,充分体验到在校内所体验不到的快乐,收获到在教室里收获不到的知识,认识到社会生活的精彩。

5. 重视劳动与技术教育,研发"守纯劳动"课程。(见表1-5)学校充分利用区内外劳动教育实践基地、综合实践基地和其他社会资源,结合研学旅行、团日、队日活动和社会实践活动,加强城乡学生交流,组织学生学工、学农。

表1-5　合肥市西园新村小学南校"守纯劳动"课设置表

年级	学期	学校/基地劳动	家 务 劳 动
一年级	上学期	擦桌子、洗抹布、扫地	收拾碗筷、扫地
	下学期	擦窗台、摆桌椅	清洗水果、拖地
二年级	上学期	整理书柜、拖地	用电饭锅煮饭、洗袜子
	下学期	擦门窗、整理讲台	清洗蔬菜、做水果拼盘
三年级	上学期	打扫室外卫生	包饺子、做汤圆
	下学期	出板报、修补图书	煮面条、做蛋汤
四年级	上学期	培育豆芽	洗内衣、会用洗衣机
	下学期	种花	更换床单、被套
五年级	上学期	认识农作物	炒鸡蛋、炒青菜
	下学期	栽植农作物	整理、打扫房间
六年级	上学期	采摘果实	清理、打扫洗手间
	下学期	体验农耕文化	买菜、准备一顿简餐

(三)"守纯劳动"评价

"守纯劳动"评价主要是为了让学生在经历之后提高他们的劳动积极性,

并且在一定的劳动之后对他们的成果予以肯定和表扬，让他们因为劳动得到进步。它要求学生在进行劳动评价的时候要将课程的所有教育和评价有机结合，灵活地运用于课程当中。同时也将学生在劳动中所展现出来的所有成果作为评价的基本构成。学生的劳动评价应该由多个评价主体构成，其中可以包括老师、学生自己、长辈和其他的辅助人员，在这之后要帮助学生思考自己在劳动的过程中还有什么没有做到位，提高他们劳动的水平和反思的能力。评价要进一步强调学生所经历事件的意义。评价不能简单地作结论，而是应该结合学生在劳动的时候的所有经历和完成的效果。就算最后的效果是不好的，或者没有达到教学所要达到的目的，但学生要是经历了劳动的过程，并且在这个过程中学习到了很多的东西，那么就应该对该学生进行表扬。要强调学生在劳动经历中所得到的有用部分，并且积极表扬他们，使他们感受到劳动的意义。"守纯劳动"评价项目主要包括两个纬度与四个经度的评价。

两个纬度：（1）劳动过程中学生的情感、态度和价值观的发展状况。包括良好自觉的劳动态度，协作劳动意识；劳动过程的时间、次数，劳动过程中的意志品质。（2）劳动过程中学生的技术能力、劳动成果。包括评价学生参加劳动时的运用劳动技术的能力；评价学生完成劳动任务的情况——劳动成果评价。

四个经度：（1）自我评价。学生自我评价是学习过程中的一个重要的有机组成部分，学生应采用一系列的方式对自己的进步、成果以及不足加以记录，自我评价有助于学生认识活动目标以及自我调控进程，增强学习的信心和责任感。（2）小组评价。校内劳动、校外实践基地劳动是为了加强学生们之间的相互协作，因为劳动不是一个人的活动，而是需要整体的力量，所以在评价中最重要的就是对相应的小组根据评价原则进行评价。（3）教师评价。教师在劳动中也是重要的一员，在学生进行劳动的时候老师要根据当前的信息，采取合适的方式对学生进行指引，并且在结束之后根据实际情况对其进行评价，而老师的评价不仅可以通过定量或定性的方式给予，甚至也可以给予学生一些鼓励性的话或一些积极的表情。（4）家长评价。学生参加相应的劳动的时候，家长可以对其进行指导并且在完成之后进行合理地评价，该评价并不是为了对学生的结果进行评判，而是给予学生劳动后的鼓励，让学生明白劳动的意义。

五、举行"崇善礼仪",打造礼仪课程

礼仪是一个人内在素质和外在形象的具体体现,它能够促进人的思想进一步成长、改善状态、提高个人品德。而最重要的礼仪是个人心理安宁、心灵净化、身心愉悦,它是个人增强修养的保障。礼仪的核心是倡导人们要修睦向善,崇善礼仪,塑造品行,润泽心灵。

(一)"崇善礼仪"内涵

习惯决定命运,小学作为人生成长的奠基阶段,最关键、最首要的是习惯的养成教育。"崇善礼仪"紧紧围绕课程目标,培养学生学习习惯、生活习惯、行为习惯、健康习惯,将课堂教育、日常养成、情景模拟和四次典礼相结合;从学礼仪、知礼仪、用礼仪,到将其内化为其生命的一部分,自然形成了一个系列的课程。

(二)"崇善礼仪"实施

1. 知礼明礼,注重养成。学校开发编写了校本教材《文明礼仪我先行》,根据学生的不同年段特点,在教材内容上进行层级设计,在教学方式上进行多元选择,体现了科学性、系统性、层次性和实践性。

一、二年级,侧重《礼仪三字经》诵读学习,内容涵盖了队前教育、少先队礼仪、课堂行为规范、队列行为规范、学习习惯养成等等应该了解的关于礼仪最基础的知识。

三年级是孩子行为习惯、学习态度从可塑性强转向逐渐定型的重要过渡阶段,进一步强化社交礼仪、电话礼仪、拜访礼仪、接待礼仪等学习,让他们在自己的学习、生活中的方方面面开始应用礼仪。

为了体现"队员的阵地队员管,队员的活动队员做"的思想,在四年级我们还开展了"队员自主课"。学期初,队员们根据自己的兴趣爱好选择一项礼仪活动作为上课内容,由辅导员老师进行筛选,排列上课秩序表,安排在中队会课之中。队员自己写方案、制作PPT,和同学一起磨课、试讲,积极性大大增加,茶艺、插花、形体、口语表达等自主课内容已成为孩子们的必修课程。动员五年级的队员们在学校内进行"好习惯微视频"拍摄,通过正确行为与错误行为的对比,增强直观教育效果,强化队员良好的行为习惯。

2. 设典蕴礼，内外兼修。为了锻炼队员们的内省认知能力，获得全面而真切的情感体验，形成组织的光荣感和归属感，我们还精心设置了一系列的仪式活动。

开笔礼：新生入学时，开展以"开笔启智，圣贤为师"为主题的开笔礼活动。由礼官诵读《开笔礼辞》，"先生"们为孩子们点朱砂开智。孩子们用稚嫩的小手执笔，认真地写下一撇一捺。"人"——这是他们人生中学写的第一个字，笔画简单，却蕴含着深刻的含义：一笔写道德，一笔写才能，做一个德才兼备的中国人。一个大写的"人"，一段开启的人生，意味着孩子们正式进入了求学生涯。

入队礼：在每年的儿童节前夕，学校会举行盛大、庄严的入队礼，通过"三旗传递"这一"党、团、队"相衔接的组织意识教育，让一年级的孩子们深刻地体会到成为少先队员的责任感和荣誉感。庄重的仪式激励着同学们热爱自己的祖国，珍惜幸福生活，努力勤奋学习。

成长礼：十岁，代表着学生已经成为一个"少年"了，这是学生们成长的一个里程碑。学校根据该年龄段学生的心理特点，为了让学生感受到成长的愉悦，并且认识到长辈们的养育之恩、师长的教诲之恩，学会感恩，懂得分享，队员们经过十岁盛典的洗礼，必将带着梦想踏实前行，遇见最好的自己。

毕业礼：临近毕业，作为每一年的保留仪式，学校会组织六年级队员们前往名人馆，参加"追寻名人足迹，扬起理想风帆"的主题毕业礼。队员们齐唱国歌、感恩师长、老师赠言、读父母写给自己的一封信等仪式。仪式之后，跟校长一起缅名人，立志向，心怀梦想，锐意启航。

（三）"崇善礼仪"评价

1. 与循环红旗、文明班级、个人荣誉等一系列评价体系相结合。结合每周一次循环红旗、每月一次文明班级、星耀西小、新时代好少年等荣誉评价体系，按照学生、教师打分进行评价。

2. 现代化手段，用小思徽章的形式及时表扬，并同时传达到家长的手机中，家校合一进行评价。

3. 运用小天鹅币、小天鹅超市进行鼓励。按照10个小思徽章领取一张小天鹅币的规则，每学期末到学校天鹅超市中兑换相应的奖品，促进行为习惯的养成与巩固。

六、举办"雅善节日",推行节日课程

节日是生活中值得纪念的日子,是生活仪式感的体现。我校根据课程目标,开展雅善节日系列活动。

把握好节日的时间,在恰到好处的时间内,营造节日气氛,开展形式多样的活动、引发学生参与的兴趣,丰富学生的经历,取得教育的最好时机,体现育人的实效性。

(一)"雅善节日"的实践与操作

1. 传统节日重传承:中国历史中有着许多经典的节日,如除夕、元宵、清明等,在过节的时候学生可以感受到节日中所蕴含的丰富文化内涵,借助对中国传统节日的整合,抓住春节、清明、端午、中秋四大节日围绕三种课型(队会、小队、仪式),联动三类人群(队员、家长、教师),利用三方资源(少先队、家庭、社区)系统规划雅善节日——传统节日工作行事历,让民族文化、民族精神、民族情感在传统节日活动中落根生根。

2. 特色节日彰活力:特色节日是为学生提供发挥智慧、展示个性的舞台。这些节日有淘宝节、数学节、科技节、艺术节、阅读节、体育节。以科技节为例,学校会在这个月中开展一系列大型的科技活动,如科技嘉年华、科技动手做、科普周等,动员全体学生参加科技制作与展示,它能够带动学生积极学习科学知识,并将其应用于实践当中,培养学生对科技的兴趣。还将筹备组建"家庭创客联盟",将科技活动与家庭教育有机结合起来,形成家校合力,共同开展特色活动课程教育新模式。"雅善节日"具体设置见下表(见表1-6)。

表1-6 合肥市西园新村小学南校"雅善节日"设置表

节日类型	时间	节日	主 题	活 动
传统节日	农历春节	春节	浓浓亲情	写春联、剪窗花、炸圆子、拜年、看春晚
	清明节气	清明	深深思念情	手抄报、网上祭英烈、清明祭祖、体验寒食、郊游踏青
	农历五月	端午	强烈爱国情	包粽子、手抄报、讲爱国故事
	农历八月	中秋	淳淳民族情	做月饼、吟诗词、赏月
	农历九月	重阳	感恩敬老情	敬老、登高、绘画

（续表）

节日类型	时间	节日	主 题	活 动
特色节日	四月	阅读节	悦读成长	书香家庭评选、阅读一本好书、爱讲故事比赛
	五月	科技节	科技我参与	创客嘉年华、创客微剧场
	六月	文化艺术节	我型我秀	美术、音乐、主持、朗诵比赛
	九月	数学节	思维大比拼	魔方小能手、计算小能手
	十月	体育节	我运动我健康	运动会
	十二月	淘宝节	变废为宝	以物易物淘宝

（二）"雅善节日"评价

1. 设计合理性。设计要将重点放在学生关注点上，让学生乐于参与、主动参与；方案设计要符合节日特点，既要考虑传承，又要考虑创新。

2. 实施可操性。注重学生亲身体验，让学生在体验中学习，在体验中成长。

3. 实践有效性。适应不同年级学生。让学生在学习、交流、合作中体验节日氛围，发展价值观，树立正确人生观。

4. 管理科学性。课程从设计、实施，到结束后的资料收集、成果汇编、反思总结、经验推广都要有一套有效机制。

七、组建"创美社团"，发展特长课程

"创美社团"是实现我校"至真、至纯、至善、至美"育人目标的必要补充，是我校学生开启飞翔之旅的重要保障。

（一）"创美社团"内涵

为丰富校园文化生活，发展学生兴趣与特长，促进学生的全面发展，"创美社团"涵盖"艺术审美""文学教育""科技创新""运动健康""生活技能""礼仪人生"六大主题，组建"艺术类社团""文学类社团""科技类社团""运动类社团""生活类社团""礼仪类社团"六大类社团。

1. 艺术类社团。"艺术类"课程的开展在我校有着得天独厚的条件。我校少先队建设历史悠久，艺术类课程更是我们孜孜不倦的追求。在学校生活中，

艺术教育不仅仅致力于学生的艺术养成，它对于其他领域的学习和人生的长远发展，也有着显著的促进作用。我们将社团活动与艺术教育课程有机地结合在一起，让学生们进一步理解文化和艺术的多样性，让学生们建立优质的审美。并且在艺术常识、技能与方法的积累过程中，培养孩子们对艺术表达的兴趣和意识，在生活中拓展和升华美。

学校目前设有小天鹅合唱团、小天鹅管乐团、小天鹅舞蹈社、石头画社团、书香墨韵书法社、雅绘写生社等琳琅满目十二个社团。各艺术社团每周都有固定的活动时间和详细的活动计划，为孩子们"艺术范"的塑造，提供了展示自我的舞台。

2. 文学类社团。文化是民族的根和魂，将文化根植于学生生命成长之中，实现了知识的传递和思想的升华。我们期望通过书面表达及感受口头演绎等具体实施方式，持续提升学生的人文素养。创建特色社团，如小天鹅文学社、斐然小主持人社团、趣逗英语戏剧社等，结合"讲故事比赛""经典诵读比赛""英语演讲比赛"等活动的举办，形成浓厚的文学氛围，助力学生成长。

3. 科技类社团。为提升学生的创新素养，我校以"科技创新动手做"为抓手，以课程规划方案为指导，实施科学探究类课程。利用"科技嘉年华""食物研究所""我设计的大桥""古法榨油研究社""未来都市研发中心"等特色社团，让学生的探索精神继续发展，鼓励其大胆尝试、在探究中发展学生的合作能力、实践能力和创新意识，不断提高学生的科学素养、激发学生对科学的热爱，让学生养成运用科学知识解决问题的能力。

4. 运动类社团。强健的体魄是实现一切人生目标的首要前提和基础保障，为帮助学生在今后的学习和生活中获取更多的原动力，享有积极乐观的美好人生，我校致力于塑造学生的体质素养，提升学生的运动技能，促进学生身心健康和全面发展。我校以"阳光体育我最棒"为舞台，从保证学生的体育活动时间拓展学生的体育活动空间、丰富学生的体育活动内容出发，开设"炫彩啦啦操社团""飞翔足球社""飞扬花样跳绳社团""强韧田径社"等社团，推进运动类课程实施。

5. 生活类社团。我们面前的每一个孩子都是未来的社会公民，我们要帮助他们正确地认识自我，处理好自己的生活，处理好自我与社会的关系。要完成这样一个大课题，需要我们从每一个学生做起，从每一天做起，在潜移默化中增强学生的社会责任感，通过个人价值的实现，推动社会的发展与进步。学校因地制宜，将社会、心理、生活与各项活动有机结合，针对不同年级学生特点，相继开展了"情绪疏导站""未来职业体验社""生活小当家""我的中国我的梦"等活动，促进其身心的全面发展，正确认识国家乃至国际的关系，并且学习如何改善自己和别人的关系，让学生形成合理的思想道德，让他们能够成长为一个有理想信念、敢于担当的人。

6. 礼仪类社团。在当今这个"大数据"爆炸、心浮气躁的时代，对于个人素养的要求更高。礼仪，正是帮助学生打开社会、认识社会的一把钥匙。我校结合学生实际与时代需要，开设了小天鹅礼仪社、绅士研究社、淑女养成屋、生活小能手等社团，使其能掌握生活、社会中方方面面的礼仪，指导、纠正其行为。

（二）"创美社团"的评价

为使社团课程进步、规范、完善，我们从社团机构与管理活动组织与开展两方面进行评价，制定"创美社团"评价量表（见表1-7）。

表1-7　合肥市西园新村小学南校"创美社团"课程评价量表

评价指标	评价形式	得分
社团管理体制完善，机构设置合理，制定符合学生实际的社团建设实施方案。	材料评审	
建立、健全并严格执行社团各项规章制度。	材料评审	
社团会员人数适当，规模适度，成员资料档案齐全。	材料评审	
指导教师认真负责。	日常检查	
学生社团要突出学生的主体性和创造性，使学生在社团活动中自治自理、健康发展。	日常检查	
社团活动空间固定、环境良好，有相应的文化氛围。	日常检查	
定期开展社团活动，组织有序、记录完善。	材料评审	
社团活动内容丰富、形式多样、体现实践性和综合性，有利于培养和锻炼学生多方面的素质，再现和表现校园文化精神。	材料评审	
社团成员或集体活动成果显著。	材料评审	
活动取得良好的教育效果，在学生中有一定的影响。	材料评审	

八、开展"乐美研学",推进行走课程

《中小学综合实践活动课程指导纲要》明确指出:研学旅行是基础教育的重要组成部分。小学阶段,要通过亲历、参与,获得有积极意义的价值体验。"乐美研学"充分整合校外实践活动资源,从文化与历史,自我与社会,自然与科技三个领域开发了12个不同主题的研学项目,以年级为单位序列化实施。

(一)"乐美研学"的内涵

"乐美研学"是统揽世界全景性与行走性相结合的开放型研学旅行课程。"全"为全面、周全;"景"为环境风光,当实践的场所从国内拓展到国外,感受、理解、包容了多元文化。

(二)"乐美研学"的实施

1. 聚资源,勤交流,感受中华文化。合肥地处祖国中部,南北交通方便。走出校门,踏足湖南、贵州、海南……走进酒泉卫星发射基地、长白山、神农架……追寻红色文化、探索未知世界、体验风土民情,感受大好河山,爱祖国、爱家乡。合肥作为安徽的省会城市,我们从很早起就有加强文化多元共存与统整,构建交流、理解、融合、共享为一体的区域教育国际化发展意识。我们与中国香港启基学校签订了友好合作协议。这几年间,我们双方始终保持着良好的合作交流关系,互相感受对方学校的教育教学环境、人文气息。

2. 拓视野,融文化,走向国际舞台。为了拓展视野,增长见识,学校带领高年级队员前往美国、加拿大、奥地利、韩国瑞山鹤石初级学校等地开展国际研学活动,与世界不同地方的小伙伴们一起上课、游戏、参观、访问、演出,读懂他们的文化,也带去我们的文化,促进了师生对于世界各国文化的认同、理解和包容,让孩子们有"中国心"和"世界眼"。

"乐美研学"根据学校实际,结合地域特色,为六个年级设计了不同主题(见表1-8)。

表1-8 合肥市西园新村小学南校"乐美研学"设置表

年级	时间	主题	地点
一年级	春季	我爱自然	合肥植物园
	秋季		合肥野生动物园

（续表）

年级	时间	主题	地点
二年级	春季	我爱劳动	稻米博物馆、四季童耕
	秋季		马郢研学基地
三年级	春季	我爱博物馆	安徽省博物院、安徽省地质博物馆
	秋季		源泉博物馆、
四年级	春季	我爱科学	合肥科技馆
	秋季		合肥现代科技馆
五年级	春季	我爱家乡	肥西铭传故居
	秋季		巢湖，鱼米之乡
	应季	海纳百川国际研学	中国香港、美国、加拿大、英国
六年级	春季	追寻名人足迹 扬起理想风帆	庐江名人馆、冶父山森林
	秋季		安徽名人馆、渡江战役纪念馆

（三）"乐美研学"的评价

从"乐美研学"的活动设计、活动过程、活动效果三个维度进行监控评价，制定评价表（见表1-9）。

表1-9 合肥市西园新村小学南校"乐美研学"评价表

评价维度	评价标准	评价等级 A	B	C	D
活动设计	活动设计新颖有趣、符合学生心理特点和任职水平。				
	研学目标明确，研学内容具体，体现探究性和体验性。				
	有详细研学方案，对活动的组织实施流程管理作出明细要求。				
活动过程	学生主动参与度高。				
	课程组织有序，能按照预设的课程目标有序开展活动。				
	课程评价及时适切，过程性评价与结果性评价有机结合，促进学生积极主动参与研学研究和实践体验。				
	安全措施合理，安全保障落实到位。				

(续表)

评价维度	评价标准	评价等级			
		A	B	C	D
活动效果	学生研学态度积极，认真参与研学课程每一环节。				
	学生研有所得，通过研学课程增长见识，拓宽视野，实践能力得到提高。				
	学生有良好的体验感，探究意识、探究精神得到有效提升。				

总之，"小天鹅课程"以"天鹅教育"办学思想为导向，通过建设课程文化、细化课程目标、构建课程体系、丰盈课程实践路径等多项措施并举，内促育人目标落地，外塑学校品牌，成就学校可持续性发展。

（撰稿者：朱莉萍　刘春燕　鲍子奇）

第二章

重组整合即课程创造

重组整合课程是一种全新的教学模式，也是一种课程创造。课程的重组整合是对课程内容知识的有效转变，能够改变课程内容的排布顺序，能够以重组的方式打开课程教学的模式，让更多的知识点通过重组来改变教学的效率，刷新了教师对课程教学的观念，使课程教学因为重组而大放光芒。

重组整合即课程创造，也就是说对课程进行重组整合就是对课程的创造，针对课程学习来说，重组整合是课程学习的一种新方式，就是通过对课程的重组整合，使课程在教学内容方面发生更大的改变，让课程的章节进行重新组合，从而将彼此关联的章节进行重组整合，这样改变了课程教学的思路，让课程教学以不同的方式呈现出来，在很大程度上提升了课程教学的新鲜感，让学生们的学习认知发生转变，学生们也会感受到课程教学的重组整合，进而提升对课程学习的积极性，而且课程重组整合会加强学生们对教学的积极性，使学生主动地参与到教学之中，从而让学生们全身心融入课程教学之中，更加努力、认真地学习，从而达到一种全新的学习模式，提升学生们的学习效率，提高学生们的学习成绩。

重组整合课程是一种全新的教学模式，更是一种课程创造，学校必须认识到课程创造的重要性，只有开展课程创造，才可以使课程变得更有创新力，才可以全然改变课程的模样，让课程教学变得更有新鲜感，才可以吸引更多的学生加入其中。试想一下，如果课程缺少创造力，那么课程教学将会是古板的，将会毫无创新价值，因此就必须加强课程创造意识，让更多的老师可以在课程教学中明白如何创造课程，如何让课程创造变得更有意义和更具内涵。

课程的重组整合是对课程内容知识的有效转变，能够改变课程内容的排布顺序，能够以重组的方式打开课程教学的模式，使课程内容颠倒顺序，让更多的知识点通过重组来改变教学的效率，课程教学往往在重组之后会展现出一种全新的教学模式，刷新了教师对课程教学的观念，使课程教学因为重组而大放光芒。而整合更是将课程教学推崇到了极致，通过有效的整合，让更多的课程内容可以有效地结合在一起，在一定程度上改变了课程教学的原本面貌，让课程教学以一种全新的姿态展现在学生们面前。课程的重组整合是对原有的资源进行重组和整合，在一定程度上改变了教学资源的浪费，更是对教育资源一种多维度的思考，令教育资源得到非常透彻的运用。只有重组整合课程教学，才可以使课程教学变得更有动力，展现出更加强大的教学效果。重组整合即课程创造，相信重组整合一定会使课程教学走向更加美好的发展境地，使课程教学更好地发展[1]。

---

[1] 许广碧.基于核心素养，"玩"出数学味道——"玩好数学"游戏化校本课程建设的实践与思考[J].小学教学参考，2019（14）：12-13.

重组整合即课程创造，有了重组整合的课程教学才可以说是一种全新的创造，因此无论何时何地都应该让自己的教学有所重组、有所整合，这样才可以在根本上提升课程教学的实际效率，让课程教学走向更加美好的发展之地。重组整合是一种灵活多变的教学方式，更是对课程教学的一种看法和思考，假如没有课程的重组和整合，那么势必会让课程教学走向困顿之地，久而久之，就会让课程教学变得索然无趣。由此可以看出，重组整合就是课程的创造，就应该多对课程教学进行重组和整合，使教学内容、教学方式、教学方法、教学理念、教学原则等等因素都重组整合，这样才可以达到最为有效的重组整合效果，使老师在自己的课程教学中融入更多重组整合后的因素，使教学内容变得丰富精彩，使教学方式变得更加多样化，让教学方法变得更有效果，令教学理念变得更加符合学生的成长，教学原则变得更贴合实际的学情。

（撰稿者：陈慧）

特色学校　合肥市蜀山小学
特色课程　新生态课程：让孩子们焕发生命活性

合肥市蜀山小学创建于1958年，是一所有60多年办学历史的蜀山区西部窗口学校。学校占地面积两万多平方米，现有38个教学班，教师102人，学生近1800名。近年来，学校乘着蜀山教育南延西进高位均衡发展的春风，围绕学校品质提升工程，大力实施素质教育。学校先后被评为全国校园足球定点学校、中国轮滑运动示范校、全国中小学品质课程实验学校、国家信息技术网络教育实验学校、安徽省电化教学一类达标学校、安徽省体育传统项目学校、安徽省家教名校、合肥市素质教育示范校、合肥市信息技术特色学校、合肥市"体艺2+1"示范校、合肥市绿色学校、合肥市科普示范校、合肥市红领巾示范学校、合肥市德育先进集体等荣誉称号。随着课程改革的持续深入，我们深入整合学校内部资源，传承学校办学优势，充分调动教师的积极性，把开设富有个性化、多样化、有地域文化特色的学校课程作为学校持续发展的新生长点。

第一节

让孩子们焕发生命活性

学校课程哲学对学校的发展有着极其重要的现实意义和教育价值，是学校走向特色化和现代化发展的关键。

一、学校教育哲学

学校结合多年的办学经验与特色传承，提出了"活力教育"这一课程哲学。我们认为"活力教育"是以人为本教育理念的升华。"活力教育"追求的目标，是让每一个学生成为有个性的自己，成为未来社会的有用之才。

"活力教育"尽可能培养孩子们的思想活力，启发智慧、创造灵感、大胆创新，从所学中探索未知，思考、思索、思辨，产生新思想，发现和创造新事物。

"活力教育"尽可能培养孩子们的行动活力，敢想敢做、敢于探索、身心发展，行动活力在科学、体育、拓展体验等方面体现得更为突出。

"活力教育"尽可能激发孩子们的生命活力。"活力教育"追求的本质，就是让一切教育资源与充满活力的学生相契合，"活力教育"即是充满生命力的教育。

正如我们生活在阳光下，我们也徜徉在永不停息的活力之中。如今，我们反思"塑造知识人"的教育信条，我们追求拥有更广阔的教育胸怀，从打造"知识人"迈向培养"活力人"，其中孕育着对人性无限的尊重和敬畏[①]。根

---

① 杨伟琴.自主学习　生长智慧——三上《素数和合数》教学经历［J］.快乐阅读（上旬刊），2012（16）：80.

据"活力教育"哲学，我们提出了"让孩子们焕发生命活性"这一核心办学理念。

二、学校课程理念

亲近自然是每一个孩子的天性，孩子是与自然最亲近的人。给孩子创造亲近和回归自然的机会，能让他们在大自然中感受和回归生命的本真。适应未来发展的合格小公民，必须行端品正，知书明理，有悟性，热爱自然与生命的美妙。而陶冶其性情，是培养一个充满生命活性的人所必须经历的成长过程。结合学校的办学理念"让孩子们焕发生命活性"，我们希望用充满活力的教育去细心呵护每一个孩子，丰富他们的学习经历，支持每个孩子享受适合自己的课程，让课程成为每一个孩子旺盛求知欲和内在生命力的源动力。基于以上，我们提出学校的课程理念是：亲近自然，陶冶性情，绽放活力。我们认为：

（一）课程即自然因子

大自然是课程的重要内容。卢梭主张自然主义教育，其理论核心是"归于自然"，他所主张的"自然状态"是人与生俱来的思想和能力，它与人类的"自然状态"又是紧密联系在一起的：善良的人性存在于纯洁的自然状态之中。孩子的身体在大自然中得到滋养，灵性在大自然中得到润泽。在和自然的互动中，孩子的好奇心不断得以激发，自信心不断得以提升。卢梭主张，在儿童的理解力还尚未成熟之前，要让儿童回归自然，回到自然中去看、去听。他认为：教育要发展儿童天生的禀性，应使儿童有自然的生活。他主张把儿童放进自然环境中，主张给儿童充足的户外活动时间[1]。我校面向大蜀山，背靠董铺水库，正是依靠着得天独厚的环境熏陶，空气中也充满着浓郁的乡土气息。我们学校课程努力实现让孩子在自然的滋养中体悟追本溯源的情怀。

（二）课程即生命情愫

用生命的观点来理解课程，课程的价值追求就是生命的成长，不仅仅满足每一个生命体潜在生命力开发与生长的需要，而且努力达成生命之间的相互理解和认同。理解生命，是为求真；敬畏生命，是为求善；珍爱生命，是

---

[1] 卢梭,方卿.爱弥儿[M].北京：北京出版社,2008.

为求美。课程的开展过程就是师生以其本真状态投入生命之流的过程,是对生命的眷注。

(三)课程即成长历程

课程是潜能发展的资源,良好的课程能开发学生内在的潜能,促进他们各种能力的提升。陶行知先生提出了"生活即教育"的思想[①]。"生活即教育"的观点认为:"好生活就是好教育。"我们的课程应该在生活中给孩子提供优秀的做事典范;给孩子创设充满爱和自然的生活环境;给孩子创设美的生活环境。我们的课程努力把每一类或每一次活动都做成美好的日常生活——和孩子一起玩沙玩泥;和孩子一起刨土种地;和孩子一起观赏美丽的风景,和孩子共同经历成长中每一个精彩的过程……

学校课程的建设是提升学校办学内涵的主要载体,是发展、丰富学校文化的关键途径。而学校的"生态课程"是以儿童为主体,以强调每一个儿童的需求、欲望和意识,兼顾儿童个性发展,依托现代化课堂教学策略,实现教学与儿童发展相统一,它不同于传统的课程教学,"生态课程"更加关注儿童身心成长,引导儿童全面发展,促进个性发展,使课程更加完善。在此基础上我们又提出"新生态课程"模式。"新生态课程"的开发,能使儿童的个性得到充分张扬,学校特色得以充分彰显,学校文化力得以充分释放。根据学校的办学理念,依托"新生态课程",结合美丽的大蜀山,把"新生态课程"作为特色教育的重点发展项目,积极发挥"新生态课程"的教育功能,促进学校办学水平的提升。

总之,学校"新生态课程"坚持以生为本,以儿童为主体,培养思想活力、行动活力,激发生命活力。利用学校的特殊地理位置,让孩子亲近自然、回归自然,焕发生命活性,健康成长、全面发展。

---

① 徐明聪.陶行知生活教育思想[M].合肥:合肥工业大学出版社,2009.

第二节

尽情绽放孩子们的活力

学校以全面提高儿童的综合素质为目标导向，依托基础教育、个人身心发展规律和学校学情的特点，提出了自己的育人目标以及相应的课程目标。

一、育人目标

学校在"新生态课程"的实施中，让学生亲近自然，陶冶性情，绽放活力，努力把学生培养成"志高远、气灵动、乐健美、善敏行"的活力少年。

——志高远：高尚的情操和远大的抱负。

——气灵动：灵活的气质和跃动的个性。

——乐健美：健康的身心和正确的审美。

——善敏行：敏捷的思维和积极的行动。

二、课程目标

学校的育人目标是通过课程目标去达成的，为了实现育人目标，我们对照国家课程方案的要求，把"志高远、气灵动、乐健美、善敏行"这四个育人目标进行细化，形成低、中、高的课程，尽情绽放孩子们的活力。具体如下表（见表2-1）。

表2-1 合肥市蜀山小学"新生态课程"目标表

育人目标＼课程目标＼年段	低年级	中年级	高年级
志高远	掌握低年段课程标准的要求，知道生活基本常识，在学习生活中逐步形成良好的习惯；关注生活环境，爱护环境；形成对学习、对生活的自信与活力；培养尊敬师长、热爱集体的真实情感。	懂得基本的做人道理，必要的处事能力；形成基本的行为习惯。关注社会环境，能处理好个人与环境的关系，保护自然；养成对自己、对班级的责任感；树立较强的自信，形成爱学校、爱社区的情感。	懂得为人处世的基本准则，树立正确的人生观，具有积极向上的人生态度，处理好个人与集体、社会的关系，爱护自然，具有环保意识；拥有强烈的社会责任感，具有诚实、守信的品格，养成良好的行为习惯；饱含对家乡、社会、祖国的热爱之情。
气灵动	走出课堂，走进大自然，感受万物生长，探索自然奥秘，认识大自然，热爱大自然，保护大自然，在实践中自由成长，培养跃动的个性。	通过构建"活力课堂"，渗透德育，让知识以鲜活的生命姿态，赋予学习以亲切的感性方式，达到"活力教育"的效果，培养灵动的气质。	开展丰富多彩的实践活动；学会提出问题、解决问题；学会收集、整理信息；提升与人交流、合作、研究等能力；进一步培养灵动的气质和跃动的个性。
乐健美	积极参与体育活动；初步掌握简单的技术动作；通过跳绳、轮滑等多种练习，形成正确的身体姿势；感受到体育活动的乐趣；会玩1—2项体育类游戏活动，形成积极进取、乐观开朗的性格。	热爱体育活动，坚持长期锻炼，培养更加健康的身体素养和生活态度，培养乐观自信、活泼向上的品质。基本掌握1—2项运动技能。在艺术学习过程中，发展艺术实践能力，形成基本的艺术素养。	积极参加体育活动，保持愉快的心情，健康的心理；提升力量、灵敏和协调性等身体综合功能；掌握2—3项体育运动技能，并成为特长项目；培养创造力和创造意识，塑造动手实践能力，锻炼艺术修养，培养健全人格和审美能力。
善敏行	了解基本的安全知识，热爱且珍视生命，具有自我保护意识和能力；养成积极探究问题的习惯，遇到不懂的问题及时请教教师、同学，或者动手查资料。	掌握一定的生活技能，掌握一些紧急逃生方法；通过一些工具展开对物体的观察分析；能够提出有深度的问题，且对该问题开展探究，具有解决问题的能力。	通过一些途径或运用一些策略获取支撑自己论点的资源；学习从不同的角度去思考问题，尽可能多地寻找解决问题的方法；能够比较全面地看待并处理生活中发生的事件和问题。

学校结合校情、师情和生情的特点，对课程建设进行多元统整。课程统整不是两门或几门学科的简单合并，而是各种知识的相互融合，除了维持传统的分科教学，还可以在个别学科内将相关的课程组成有意义的主题单元学习，或数个学科同时教授相关的主题，可以跨学科教学，使学习内容能相互贯串起来。

"新生态课程"是以课程目标为导向，运用多种途径、组织形式和方案方法，建立在对课程功能与价值认同的基础上，有效充实学科知识，拓展儿童的学习技能，通过实践运用达成培养目标。

总之，"新生态课程"统整各学科、各学段，开展各种知识相互融合的课堂活动，力求把孩子培养成志高远、气灵动、乐健美、善敏行的活力少年。

第三节

让每个孩子都成为活力的源泉

学校课程体系的构建与实施,是学校品牌建设的推动力,是学校内涵发展的核心要义,是培养学生核心素养的重要载体,更是深化课程改革、办公平而有质量教育的根本路径。

一、课程逻辑

为了实现以上课程目标,我校构建了相应的课程体系,我校"新生态课程"的逻辑图如下(见图2-1)。

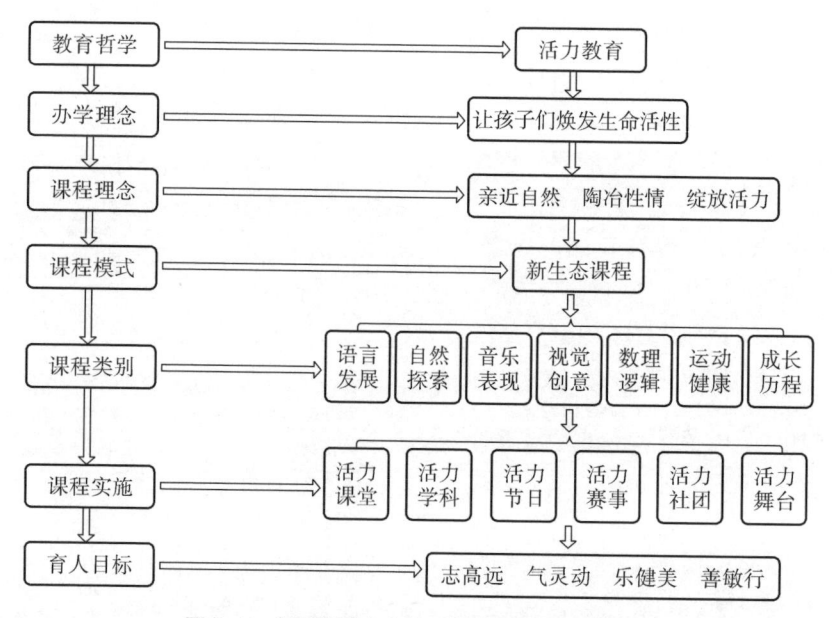

```
教育哲学 ──────────────→ 活力教育
   ↓
办学理念 ──────────────→ 让孩子们焕发生命活性
   ↓
课程理念 ──────────────→ 亲近自然 陶冶性情 绽放活力
   ↓
课程模式 ──────────────→ 新生态课程
   ↓
课程类别 ──────────────→ 语言发展 自然探索 音乐表现 视觉创意 数理逻辑 运动健康 成长历程
   ↓
课程实施 ──────────────→ 活力课堂 活力学科 活力节日 活力赛事 活力社团 活力舞台
   ↓
育人目标 ──────────────→ 志高远 气灵动 乐健美 善敏行
```

图2-1　合肥市蜀山小学"新生态课程"逻辑图

二、课程结构

基于加德纳的多元智能理论，我们围绕语言、音乐、逻辑、视觉、动作、自然、观察等七个领域形成了课程体系，为儿童多元智能的发展提供了课程指导。将基于儿童多元发展的课程体系构建成"新生态课程"七巧板结构图（见图2-2）。

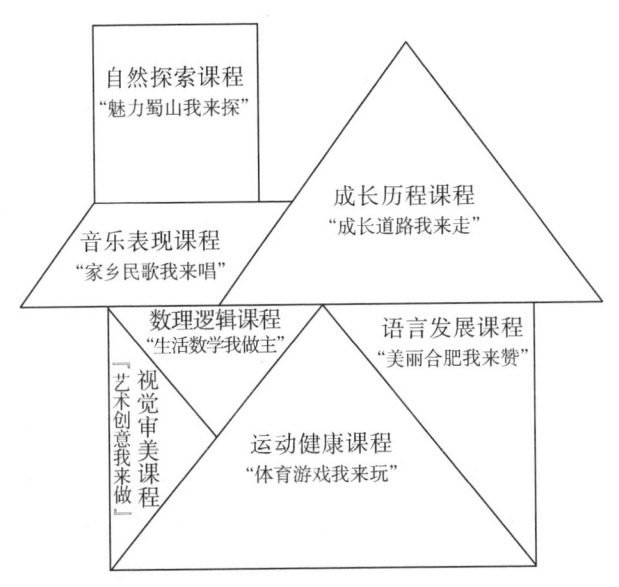

图2-2 合肥市蜀山小学"新生态课程"七巧板结构图

"新生态课程"由七项课程内容构成，包括：语言发展课程、自然探索课程、音乐表现课程、视觉审美课程、数理逻辑课程、运动健康课程、成长历程课程。我们期望每一个儿童都能在语言文字、逻辑思维、视觉想象、节奏旋律、自然观测、身体运动、人际交往等方面有所发展，努力让每个孩子都成为活力的源泉。

1. 语言发展课程。开发"经典诵读""阅读绘本""英语歌曲""小小观察家""六六说童年"等课程，帮助学生培育健康的审美情趣，发展个性，形成合作精神，逐步形成完备的世界观、人生观和价值观；帮助学生树立信心，培养学习习惯，感知语言学习方法，感受文学大师的语言魅力，在实践中探究学习语言；帮助学生结合实际生活进行写作；促进学生日常口语交际能力的提升，懂得语言文字的妙用。

2. 自然探索课程。开发"科学探秘""神奇火山""生态环境调查""动物世界"等课程，学生能够接触到更多与生活实际相关联的科学知识，从而为理论与实际深度结合创造条件。通过科学实验，使学生感知科学探究的步骤和策略，帮助学生科学地分析问题、解决问题，培养学生的科学行为习惯；培养学生的科学精神，保持对世界的好奇心与探索欲，充分发挥想象力，用事实说话，大胆创新；在科学探究过程中，感悟自然、生命的力量；树立主人翁意识，爱科学、爱家乡、爱祖国，积极保护赖以生存的资源和环境。

3. 音乐表现课程。开发"欣赏校歌""学唱校歌""欣赏民歌""合肥民歌大搜集"等课程，让学生感知音乐旋律的变化，能够体验音乐情绪的变化；能够初步分辨小型的音乐体裁与形式，能够聆听音乐主题并说出曲名；了解合肥地方民间音乐与戏剧，感受不同地域音乐风格，能体验地方音乐与戏剧的唱腔特点与特色；能够用自然的声音、适宜的节奏和表情化的音调，进行独唱、齐唱或合唱；能够简单评价同学或自己的演唱作品。

4. 视觉创意课程。开发"剪纸""衍纸""电脑绘画""科幻画"等课程，学生能够在美术学习过程中，尝试各种工具、材料进行美术创作，学生以个人或团体合作的形式参与美术活动，进行美术欣赏，丰富多重感官经验，包含视觉、听觉等多方面，从而持续获得美术学习的兴趣；了解传统美术艺术题材特点，掌握一种地方美术创作技能；通过美术实践，培养美术素养，挖掘创造精神，陶冶审美情趣。

5. 数理逻辑课程。开发"数学小规律""身边的统计""趣味数学""解决生活中的实际问题"等课程，使学生学会运用数理逻辑思维方式进行思考，提升发现并提出问题的能力以及分析和解决生活中问题的能力；了解数理逻辑的意义，激发学生学习数理逻辑的积极性，强化数理逻辑学习的自信心，初步形成创新意识，树立求真务实的态度；掌握生活及个人发展所必须的数学、信息技术的基础知识、基本思想、基本活动经验等；感知数学与其他学科知识之间、数学知识之间、数学与生活之间的联系。

6. 运动健康课程。开发"轮滑""跳绳""乒乓球""登山""足球""越野跑"等课程，增强学生的运动积极性，培养学生体育运动热情，坚持参加体育锻炼活动；养成自觉锻炼身体的习惯，掌握合理锻炼的方法；养成良好的卫生习惯，自觉保持环境卫生；具有健康的身体和环境适应能力；掌握一项以上的体育技能。

7. 成长历程课程。开发"小小红领巾""我的'整十岁'""青春课堂""毕业典礼"等课程，帮助学生正确了解中国少年先锋队知识，认识队旗、红领巾；加强学生综合素质修养，建立良好人际关系；帮助学生初步学会作为一名十岁小学生在家庭、学校、社会中应该具备的能力和素养；关注学生青春期的生理及心理状态，引导学生积极面对失败与挫折，树立积极向上的心态；促进学生的感恩教育，培养对父母、老师等的感恩之情。

三、课程设置

为了实现课程目标，根据"新生态课程"结构，结合学校课程资源情况，我们对"新生态课程"内容体系进行系统构建，设置了分年级分学期的课程（见表2-2）。

表2-2 合肥市蜀山小学"新生态课程"设置表

年级学期	项目内容	语言发展（母语）	语言发展（英语）	自然探索	音乐表现	视觉创意	数理逻辑	运动健康	成长历程
一年级	上学期	弟子规	初识字母	植物揭秘	唱响校园之声	手工制作	数学趣味屋	小小解放军	我是小小红领巾
	下学期	绘本阅读	英语小故事	与绿色同行	好声音唱响美好一天	超轻黏土	奇妙数学	绳采飞扬	文明礼仪我知道
二年级	上学期	三字经	听听画画	科学探秘	寻民歌之声	联想设计	思维训练营	快乐轮滑	巧识拐骗
	下学期	寓言故事	玩演英语	身边的科学	家乡民歌我来唱	剪纸设计	数学生活馆	体操小王子	雏鹰小争章
三年级	上学期	千字文	英语自然拼读	动物世界	寻悠扬歌声	色彩运用	巧算妙算	劲炫足球	我的"整十岁"
	下学期	童年故事	绘本阅读（初阶）	与动物交朋友	演最美和声	废物利用	生活中的数学	旋转乒乓	勤俭节约从我做起

（续表）

年级\学期		语言发展（母语）	语言发展（英语）	自然探索	音乐表现	视觉创意	数理逻辑	运动健康	成长历程
四年级	上学期	声律启蒙	趣味单词	神奇的火山	寻庐剧之声	剪纸中的纹样	趣味数学	精武门	我的家务我做主
	下学期	唐诗宋词	绘本阅读（进阶）	火山与环境	唱响庐剧	电脑美术	神奇解密	律动健身操	诚信教育
五年级	上学期	论语	趣配音	我的母亲河	寻黄梅之声	书法	妙用数学	玩转篮球	青春课堂
	下学期	神话故事	绘本阅读（高级）	保护家乡水源	唱响黄梅	科幻画	巧思数学	趣味田径	感恩教育
六年级	上学期	孟子	英语话剧	大蜀山植物调查	寻腰鼓之美	美术中的历史	脑思手绘	旋风羽毛球	珍惜时间
	下学期	四大名著	英语诗歌	大蜀山动物调查	演鼓舞人心	戏曲表现	生活数学我来算	少年排球	我的毕业典礼

总之，"新生态课程"依照课程逻辑，基于儿童多元发展的课程体系构建课程结构，并结合课程资源分年级、分学期设置课程内容，让每个孩子都成为活力的源泉，成长为活力少年。

第四节

搭建展现孩子活力的舞台

课程的实施与评价是对新课程理念的落实和保障，因此学校需要为学生提供更加民主的、人性化的课程学习环境，使之成为发展自我的内在需求。我校依据"活力教育"哲学，全面落实课程内容，实现课程目标，从以下六个方面推进课程实施：

一、构建"活力课堂"，提升学校课程品质

活力指旺盛的生命力，由三个维度的能量组成，即体力、情绪能量和认知灵敏性[1]。"活力课堂"主要包括三个方面的内容：老师的教学活力、学生的学习活力，以及教学过程的动态生成活力。有活力的课堂是以学生为主体、以学生个性得到培育与发展为目标的课堂，是思维能力、创造能力得到最大限度提高的课堂，也是有利于学生素质的全面提高、终身幸福的课堂[2]。

（一）"活力课堂"的内涵

1."活力课堂"是科学高效的课堂。即在有限的课堂时间内取得最大学习效果的课堂。师生间的有效互动让学生形成对知识真正的理解，同时在学习过程中学生能获得积极的学习体验，自我监控和反思能力得到培养。也就是说，活力课堂符合学生的认知规律和特点，通过循序渐进的教学流程和科学的方法，达到高效学习的境界。

---

[1] 王光宇.发挥学生主体作用，构建数学活力课堂［J］.考试周刊，2013（57）：72-74.
[2] 向德进.谈谈小学数学教学中学生兴趣的培养策略［J］.中外交流，2016（26）：260-261.

2."活力课堂"是探究合作的课堂。自主探究的课堂是真正以学生为主体地位,充分放手给学生,培养学生独立自主的课堂。在学习基础知识和技能之外,"活力课堂"更注重知识技能的形成过程,让学生学会在合作探究中解决问题,分享彼此的经验与智慧[1]。

3."活力课堂"是民主开放的课堂。包括了学习内容的民主开放、教学氛围的民主开放、师生关系的民主开放等。通过开放民主的课堂让学生不断地积累知识和智慧、放飞心灵与想象。

4."活力课堂"是充满激情的课堂。用教学的热情点燃学习的热情。课堂上的老师用有趣的教学设计吸引学生,用十足的激情感染学生,使课堂更加富有生机与活力。

(二)"活力课堂"的实施策略

"活力课堂"是一个充满生机与活力的课堂,主要操作策略有:

1. 儿童立场。"活力课堂"促使教师的教育观念发生根本性的转变:从"注重单位时间内传授知识的量"到"更关注课堂上学生参与学习的程度与状态";从"注重学生对知识的掌握"到"更关注每个学生都得到发展";从"关心学生的知识、技能学习"到"同时强调学生精神世界的丰富与发展"[2]。

2. 和谐氛围。"活力课堂"促使教师更加注重教学氛围的和谐发展:营造轻松的课堂学习氛围;关注学生完整人格的发展;尊重每一个学生的人格尊严;平等对待每一个学生;为每一位学生的发展提供机会;教会学习方法,让学生体验学习的乐趣;培养学生的独立学习能力;用问题引导教学,让学生在解决问题中学习。

3. 主体参与。"活力课堂"促使教师更为关注学生作为学习的主体积极参与到学习中:为需要的学生准备个性化的学习资源、材料或活动;用幽默的谈话或有趣的活动将学生引入理想的学习状态;恰当地、有针对性地评价和有导向性地口头表扬;组织灵活的个人或小组活动(如:成就契约、游戏、趣味练习活动等)。

---

[1] 张鹏.浅谈活力教育[J].基础教育,2012(5):93.
[2] 王文龙,张春蕊,马淑芳.高等林业院校公共数学课程层次化创新改革与实践[J].林区教学,2013(1):2.

（三）"活力课堂"的评价标准

"活力课堂"在各学科课堂教学中都有其不同的表现形式，如语文学科的"分享式课堂"、数学学科的"创造性思维"、综合学科的"发展性评价"等。但不管是哪一门学科，都是以学生为中心，将"活力课堂"的"活"性体现得淋漓尽致，即高质量的思维互动、高程度的自觉投入、高层次的情感体验。"新生态课程"下的"活力课堂"，从课堂深层看，是以生为本的基础性教学；从课堂目标看，是培养富有个性、灵动活泼的学生；从课堂结果看，是在化解难题和成果展示中激发智慧和潜能的。因此，我们设计了"活力课堂"评价表（见表2-3）。

表2-3　合肥市蜀山小学"活力课堂"评价表

指　标	教　师	学　生
教学目标	1. 目标明确具体、多元化。 2. 突出能力目标，有创新意识。 3. 体现分层次教学思想。	1. 目标符合要求。 2. 增强兴趣，多数学生能接受。 3. 多方面学习需求得到满足。
教学内容	1. 内容正确，容量适中，由浅入深。 2. 创造性地处理运用教材，引入的教学辅助材料恰到好处。	1. 较容易掌握知识技能。 2. 学习有重点、难点。
教学策略	1. 组织严密，形式多样，活而不乱。 2. 能充分利用学生的生活经验和知识储备。 3. 面向全体，提供足够探究时间与空间，重视教学的延续性。	1. 学生有强烈的知识、探究欲望。 2. 学生知识内化明显，掌握一定的学习和解决问题的方法。 3. 不同层次学生感受到成功的快乐，有创新意识与行为。
基本素质	1. 思维活跃，勇于创新。 2. 教态亲切、大方，语言精练。 3. 有扎实的专业知识，课堂语言规范、科学，驾驭课堂能力强。	1. 学生发言积极，充满好奇心。 2. 认真倾听发言，并学会思考。 3. 有自己独特的想法或做法。
教学效果	1. 时间利用率高，完成教学任务。 2. 课堂教学探究气氛浓，思维亮。	1. 学生有成功的体验。 2. 掌握知识、方法，发展能力，提高学习兴趣。
总体评价		

二、建设"活力学科"，丰富学校课程体系

学校课程基于课程目标的前提下，采用统整与嵌入的实施方式，建立在对课程功能与价值认同的基础上，对学生多元智能的认识与引导是保证课程实施的关键。下面我们侧重围绕"新生态特色课程"开展教学活动。

（一）"活力学科"的建设路径

我校"新生态课程"着力建设"3+x"学科课程群。这里的"3"是指基础型课程中的三门课程——语文、数学和英语，"x"是指一门基础课程——科学。"3+X"学科课程群是基于课程目标的前提下，采用多样化的实施方式，建立在对课程功能与价值认同的基础上，有效充实学生的学科知识，拓展学生的学科技能。

1."活力语文"课程群

我校语文教研组依据《义务教育语文课程标准（2011年版）》（以下简称《语文课标》）基本理念——"语文课程应该是开放的，富有创新活力的"，打造"活力语文"课程群。"活力语文"即贴近生活实际的语文、培养灵活思维的语文、发展活泼个性的语文，"活力语文"是饱含生命色彩的语文，是充满生命活力的语文，以"生活""灵活"和"活泼"培养儿童的个性，以激发儿童的"创造力""想象力"和"实践力"为目标，让每一个儿童都成长为有个性的、有活力的个体。

依据《语文课标》的相关要求，儿童在每个学段的学习目标各不相同，但总体来说，都是由"识字与写字""阅读""写作（写话）""口语交际""综合性学习"五个方面组成，为了让儿童语文素养能全面协调地发展，我校语文学科课程分为"活力识写"、"活力阅读"、"活力写作"、"活力交际"、"活力实践"五大类。"活力语文"课程结构如下（见图2-3）。

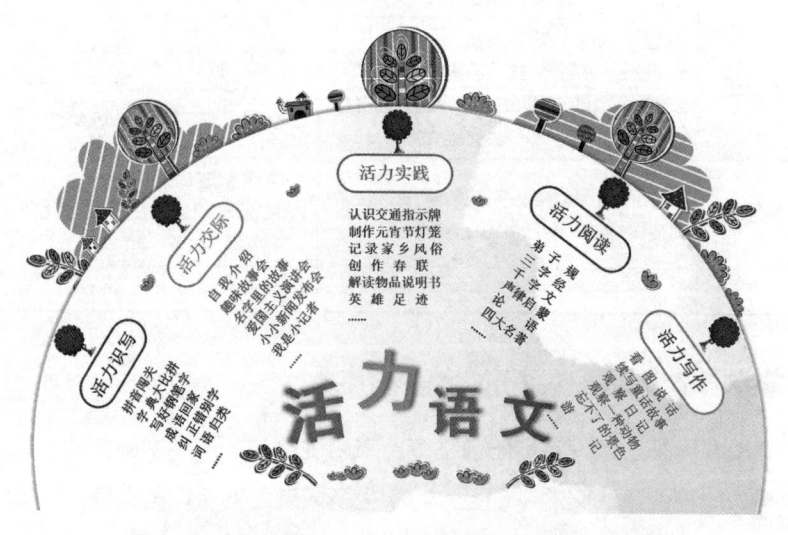

图2-3 合肥市蜀山小学"活力语文"课程结构示意图

根据"活力语文"课程结构,我们制定了"活力语文"课程设置表(见表2-4)。

表2-4 合肥市蜀山小学"活力语文"课程设置表

年级	课程	活力识写	活力阅读	活力交际	活力写作	活力实践
一年级	上学期	拼音闯关	《弟子规》	自我介绍	看图说话	认识交通指示牌
	下学期	识字小能手	绘本阅读	看图讲故事	看图写话	用照片记录生活
二年级	上学期	字典大比拼	《三字经》	趣味故事会	续写童话故事	制作元宵节灯笼
	下学期	写好铅笔字	《寓言故事》	推荐动画片	编写故事	学做一道菜
三年级	上学期	写好钢笔字	《千字文》	名字的故事	观察日记	记录家乡风俗
	下学期	猜字谜	童话故事	二十四节气	我的植物朋友	大蜀山之旅
四年级	上学期	成语回家	《声律启蒙》	爱国主义演讲	观察动物	创作春联
	下学期	学写毛笔字	唐诗宋词	争当配音员	我们的年俗	家乡童谣
五年级	上学期	纠正错别字	《论语》	小小新闻发布会	忘不了的景色	解读物品说明书
	下学期	软笔书写	神话故事	畅想未来	写新闻报道	制作读书小报
六年级	上学期	词语归类	《孟子》	我是小记者	游记	英雄足迹
	下学期	诗词听写	四大名著	漫话三国英雄	读名著写感想	绘四大名著

2."奇思数学"课程群

我校数学组依据《义务教育数学课程标准(2011年版)》(以下简称《数学课标》)理念,要面向全体学生,适应儿童个性发展的需要,使得"人人都能获得良好的数学教育,不同的人在数学上得到不同的发展"[1],因此提出了"奇思数学"的课程理念,即"奇思数学"的课堂旨在追求"奇从思

---

[1] 江珊珊.小学数学课堂互动研究[D].安庆师范大学,2019.

生，思由奇始，奇思共生"的境界。"思"是学习的前提，"奇"是数学的本质。数学的学习要从"奇思"开始。"奇思数学"让儿童在思考中成长，感受数学的神奇魅力，使儿童在乐学、善思、乐享的学习过程中提升数学学科素养。

《数学课标》安排了四个部分的课程内容："数与代数""图形与几何""统计与概率""综合与实践"[①]。因此，秉承学科课程哲学，结合儿童发展特点，我校将课程具体分为"奇思运算""奇思创意""奇思统计""奇思体验"四大类，以期建构"奇思共生"的数学学习图景。"奇思数学"课程结构如下（见图2-4）。

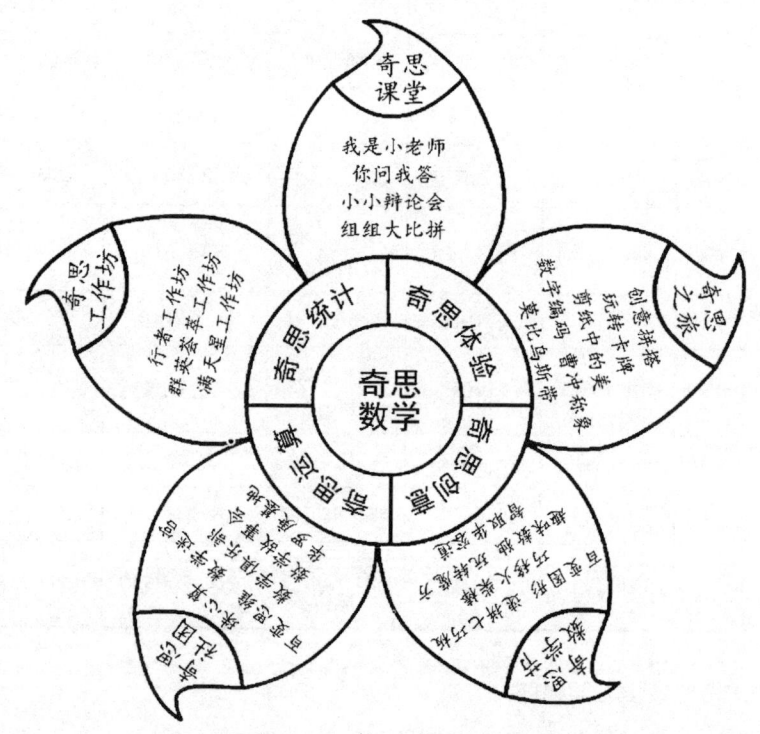

图2-4　合肥市蜀山小学"奇思数学"课程结构示意图

根据"奇思数学"课程结构，我们制定了"奇思数学"课程设置表（见表2-5）。

---

① 中华人民共和国教育部.义务教育数学课程标准［S］北京：北京师范大学出版社，2012.

表2-5　合肥市蜀山小学"奇思数学"课程设置表

年级	课程	奇思运算 （数与代数）	奇思创意 （图形与几何）	奇思统计 （统计与概率）	奇思体验 （综合与实践）
一年级	上学期	口算小达人	有趣的拼搭	整理小书桌	校园中的数
	下学期	速算小能手	神奇的组合图	图形分类与统计	小小商店
二年级	上学期	趣味乘法表	有趣的七巧板	了解好朋友	"身体尺"
	下学期	生活中的"大数"	神奇的角	班级小调查	测定方向
三年级	上学期	争当计算小标兵	小小设计师	图书角的秘密	多彩的"分数条"
	下学期	算"24点"	身边的测量	上学时间	制作年历
四年级	上学期	笔算我最棒	巧手拼画角	家庭购物小帮手	怎样滚得远
	下学期	神奇的算式	探秘内角和	幸运大转盘	一亿有多大
五年级	上学期	停车场里的数学	巧算面积	数学与健康	我是购物小达人
	下学期	妙解密码门	圆的美丽世界	运动会成绩	社区中的数学
六年级	上学期	百分数思维图	绘制校园平面图	我是理财小达人	旅行中的数学
	下学期	数与代数思维图	生活中的圆柱圆锥	绘制折线统计图	我是一名小导游

3. "NICE英语"课程群

我校英语组提出了以"架起沟通之桥，绽放语言之花"为核心的学科课程理念，确定了"NICE"课程的学科课程哲学。"NICE"寓意美好，即通过课程改革，唤醒孩子们产生对学习、生活的美好向往，体验到学习和成长的乐趣。我们希望能够呵护好每个孩子心中的美好种子，在一系列的课程体系和教育工作中，最终让孩子们以自然生长的姿态充分学习，享受知识与文化的滋养。"NICE"课程由N-I-C-E四个字母组成，分别代表了四个不同要素。"N"代表Nature（自然生长）、"I"代表Interdiscipline（跨学科融合）、"C"代表Culture（文化）、"E"代表Enjoy（享受）。

根据《义务教育英语课程标准（2011年版）》，并结合我校的学情，"NICE"英语课程以英语学科的听、说、读、写及综合语言应用能力为基石，开设四大课程模块：美听畅说、美阅乐读、美思妙写、美寻文化。每一个模块都包含语言技能、语言知识、情感态度、学习策略、文化意识五大要素。

另外，结合各个年级儿童的年龄特点以及学习能力水平的差异，不同模块在各年级中的侧重各有不同。为此，我们设计了"NICE英语"课程结构框架（见图2-5）。

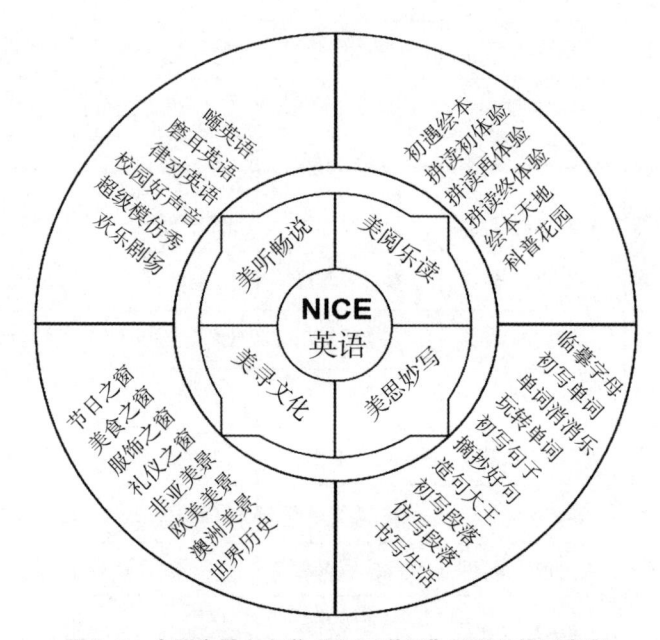

图2-5 合肥市蜀山小学"NICE英语"课程结构示意图

根据"NICE英语"课程结构，我们制定了"NICE英语"课程设置表（见表2-6）。

表2-6 合肥市蜀山小学"NICE英语"课程设置表

年级	课程类别/课程名称	美听畅说	美阅乐读	美思妙写	美寻文化
一年级	上学期	嗨英语（字母韵律操）	初遇绘本（简单绘本通1级）	临摹字母	节日之窗
一年级	下学期	嗨英语（拼读歌曲）	拼读初体验（拼读绘本1级）	初写单词	节日之窗
二年级	上学期	磨耳儿歌	拼读再体验（拼读绘本2级）	单词消消乐	美食之窗
二年级	下学期	磨耳儿歌	拼读终体验（拼读绘本3级）	玩转单词	美食之窗

（续表）

年级	课程类别课程名称	美听畅说	美阅乐读	美思妙写	美寻文化
三年级	上学期	律动英语	绘本天地（丽声英语2级）	初写句子	服饰之窗
	下学期	律动英语	绘本天地（丽声英语3级）	摘抄好句	服饰之窗
四年级	上学期	校园好声音	绘本天地（丽声英语4级）	仿写好句	礼仪之窗
	下学期	校园好声音	绘本天地（丽声英语5级）	造句大王	礼仪之窗
五年级	上学期	超级模仿秀	科普花园（培生英语4级）	初写段落	非亚美景
	下学期	超级模仿秀	科普花园（培生英语4级）	仿写段落	欧美美景
六年级	上学期	欢乐剧场	科普花园（培生英语5级）	书写生活	澳洲美景
	下学期	欢乐剧场	科普花园（培生英语5级）	书写生活	世界历史

4."乐玩科学"课程群

我校科学组遵循"每一个儿童都是独立的不同的个体"，儿童是真正意义的人，具有独立存在的价值，从儿童的真实起点出发，让科学的学习真实地发生在儿童的身上，自由表达，自然体验，自在分享……让每一个儿童在原有的基础和能力上赢得进步，让每一个儿童有机会做最好的自己。科学组立足小学学生身心发展特点，依据《义务教育科学课程标准（2017）版》文件精神，并结合我校科学学科实际情况，提出"乐玩科学"为科学学科理念，坚持以乐为先，在玩中学，学中玩，寓教于乐；以玩为形，获得快乐与成功的体验；以创为要，尊重孩子的创意，重视创新和革新理念。为此，我们设计了"乐玩科学"课程结构框架（见图2-6）。

根据"乐玩科学"课程结构框架，我们制定了"乐玩科学"课程设置表。（见表2-7）

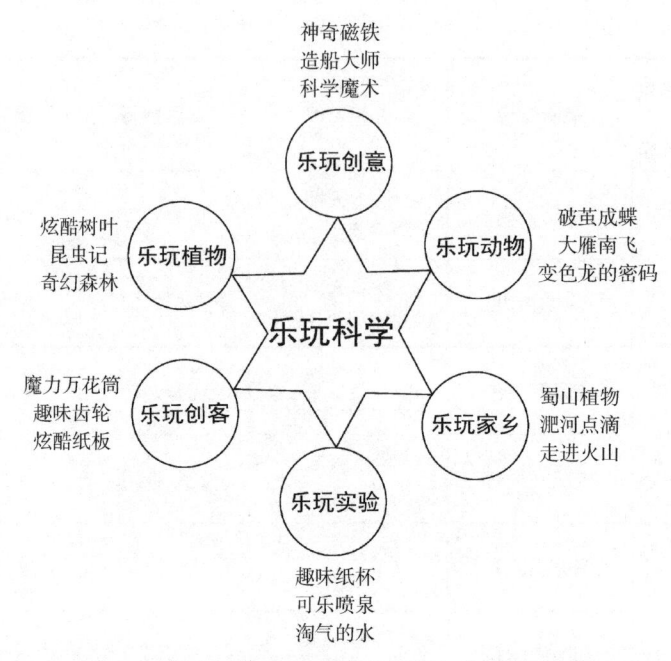

```
              神奇磁铁
              造船大师
              科学魔术
                 ○
               乐玩创意
   炫酷树叶      ╱  ╲         破茧成蝶
   昆虫记   ○乐玩植物  乐玩动物○   大雁南飞
   奇幻森林    ╲      ╱        变色龙的密码
              乐玩科学
   魔力万花筒   ╱      ╲
   趣味齿轮  ○乐玩创客  乐玩家乡○   蜀山植物
   炫酷纸板    ╲      ╱         淠河点滴
               乐玩实验              走进火山
                 ○
              趣味纸杯
              可乐喷泉
              淘气的水
```

图 2-6　合肥市蜀山小学"乐玩科学"课程结构示意图

表 2-7　合肥市蜀山小学"乐玩科学"课程设置表

年级	课程类别	乐玩植物	乐玩动物	乐玩创意	乐玩创客	乐玩实验	乐玩家乡
一年级	上学期	昆虫记	我们都是好朋友	数数看看	彩虹世界	小小电动机	蜀山的植物
	下学期	花开花落	宠物家园	妙笔生花	淘气的水	趣味齿轮	蜀山植物与我们
二年级	上学期	炫酷树叶	小小蜗牛	科学魔术	趣味纸杯	魔力万花筒	蜀山动物
	下学期	奇幻森林	青蛙去哪了	魅力小车	小小热气球	反冲动力车	蜀山动物与生态
三年级	上学期	海底两万里	家禽知多少	造船大师	可乐喷泉	小小降落伞	走进火山
	下学期	微观植物	破茧成蝶	桥梁设计师	走马灯的秘密	自制弹力车	大蜀山岩石密码
四年级	上学期	花粉飘呀飘	鸟类家园	神奇磁铁	风力小车	炫酷纸板	淠河点滴
	下学期	种子漂流记	胎生和卵生	空中漂流	空中落蛋	小小木匠	董铺水库

（续表）

课程名称＼课程类别＼年级		乐玩植物	乐玩动物	乐玩创意	乐玩创客	乐玩实验	乐玩家乡
五年级	上学期	赏花大会	变色龙的密码	高塔设计师	掉不下来的塑料板	走进3D打印	走进四里河
五年级	下学期	农业科普园	大雁南飞	变废为宝	做枝竹蜻蜓	DI头脑风暴	环境和水源地保护
六年级	上学期	蜀山植被	冬眠的秘密	科学影视	悬浮的针	未来之城	走进植物园
六年级	下学期	小小种植家	环境和我们	科学动漫	大蜀山	科技动手做	探访动物园

（二）"活力学科"的评价要求

根据"活力课堂"的内涵特点，学校从教学目标、教学内容、教学过程、教学方法及教学评价方面，制定"活力学科"评价标准，促进教师专业发展，引领课堂发展方向。具体评价如下表（见表2-8）。

表2-8 合肥市蜀山小学"活力学科"评价量表

评价项目	评 价 内 容	评价等级
目标精准	1.学习目标基于学科素养和课程标准，适合校情学情，具体明确，操作性强，体现知识技能、思想方法的统一，突出活动性和实践性。 2.在学习目标的基础上形成清晰的任务单。	☆☆☆☆☆
内容开放	1.学习内容具有开放性，注重情境化、生活化、活动化，引导学生创造性地使用教材。 2.通过整合相关学科知识，帮助学生对学习内容进行精深加工，会构建知识框架，会联系生活实际。	☆☆☆☆☆
过程扎实	1.突出学生的主体地位，引导学生大胆实践、积极交流，勇于展示个性化观点。 2.理解、把握教材准确，教学内容处理得当，教材整体感知与重难点理解适当兼顾，思想情感体验和能力训练有机结合，正确、全面、精当、落实，能体现训练层次，过程清晰、完整。	☆☆☆☆☆
方法灵活	1.能根据学习内容，帮助学生选择恰当的学习方式，并体现学习方式的灵活性、多样化。 2.从关注"教"走向关注"学"，注重学法和策略指导。能适时有效地介入课堂，精讲点拨，变式拓展。鼓励不同层次的学生进行个性展示，发展求异思维。	☆☆☆☆☆

（续表）

评价项目	评价内容	评价等级
评价丰富	1. 多种评价方式，提高课堂效率。 2. 采用激励性的语言，促进学生学科素养提高。	☆☆☆☆☆
综合评价		

三、创设"活力节日"，浓厚课程实施氛围

（一）"活力节日"的主要类型

学校定期举行校园节庆活动，设置蜀山小学"活力节日"，如三月数学节、四月读书节、五月科技节、六月校园文化艺术节等等。例如，为了让学生感受数学的好玩与神奇，我校依托3月14日"国际数学节"，也在每年的三月开展"奇思数学节"系列活动（见表2-9）。再如，为了激发学生读书的兴趣与热情，让每一位学生都亲近书本，喜爱读书，学会读书，享受阅读的快乐，四月我校开展"活力读书节"系列活动，让学生在阅读中积淀人文素养（见表2-10）。

表2-9 合肥市蜀山小学"奇思数学节"课程实施表

课程名称	课程内容	组织实施
百变图形	通过折一折、摆一摆、剪一剪、拼一拼，辨别和区分不同的图形；培养想象能力和创造能力；积累对数学学习的兴趣。	以教材为基础，开展认识图形、画图形、创造图案等活动。
速拼七巧板	以七巧板为载体，锻炼动手动脑能力，启迪创造意识，培养空间想象力，提高审美观。	以教材为基础，开展认知与欣赏、模仿与组合、设计与探索三个层次的活动。
巧移火柴棒	会利用数学知识解决生活中的实际问题；在数学教学中尝试动手操作的训练；培养合作、交流的学习方式。	通过加减、移动火柴棒，使算式或图形成立。
趣味数独	认识数独，掌握数独的游戏规则和基本技巧；锻炼分析、逻辑、推理能力；培养坚强的意志品质。	依据课程目标，开展认识数独、469技巧法学习、综合练兵三个层次的活动。
玩转魔方	提高动手操作与严谨思考的能力；丰富校园文化生活，传承科技文化精神。	开展"奇思魔方"小讲座、"魔方一面复原"班级赛、"魔方六面复原"年级赛。
智取华容道	了解华容道的故事背景和人文理念，感受古人的聪明才智；掌握华容道的走法和技巧，培养有序思考能力、逻辑思维能力。	了解"华容道"游戏背景、体验4×4模式，挑战5×5、6×6高级模式，总结游戏方法。

表2-10　合肥市蜀山小学"活力读书节"课程实施表

课程名称	课程内容	组织实施
静·阅读	以推荐的课外阅读书籍为主要内容。如：低年级绘本故事、中高年级优秀文学作品及名著。	以世界读书日为契机，全校师生共同参与，统一时间，伴着校园舒缓的乐曲，静静享受午后的阅读时光。
漫画绘本故事	以教师推荐的绘本故事为主要内容。	统一在8K纸上创作，各班推选5幅作品进行校内评选，优秀作品在校内展示。
创意书签制作	以学习中、生活中观察的事物为载体，老师给予适当的建议。	教师给予学生适当的建议，学生发散思维，充分想象，动手创作。各班选出5份作品参赛，优秀作品在校内展示。
书法小能手	以教师选定的优秀古诗为主要内容。	纸张由学校统一筹备，用钢笔进行书写，各班推选出5名同学进行校内比赛，优秀作品在校内展示。
诗歌画手抄报	以选定的必背古诗为主要内容。如：《必背古诗词75首》《经典诵读》。	统一在8K纸上创作，"诗中有画，画中有诗"，每班选出5份作品参加校级评选，优秀作品在校内展出。
读书小报制作	以经典名著为主要内容。如《三国演义》《水浒传》《西游记》《红楼梦》等。	统一在8K纸上创作，"读名著，写感想"，每班选出5份作品参加校级评选，优秀作品在校内展示。
读名著绘思维导图	以四大名著《三国演义》《水浒传》《西游记》《红楼梦》为主要内容。	统一在8K纸上创作，用思维导图的形式绘制四大名著，每班选出55份作品参加校级评选，优秀作品在校内展示。
活力小书虫	以良好的读书习惯，对书籍的爱护与兴趣为标准。	爱护书籍，热爱阅读，有着浓厚的阅读兴趣，班级民主评选，每班推荐"活力小书虫"，颁发"活力小书虫"借阅证。

（二）"活力节日"的评价要求

为了让"活力节日"实施更加有效，我们制定了"活力节日"评价量表（见表2-11）。

表2-11　合肥市蜀山小学"活力节日"评价量表

评价项目	评价标准	评价等级
活动主题	1. 活动主题鲜明、新颖，符合学生的年龄特征，能激发学生参与的热情。 2. 具有可操作性。 3. 活动具有针对性，能切实提高学生的能力。	☆ ☆ ☆ ☆ ☆

（续表）

评价项目	评价标准	评价等级
活动内容	1. 活动贴近学生生活。 2. 能拓展并丰富学生的知识。 3. 活动环节能丰富和发展学生的个性。	☆☆☆☆☆
活动形式	1. 丰富多样，符合学生的兴趣。 2. 结构紧凑，层次分明。 3. 以学生喜闻乐见的动手操作为主，寓教于乐。	☆☆☆☆☆
活动效果	1. 组织流畅，各个环节衔接紧密。 2. 不仅能提升学生的各种能力，而且还能让老师也从中有所收获。	☆☆☆☆☆
情感素养	1. 体会活动的意义，感受活动的价值所在。 2. 使学生主动学习、合作、探究，获得成功的体验。	☆☆☆☆☆

四、推行"活力赛事"，激发学生参与兴趣

（一）"活力赛事"的实践操作

我校围绕课程建设进行了一系列相关赛事活动，例如我校每年举办"国学经典知识大赛"活动，以新课标必背古诗词、《千字文》《声律启蒙》《论语》等国学经典为内容，每班选取5名学生参加答题。通过"有问必答""指手画脚""眼疾手快""巅峰对决"等环节让学生诵读经典，激发活力，寓教于乐，更能培养他们对传统经典文化的兴趣。另外，我校还举办英语书写比赛、歌曲比赛等形式多样的竞赛活动，旨在帮助孩子们增强学习英语的兴趣，充分激发孩子们的积极性，提高英语学习水平。

（二）"活力赛事"的评价要求

只有将过程性评价与结果性评价相结合，才能激发学生的热情，端正态度，积极参与活动，达到最终的活动目的。具体评价标准如下（见表2-12、表2-13）。

表2-12 合肥市蜀山小学"国学经典知识大赛"评价量表

活动环节	评价标准	评价内容	师评	平均分
有问必答	国学知识熟练度	能准确、快速地进行国学知识上下句对接。		
指手画脚	国学知识理解度	能准确理解古诗词内容及成语意思并作出正确判断。		

（续表）

活动环节	评价标准	评价内容	师评	平均分
眼疾手快	国学知识准确度	能通过观察图片，准确背诵古诗词。		
巅峰对决	国学知识书写	能正确、规范地书写相应地国学经典知识。		

表2-13　合肥市蜀山小学"NICE"英语竞赛评价量表

评价内容	评价标准	评价等级		
		优	良好	合格
书写卷面	整洁、美观			
书写词句	流畅、有章法 无多写、漏写现象			
舞台着装	大方得体、符合歌曲主题			
舞台掌控	自然、放松、有舞台经验			
歌曲演绎	音美、音准、连读、失去爆破完美，具感染力			
歌曲主题	健康、积极			

五、开设"活力社团"，发展学生兴趣爱好

（一）"活力社团"的主要类型

我校的"活力社团"，是由学校组织、学生和家长自主选择，结合课后三点半课程参加的活动团体。社团的创建打破了课堂内外、学校内外的界限，让课堂与活动互补延伸，优化教育环境。

1. 门类丰富多样。为引导学生广泛参与，让每一位学生每学期至少参加一个"活力社团"，我校课程小组定期组织研究学习，协调课内外、校内外的关系，保证社团正常开展实施。我校根据自身课程规划体系的不断发展完善，成立了墨香书法、活力主持人、趣味绘本、经典诵读、快乐课本剧、心语社团、活力文学社、优胜辩论团、书法、创意美术、摄影、舞蹈、轮滑、篮球、足球、乒乓球、数学俱乐部等"活力社团"。

2. 师生各专所长。由学校教师或外聘教师，在学科领域的专业、特长和爱好，在资源的基础上学校进行统筹调配，每个课程配置2名教师，一名教

师负责具体的教学活动安排、备课等教学任务；另一名教师负责学生的召集、考勤并协助授课教师完成教学活动。

3. 自主按需选择。学校根据教学章程，将社团活动安排在固定时间，便于统一管理和安排。根据社团性质不同，面向不同年级开展活动。学生根据自己的兴趣爱好和特长进行自主选择参与。学校充分利用现有资源、功能室及教室，为各社团提供活动场地。

4. 活动气氛浓厚。学生在社团活动中感受到不同于课堂的学习方式，体验成功的喜悦，感受角色的变化，大大提升了学习的积极性，在活动中感受到浓浓的学习氛围。

（二）"活力社团"的评价要求

为保证社团活动的有效开展，真正成为每个孩子乐于参与的社团。学校制定了相应的评价标准，主要从出勤情况、活动准备、活动过程、活动效果、特色创新等维度进行评价。具体评价标准如下（见表2-14）。

表2-14 合肥市蜀山小学"活力社团"的评价标准

评价项目	评 价 标 准	评 价
过程评价	制定可行的管理制度及详细活动计划。（10分）	
	活动主题、内容、形式有创新。（10分）	
	活动组织井然有序，学习氛围浓厚。（10分）	
	社团名册及活动过程记录详实。（10分）	
	活动照片及学生作品保存完整。（10分）	
	教师的指导张弛有度，有针对性。（10分）	
	每次活动结束后都有相应的总结、反馈、评价。（10分）	
成果展示	展示形式丰富新颖。（10分）	
	内容符合社团特点、全面完整。（10分）	
	学生作品分等级组内评比，颁发奖状或奖章。（10分）	

六、搭建"活力舞台"，展示学生个性特长

我校本着"让孩子们焕发生命活性"的办学理念，每年搭建"活力舞台"，给学生提供一个锻炼自我、展现自我的平台，开展"经典诵读""书画手工""科技制作作品展""校园歌手赛""器乐比赛""校园课本剧""体育比赛""文艺汇演"等八大板块的展示和比赛活动,为进一步挖掘师生艺术潜力,发展个性特长,陶冶审美情操搭建了平台。

(一)"活力舞台"的实践操作

例如,我校教师以经典诵读课程为依托,结合经典诵读平台,开展"诵中华经典,扬传统美德"的经典诵读展演活动,以《经典诵读》读本及国学经典书目指定篇目为内容,如:《唐诗》《宋词》《千字文》《声律启蒙》《论语》《孟子》等。分两步实施:

第一步:利用经典诵读平台进行。每周四开展一次经典诵读课程,课后利用平台布置相关作业,平台根据学生的作业情况统计完成率、正确率。每课一布置、每周一统计。

第二步:开展经典诵读展演活动。学期课程结束后,学生以班级为单位,每班选取一个节目在学校进行展出,以"朗诵、吟唱、表演"等形式,呈现传统文化的独特感染力,学生或歌唱、或吟诵、或演舞台剧,用生动活泼的方式创新地演绎古诗词的意境,展示经典美文的独特魅力。

(二)"活力舞台"的评价要求

活动评价多样化,将过程性评价与总结性评价相结合。依托经典诵读平台,在经典诵读课上学习国学经典,通过字词、语法、理解、朗读、听写、写作六个标准对课后作业进行评价。在课程结束后展示国学经典,从内容的准确性、内容的完整性、形式的新颖性、表演的成效性等方面,全面客观公正地考察学生对传统文化的理解与把握。具体评价标准如下(见表2-15)。

表2-15 合肥市蜀山小学"活力舞台——经典诵读展演"评价量表

评价项目	评价标准	评价等级		
		优秀	良好	一般
内容的准确性	1.字词:能使用正确的字词填空,能背诵相关知识。			
	2.语法:能正确运用学过的国学知识进行表达。			
	3.理解:能懂得名句的意思,正确理解并学会使用。			

(续表)

评价项目	评 价 标 准	评 价 等 级		
		优秀	良好	一般
内容的准确性	4. 朗读：会大声地、准确地读准字音，读通句子。			
	5. 听写：会正确书写名言警句，没有错字、漏字、添字。			
	6. 写作：会在平时的写作中运用学过的经典知识，给文章增添色彩。			
内容的完整性	1. 灵活新颖，令人耳目一新。 2. 辅助道具与展演意境吻合，节奏和谐。			
形式的新颖性	1. 普通话标准，发音准确，吐字清晰。 2. 声音圆润悦耳，语言流畅，语速得当。			
表演的成效性	1. 衣着得体，符合展演的内容及情境。 2. 体态语适当，表演到位，台风大方。 3. 感情充沛，感染力强，现场效果好。			

总之，我们以学校核心理念统领全局，使课程承载起学校文化，"新生态课程"成为学校文化的主脉。学校围绕"活力教育"的办学理念，通过构建"活力课堂"、建设"活力学科"课程群、创设"活力节日"、推行"活力赛事"、开设"活力社团"、搭建"活力舞台"等，全面落实课程内容，形成开放轻松、朝气蓬勃、积极向上的课程体系。只有致力于发展"活力教育"，培养儿童的思想活力、行动活力、生命活力，才能真正让孩子们焕发生命活性，成为活力的源泉。

（撰稿者：汪小慧　李延好　陈将军　李刚）

第三章

研学旅行即课程实践

　　课程理论的真实意义，可以用实践来检验，通过实践可以培养儿童成为理论与实践并重的人才，让儿童在实践方面拥有强大的能力。研学旅行凸显了课程实践的重要性，给学生制造轻松愉悦的气氛，使儿童参与到实践当中，让儿童在研学旅行中感受到实践的真正内涵，感受课程实践带给自己的重要作用和价值。

研学旅行即课程实践，这是一个非常重要的点，因为研学旅行可以使学生们接触更多的东西，使他们在研学旅行中感受到更多的事物，研学旅行能够使更多的学生在实际的生活中感受到课程实践的重要性，让更多的学生在研学旅行中感受到实践的真正内涵，对课程实践有真正的体悟，明白课程实践带给自己的重要作用和价值。研学旅行会让更多的学生在欢快的氛围中认识课程实践，从而深入地分析和研究课程实践。对于课程教学来说，一定要让课程实践贯穿教育始终，因为没有实践的课程教学是毫无意义的，也无法改变学生们的理论思维，只有在课程中加入实践成分，那么学生才可以在实践中领略课程理论的真实意义，就可以用实践来检验课程的真实意义，这样才可以使学生成为理论与实践并重的人才，让学生在实践方面拥有更为强大的能力。

如今是一个高速发展的时代，一定要培养学生良好的实践能力，使学生在实践中领略更多的做事技巧，在一般情况下，学生往往不具备良好的实践能力，通过研学旅行的方式来强化学生们的实践能力，可以使学生在研学旅行中感受旅行的乐趣，明白研学的重要性，理清研学旅行与实践的内在关系，能够摆正自己的心态，让实践始终陪着自己前行。只有具备了强大的实践能力，才可以给自己的学习带来显著的帮助作用，使学生们清晰地明白实践在实际学习中的位置。让学生时刻有一种动力，能够培养自己的实践能力，使自己在实践中学习，在学习中予以实践。只有具备良好的实践认知和实践能力，学生才可以将学习到的理论知识转化成为实际行动，去做好每一件事情，开动自己的脑筋，让自己学习到的理论知识通过转化思维变成一种实践操作能力[①]，从而帮助学生更好地把握实践，做更多的事情，做更多具有意义和价值的事情。

作为老师，应该明白自己所教课程的重要性，并不是单纯地依靠自己的教学向学生们传授理论上的知识，能够使学生在学习知识的同时，可以用自己的实际行动来强化自己的动手能力，只懂得动脑的学生并不是出色的学生，就好比纸上谈兵，光有一种空理论，而不去实践，那样的学习是碌碌无为的，

---

① 宋涤非，杨建荣.开发益智校本课程 促进学生数学思维的发展[J].辽宁教育，2019（01）：27-30.

更是泯灭学生的实际潜能的,只有做好研学旅行,才可以真正将教学做活,让学生在研学旅行的乐趣之中好好体验实践的实际效应。研学旅行可以给学生制造一种轻松愉悦的气氛,让学生更加乐于接受研学旅行,更容易在研学旅行中知道其中包含着的实践条件,使每一个学生都可以参与到实践当中,感受到实践的魅力所在。研学旅行也会使学生们接触社会,面对自然,知道社会的历练,懂得实践能力是可以帮助自己今后在社会上立足的。所以老师应该多开展一些研学旅行的活动,让学生积极参与其中,在欢乐的氛围里彼此感染,彼此促进,让学生们积极投入到研学旅行之中,亲身体验实践带给自己的快乐,感受实践真正的作用和价值。

(撰稿者:陈慧)

特色学校　合肥市蜀新苑小学
特色课程　S-M-I-L-E课程:用微笑点靓儿童生活

　　合肥市蜀新苑小学建于2006年,由原蜀山区井岗镇红桥、小埠、山北三所村小合并而成。学校坐落在蜀山新产业园内,占地面积16412平方米,学校教育教学设施设备齐全,现拥有27个教学班,1160余名在校儿童,教职工67名,教师队伍中合肥市骨干教师4人,蜀山区骨干教师5人,安徽省中小学教师资格面试考官3人,合肥市学科带头人1人。近年来,学校秉承"知书达礼,立本尚行,成就自信人生"的办学宗旨,先后荣获全国青少年校园篮球特色学校、合肥市素质教育示范学校、合肥市特色学校、合肥市第二批新优质学校、合肥市篮球传统学校、合肥市绿色学校、合肥市语言文字示范学校、合肥市平安校园等多项荣誉。

第一节

寻找儿童自信微笑的源泉

学校教育哲学是学校文化的源泉,是学校发展的原动力,是学校师生共同愿景的结晶,更是学校开展各类教育教学工作的指引。

一、学校教育哲学

每个人都期许得到他人的认可和赞赏,儿童更是如此。在学校,儿童、老师如能不断地被赏识、被赞赏、被激励,就会越来越自信,越来越阳光。因此,我们坚信:微笑着面对生活,生活就会越来越美好。

生命因微笑而变得鲜活,思想因微笑而更加积极,心态因微笑而变得阳光。微笑能带给儿童积极向上的情绪、乐观自信的心境。老师热情、真诚的笑容能让儿童从心底里对老师产生亲切感。基于此,我校确定了"微笑教育"这一教育哲学。我们认为:

——"微笑教育"是自信的教育。自信是一种美好的生活态度。当我们怀疑自我能力,感到自卑无力时,会产生沮丧感,容易对生活和事业丧失信心。微笑能让思想变得乐观、豁达,它能增强我们的自信心,激发我们生命中如火的力量,是我们获得成功的源泉。因此,"微笑教育"旨在唤醒儿童的自信心,若儿童有了自信心,就有了克服困难的勇气,有了直面未来的坚定信念。

——"微笑教育"是快乐的教育。让儿童能在学校的沃土上快乐成长,是每一位教育者的共同理想。在课堂上,儿童感受到学习新知识的快乐;在社团活动中,获得互帮互助的欢愉;在实践活动中,体验到探索的乐趣。童年因微笑而快乐，因快乐而美好。

——"微笑教育"是儒雅的教育。微笑让孩子获得自信，赢得快乐，在时间的浸润下，儿童终将成为温文儒雅、有社会责任心的少年，为将来成为社会的主人渲染了人生的底蕴。

我们的教育信条：

我们坚信，每一个孩子都是一朵花；

我们坚信，学校是让孩子幸福成长的地方；

我们坚信，教育是一段开启快乐成长的微笑之旅；

我们坚信，会心微笑将成为学校最靓丽的一道风景线；

我们坚信，让每一个孩子微笑面对生活是教育最舒展的姿态。

二、学校课程理念

每个儿童都是一朵微笑的花，无论娇艳还是朴素，都会得到大地母亲的青睐，创造属于自己的美好和精彩。据此，我们提出"微笑点靓生活"的学校课程理念。我们认为：

——课程即微笑的经历。让微笑作为一种体验践行于学习者的兴趣中。美国著名地质学家林格伦曾这样说过：若儿童不能在课堂获得更多成功的经历和体验，他们将会拒绝校内外一切有可能的学习机会[1]。经历为阅历提供生长的土壤，经历为成长提供丰富的营养，因为经历，所以成长。儿童只有敢于去体验新的生活，敢于去探索，才能收获成长和发展。课程的实施就是为了能够让儿童更好地去体验成长过程中的情感和经历，让儿童的童年生活更加丰富和多彩。

——课程即成长的坚持。让微笑作为一种习惯浇筑在成长者的征途上。每个人都渴望成功，但成功不会不期而遇，成功者需要养成异于平庸者的良好习惯。行为促习惯，习惯塑性格，性格定命运，不同的习惯会塑造不同的人生。学习，不是单一的知识的积累，更是习惯养成的一段漫长旅程。因此，要持之以恒地对儿童进行各种习惯的培养，为儿童的成功人生助力。

---

[1] 陶金玲.教育即顺其自然[J].陕西学前师范学院学报，2019（4）：1-5.

——课程即微笑的情怀。让微笑作为一种力量流淌在体验者的血液里。每一位儿童都是独立而特殊的存在，拥有独特的个性特征，蕴藏各异的情绪、需求和渴望。我们的课程要发展儿童的特长，呵护儿童的纯真，尊重儿童的个性，激发儿童的潜能，使每个生命得以充分鲜活地生长。

因此，我们在"微笑教育"的指引下，根据"微笑点靓生活"的课程理念，构建"S-M-I-L-E"课程体系，使教师教有方向、儿童学有目标，让快乐相伴，让成长相随。

第二节

在儿童心田种下微笑的种子

育人目标是方向，课程目标是具体落实。育人目标引领课程目标，又与课程目标互为依托，相辅相成，基于此，我校确立如下育人目标及课程目标：

一、学校育人目标

围绕学校的"微笑教育"理念，我们努力探索"微笑点靓生活"的有效途径，通过"S-M-I-L-E"课程的实施，努力把儿童培养成"勤修身，有正气；能健体，有志气；善学习，有才气；会创新，有灵气"的"微笑少年"。具体内涵阐释如下：

现代教育旨在培养社会主义建设者和接班人，对儿童进行德、智、体、美、劳教育，使儿童和谐全面发展。我校的育人目标也以此来制定。

——勤修身，有正气：能够传承传统文化，养成每日读书的习惯；具备诚信、明礼、创新的品质，尊重他人，主动关心他人；懂得接人待物的基本礼仪，形成乐观豁达的人生观；具有强烈的社会责任感，充满爱心，气质高雅，举止大方。

——善学习，有才气：乐学、会学、勤学、博学，遇到困难勇于克服。对所学能触类旁通，树立刻苦学习的志向，形成主动合作沟通的意识，能在思考中形成自己的独到见解，并与同伴分享获得的知识与快乐。

——能健体，有志气：有参与运动的兴趣，能积极参加体育活动，养成坚持运动的习惯，保持愉快的心情，激发拼搏精神，拥有强健的体魄。

——会创新，有灵气：掌握科学的学习方法，有能发现问题、提出问题、解决问题的能力。有强烈的求知欲，勤学好问，思维活跃，想象力丰富，学会融会贯通，举一反三。

二、学校课程目标

为了达成学校的育人目标，我们将"S-M-I-L-E"课程目标进行细化，形成分年级段的课程目标（见表3-1）。

表3-1 合肥市蜀新苑小学"S-M-I-L-E"课程目标

培养目标	低年级	中年级	高年级
勤修身 有正气	1. 升国旗时肃立敬礼，会唱国歌。 2. 尊敬父母，关心父母身体健康，主动为父母做力所能及的事。 3. 见到老师主动问好，愿意亲近老师，与老师沟通交流。 4. 能与同学友好相处。	1. 会用普通话与人沟通，接人待物落落大方，会用文明用语。 2. 诚实守信，不说谎话，知错就改。 3. 学会正确看待自己和他人的长处和缺点，有克服困难的勇气和决心。 4. 懂得今天生活的来之不易，节约不浪费，不攀比，不炫富。	1. 遵守校内外规章制度，谦虚礼貌，彬彬有礼。 2. 掌握一定的劳动技能，积极参加劳动，做力所能及的事情。 3. 尊敬老人，诚信明礼。能团结同学，和同学互帮互助。 4. 诚实守信，勇于担当。
能健体 有志气	1. 踊跃参加体育锻炼，掌握简单的运动项目的要领，对一些运动现象有初步的认识。 2. 每天锻炼一小时，认真做两操，站如松，坐如钟，行如风，读书、写字保持正确姿势。踊跃参加有益身心健康的活动。	1. 坚持参与体育活动，初步掌握几项球类和民间传统体育活动的基本方法和动作，掌握1至2项运动技能。 2. 有强烈的集体荣誉感，把集体利益放在第一位，和其他成员互帮互助，合力完成任务。	1. 真切感知运动和比赛带来的快乐，体会成功的喜悦。能够完成有一定难度的体育项目。至少掌握2至3项体育运动技能。 2. 主动参加社会实践活动，勤于观察，积极思考，勇于实践。
善学习 有才气	1. 遵守学校作息时间，不迟到，不早退，请假要写清具体原因以及复学时间，放学途中不在外逗留，及时回家。 2. 能够背诵儿歌和简单的古诗，做好日常的积累和背诵，要求背诵经典诗文50篇（段）。低年级段阅读总量至少5万字。	1. 做好课前准备，上课认真听讲，积极主动参与到课堂学习中，表达清楚，学会聆听。 2. 爱阅读，读好书，学会积累，背诵经典诗文60篇（段），中年级段阅读总量至少40万字。 3. 初步培养艺术感受与欣赏能力，会用葫芦	1. 做好预习，及时复习，保质保量完成老师布置的任务。 2. 主动阅读，诵读经典诗文，能够理解作品的基本含义。高年级段要求背诵经典诗文70篇（段）。扩展阅读面。其阅读量至少100万字。 3. 培养艺术想象力和创

（续表）

培养目标	低年级	中年级	高年级
善学习 有才气	3.对音乐、美术等艺术类学科有兴趣，积极参与各类体育艺术活动，能创造简单的美术作品，以表达思想、情感。	丝、陶笛或其他乐器演奏简单的曲目，采用合适的艺术形式创造作品。	造力，积极参与艺术创造活动，掌握葫芦丝、陶笛或其他乐器的演奏技巧，能通过合适的艺术形式表现生活，具备欣赏美、鉴赏美的能力。
会创新 有灵气	1.对待生活有积极乐观的心态，对新鲜事物保持好奇心，积极主动参与老师组织的探究活动。 2.学习不怕困难，主动思考，有自主意识。 3.能倾听别人的意见，尝试对别人的想法提出建议，尊重客观事实。	1.热爱生活，对身边有关的事物有较强的好奇心，能积极地参与探究活动。在探索活动中，形成判断，思考清晰，表达清楚。 2.敢于对生活中的事物提出质疑，并尝试根据所学知识解决问题。	1.热爱生活，对身边有关的事物有浓厚的好奇心，能积极地参与并设计探究活动。积极思考，勇于探索，找到尽可能多的解决问题的方法。 2.善于合作，积极主动沟通，共同解决问题。能根据实践过程，推测出结果的合理性。逐渐养成勤思考、敢质疑、勇担当等优秀品质。

第三节

微笑甘霖浸润校园

完善的课程体系是孩子成长的供给力，是实现学校教育哲学的关键载体。学校从校情出发，将课程逻辑、课程结构和课程设置相融合，构建"S-M-I-L-E"课程体系，充分展现学校课程的逻辑性、丰富性和特色性。

一、"S-M-I-L-E"课程五个关键特征

根据学校"微笑教育"教育哲学以及"微笑点靓生活"的理念，我们赋予"S-M-I-L-E"课程五个关键的特征。

S：Student-center，儿童，学习（发展为本，儿童主体）。

M：Magical，想象，创造。

I：Interesting，有趣。

L：Love（self-confident），有爱。

E：Enjoy，参与，享受。

二、课程逻辑

为了实现我们的育人目标和课程目标，依据我们的课程哲学和课程理念，我们构建了以下课程体系（见图3-1）。

三、课程结构

根据"S-M-I-L-E"课程的五个关键特征，我们把"S-M-I-L-E"课程体系划分为五大课程板块，如下（见图3-2）。

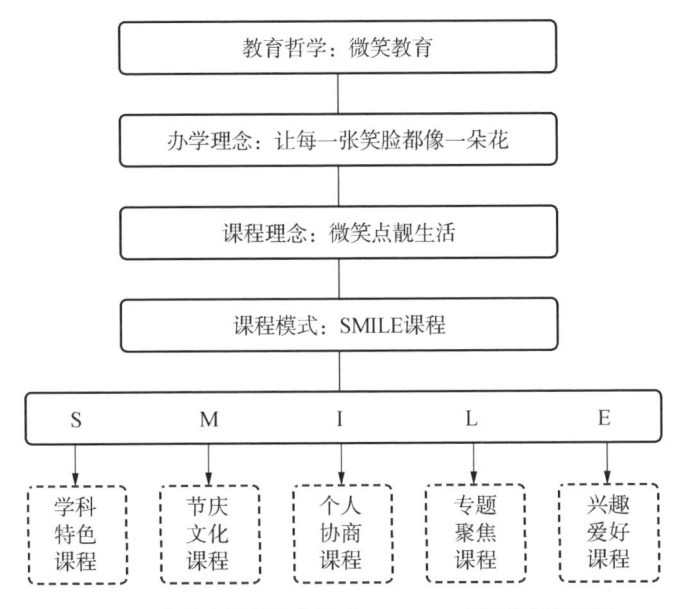

图3-1 合肥市蜀新苑小学"S-M-I-L-E"课程逻辑图

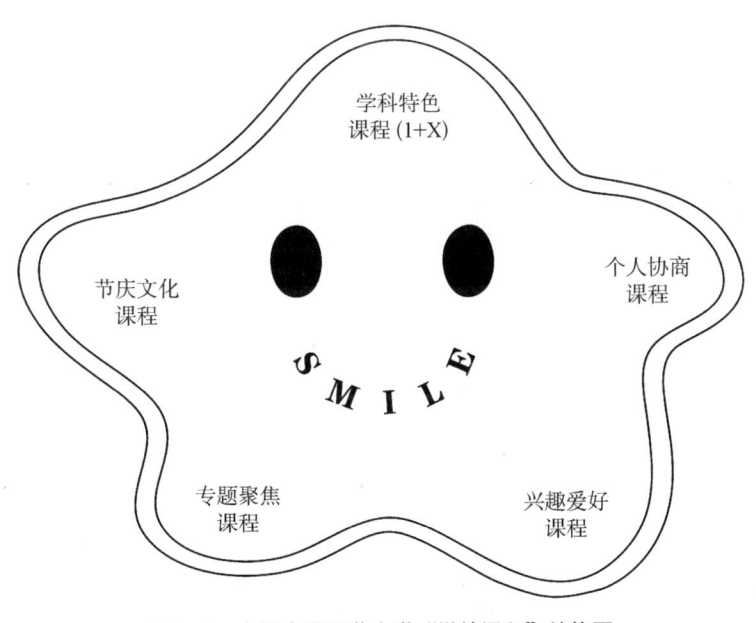

图3-2 合肥市蜀新苑小学"微笑课程"结构图

S：学科特色课程："1+X"学科课程群
M：节庆文化课程（传统节日、校园节日）
I：个人协商课程（针对一个儿童的个别化课程）
L：专题聚焦课程（如生命教育、礼仪教育）
E：兴趣爱好课程（社团、兴趣小组）

四、课程设置

为秉承"知书达礼，立本尚行"的办学宗旨，遵循基于学情、基于教情、基于校情课程开发三原则，我们从基础型课程、拓展型课程和探究型课程三类国家课程入手，研发"S-M-I-L-E"课程，即"学科特色课程""节庆文化课程""个人协商课程""专题聚焦课程""兴趣爱好课程"五大课程板块，构建"S-M-I-L-E"课程的基本结构（见表3-2）。

表3-2 合肥市蜀新苑小学"S-M-I-L-E"课程设置表

课程类别 年级	微笑学科 特色课程	微笑节庆 文化课程	微笑个人 协商课程	微笑专题 聚焦课程	微笑兴趣 爱好课程
一年级 上学期	微笑语文 国学经典 数学小故事 精彩课本剧	微笑语文 认识春节 元宵节-猜灯谜	综合实践 我是小儿童学 戴红领巾	道德与法制 入学仪式 乐高机器人	朗润美术 U8篮球 激情轮滑 彩色儿童画
一年级 下学期	微笑语文 经典诵读 成语麻花 小小售货员	微笑体育 体育节-拔河 花样接力	综合实践 学会整书包 我们是朋友	道德与法制 入队仪式 乐高机器人	朗润美术 黑白线描 多彩陶泥 趣味简笔画
二年级 上学期	智思数学 弟子规 最强大脑 儿歌兴趣班	朗润美术 唱响红歌 书画节-百米 书画活动	微笑语文 今天我当家 家里来人了	道德与法制 开学典礼 乐高机器人	朗润美术 软笔书法 创意涂鸦 U8篮球
二年级 下学期	微笑语文 打卡宝贝 词语大闯关 神话故事园	微笑体育节 美丽独舞 优雅集体舞	综合实践 己事己做 巧巧手	道德与法制 建队日活动 乐高机器人	微笑体育 激情速滑 综合绘画 硬笔书法
三年级 上学期	智思数学 小故事大智慧 我是小记者巧巧 填数字	微笑科学 微笑科技节 科普展览	综合实践 拒绝零食 手工豆腐坊	道德与法制 朗润美术 牵手仪式 神奇科幻画	微笑体育 动感乒乓 U10篮球 靓丽版画
三年级 下学期	智思数学 我是小导游 巧算集中营 趣味魔方	微笑语文 美文诵读 好书推荐	微笑语文 今天我值日 我会听，听我说	道德与法治 朗润美术 十岁生日 神奇科幻画	电脑绘画 硬笔书法 儿童版画 U10篮球
四年级 上学期	微笑英语 英文绘本阅读 蜀苑国学院 三角形的奥秘	微笑语文 书香节-古诗 书法考级 诗词大会	综合实践 最佳小助手 我是小侦探	道德与法制 综合实践 趣味编程 防震演练	朗润美术 羽毛球 激情足球 综合画

（续表）

课程类别 年级	微笑学科 特色课程	微笑节庆 文化课程	微笑个人 协商课程	微笑专题 聚焦课程	微笑兴趣 爱好课程
四年级 下学期	智思数学 巧嘴话剧社 迷人九宫图 越写越好	微笑语文 书香节-主题 征文 故事节	微笑音乐 多彩十字绣 悠扬二胡	综合实践 微笑信息 疏散演练 趣味编程	微笑体育 微笑音乐 创意涂鸦 动感田径 合唱团
五年级 上学期	微笑语文 探索规律 生命摇篮 小小翻译家	微笑英语 英语节-唱英 文歌曲 阅读美文	心理辅导 微笑语文 温馨小屋 小小朗读者	道德与法制 微笑科学 牵手仪式 3D打印	微笑音乐 软笔书法 U12篮球 竖笛悠扬
五年级 下学期	智思数学 我手写我心 大战华容道 英语口语训练	微笑语文 了解重阳节 认识中秋	微笑音乐 练习钢琴曲 说出你的故事	微笑科学 3D打印 翱翔无人机	朗润美术 悠扬葫芦丝 绚烂水粉
六年级 上学期	微笑英语 扑朔九连环 英语民歌唱一唱	微笑音乐 智思数学 速算大王 微笑音乐节	道德与法治 照镜子-自我学 会反思 发现成长	微笑科学 科技动手做	朗润美术 韵律活动 绚丽舞蹈 翰墨国画
六年级 下学期	微笑语文 成语溯源 小小奇葩说 演讲与口才	微笑体育 动感田径 篮球三人赛	道德与法制 如何与同学相处 我长大了	道德与法制 微笑科学 毕业典礼 科技动手做	微笑体育 卡通漫画 剪纸艺术 U12篮球

总之，学校依据"微笑教育"课程哲学和"微笑点靓生活"课程理念而构建的"S-M-I-L-E"课程体系，力求将各门课程有机地结合成为一个紧密联系、富有逻辑的育人整体，从而有逻辑地推进学校课程变革。

第四节

微笑之花绚丽绽放

依据学校课程哲学,为全面落实课程内容,实现课程目标,从构建"微笑课堂",建立"微笑学科",开展"微笑庆典",创设"微笑节日",聚焦"微笑生命教育",建设"微笑社团",践行"微笑之旅"等方面实施与评价。

一、构建"微笑课堂",有效落实学校课程

(一)微笑课堂的内涵

"微笑课堂",是靓丽、高效、自信又富有活力的课堂。在课堂上,微笑不仅是简单的表扬鼓励,更表现为教师对课程内容的精准解读,对课程实施的巧妙安排,对课程资源的灵活运用。

1. 微笑课堂——"教师笑起来"

以前,教师在课堂上不苟言笑,课堂气氛紧张严肃,压抑了儿童的主动性。现在,老师们将微笑带到课堂当中,营造和谐、轻松的学习环境,用微笑的力量感染儿童,激发学生学习的热情,让他们乐学、愿学。教师教得轻松,学生学得愉快。

2. 微笑课堂——"儿童说起来"

以前,儿童是忠实的听众,洗耳恭听以致昏昏欲睡,课堂如一潭死水;现在要让儿童成为课堂的主角,尽情发表见解,大展口才当"主持",大显演技当"演员",使儿童乐在学中。

3. 微笑课堂——"眼前亮起来"

教师根据每个儿童的特点,因材施教,发展其个性特长,让他们在课堂

中各尽其能，各展其才，加以赞美与鼓励，让儿童真切地感受到成功的快乐，让每一个儿童的眼眸都充满灵动与自信。

4. 微笑课堂——"师生动起来"

以前，课堂气氛是沉静有余，"动感不足"。现在要让"微笑课堂"成为"动感地带"。教师通过开展形式多样的课堂活动，活跃课堂气氛，从而使儿童学习兴趣被激起，思维被激活，加强师生互动，使儿童能积极主动地参与到课堂活动中来。

（二）"微笑课堂"的实践操作

学校从备课、上课、科研三个维度，引领老师们对"微笑课堂"进行探索与实践，助推教师专业成长，促进学校"微笑课堂"落地生根。

重视团队备课，全面深化"微笑课堂"理念。教研组在组长的带领下，以每周三下午为固定备课时间，认真解读各科课程标准，准确把握学科目标，认真研读教学内容，全面了解儿童情况，科学制定学习方案。以"个人板块备课+团队资源共享"备课模式为基础，形成高质量的备课资源，共享教学经验，提供"微笑课堂"基础。

发挥多课平台，切实保障"微笑课堂"品质。学校从全体教师随堂课、青年教师达标课、骨干教师示范课、参赛精品课四个维度，紧抓"微笑课堂"理念的落实。学科领导参与观课研课全过程，与老师们一起备课、观课、研讨、反思，从而有效地促进青年教师专业成长，提高"微笑课堂"品质。

借助教学科研，着力提升"微笑课堂"内涵。课堂是教育思想的呈现，我们聚焦问题，积极构建"微笑课堂"。教师们通过教育叙事、课例研究、教学反思、教育行为研究等方面关注真问题，生成小课题。全校提倡"个人研修+集体研讨"的科研模式。在教育教学之余，教师个人研读专业书籍，结合教学实际经验撰写教学日记，留下思考的痕迹。每周四下午，学校通过组织专题讲座、经验交流、专家解答等不同形式的交流研讨，共同完成课题研究。全校通力以研促教，推进教师专业成长，提升"微笑课堂"内涵。

（三）制定微笑课堂的评价标准

根据国家课程标准以及"微笑课堂"的内涵，制定合肥市蜀新苑小学"微笑课堂"教学评价表（见表3-3）。

表3-3　合肥市蜀新苑小学"微笑课堂"教学评价表

姓名：	班级：	时间：			
课题名称：		课程类型：			
评价类别	具 体 评 价 内 容	微笑积分	教师实际教学情况	得分
---	---	---	---	---
知识掌握 10分	书本知识传授严谨准确，无科学性错误	4分		
	教师知识运用灵活生动，课堂气氛活跃	3分		
	师生互动产生新的知识，创新效果明显	3分		
能力培养 10分	思维能力训练具有深刻性，能引导儿童独立思考	5分		
	观察、记忆能力培养到位，养成良好的学习习惯	5分		
教学过程 20分	恰到好处的环节设计，创设有利于儿童思维发展的情境	4分		
	激发兴趣的有效措施，开创有利于儿童热爱学习的氛围	4分		
	充分尊重儿童的个性，打造有利于儿童独立思考的课堂	4分		
	科学有效的训练安排，拓宽有利于儿童学会学习的途径	4分		
	把握最佳的教育契机，形成有利于儿童健康成长的教学	4分		
教学方法 25分	有能够调动起儿童学习热情的有效方法	5分		
	有能够把儿童思维引向深入的有效方法	5分		
	有能够引导着儿童参与教学的有效方法	5分		
	有能够促使儿童合作、探究的有效方法	5分		
	有能够指导儿童记忆新知识的有效方法	5分		
情感态度 价值观 10分	教学过程中渗透思想品德教育，使儿童获得感悟	5分		
	学习过程中注重人文精神教育，使儿童关爱他人	5分		
语言文字 10分	教师儿童语言表达清晰，使用普通话	5分		
	教师儿童写字规范，无错别字	5分		
教师素质 15分	教材挖掘深刻富有开拓性	5分		
	板书设计精炼富有审美性	5分		
	教学手段先进富有创新性	5分		
积分总计		100分		

二、建设"微笑学科",丰富学校课程

良好的办学特色是学校成长必不可少的内容。合肥市蜀新苑小学为推进特色化办学,结合学校的学情,着力建设有特色的"微笑学科"。

(一)"微笑学科"的内涵要义

"微笑学科"基于学情,在学校"S-M-I-L-E"课程体系的统领下,以育人目标为基准,结合学校特色教育文化,把传统杂乱无章的各类拓展课程进行加工、整合,开发具有学校特色的"微笑学科"拓展课程。通过"微笑学科"拓展课程的开发与实施,进一步激发儿童学习兴趣和求知欲,充分体验学习知识的乐趣。

"微笑学科"是共创的学科。"微笑学科"的建设以结构合理和积极创新的教学团队为依托。名师、骨干教师、学科带头人作为学科建设中的中流砥柱,带领年轻教师积累教学经验,增长教学智慧,从而实现全学科整体性的发展,培养教学团队的创造性,增强教学团队的凝聚力。

"微笑学科"是优异的学科。"微笑学科"着力构建新型课程体系,进一步完善教学特色,追求优秀的教学品质。在具体操作中,教师立足本学科现状,结合学校教学资源,挖掘学科亮点,依据学科性质,理清学科思路,凸显学科核心知识,开设丰富的、适宜的课程。

"微笑学科"是新颖的学科。"微笑学科"将课堂延伸至校外,引导儿童用敏锐的眼光,以向上的心态捕捉生活中的美好。用新颖、有趣、生动的方式感受生活这个大课堂的魅力。

(二)"微笑学科"的建设路径

依据"S-M-I-L-E"课程体系,从教师和儿童的发展需求出发,结合良好的学科基础,发掘学科独特价值,延伸拓展,构建具有本校特色的"1+X"学科课程群。

1."三味语文"课程群。"三味"是学校语文学科的核心精神。"三味语文"课堂是以"儿童味"为本的课堂,是以"语文味"为先的课堂,是以"生活味"为根的课堂。它从儿童的天性出发,让儿童学习语文的方式更加多样,更加有趣。让儿童能够自由表达,真实体验,让每一个儿童喜欢语文,热爱生活。"三味语文"课程设置如下(见表3-4)。

表3-4　合肥市蜀新苑小学"三味语文"课程设置表

年级	课程类别	三味识写	三味阅读	三味写作	三味交际	三味探究
一年级	上学期	拼音王国	亲子读绘本	贺卡寄情	我们做朋友	亲近大自然
	下学期	笔画练写	童谣知童味	学写通知	我会打电话	巧手画四季
二年级	上学期	字谜识字	儿歌诵童趣	我会留言	有事好商量	畅游海洋馆
	下学期	识形声字	儿童故事会	看图说话	借书守公约	童眼看春天
三年级	上学期	辨形近字	童话促想象	日记留痕	小事明大义	探非遗文化
	下学期	描摹字形	寓言明事理	实验纪实	趣味故事会	话传统节日
四年级	上学期	硬笔书写	神话创造美	观察日志	我来安慰人	探寻徽文化
	下学期	妙写成语	科普增见闻	快乐游记	转述有艺术	写诗小达人
五年级	上学期	故事识字	民间故事会	好书推荐	我想对您说	官亭林海游
	下学期	追根溯源	读古典名著	读后有感	小小讲解员	汉字交流会
六年级	上学期	笔歌墨舞	小说促成长	多彩生活	站上演讲台	寻红色足迹
	下学期	书法赏析	品世界名著	故事梗概	精彩辩论赛	一起来策划

2."智思数学"课程群。我校数学课程秉承"智思数学"的学科理念，面向所有儿童，适应儿童个性发展的需要，以思促智，顺学而导，帮助儿童找到适合自己的学习方法，不断构建属于自己的知识体系。促使儿童在思考中聪颖，在善思中成长，逐步领悟小学数学教育的意义，逐步提升自己的数学素养，获得良好的发展。除基础课程外，"智思数学"课程设置如下（见表3-5）。

表3-5　"智思数学"课程设置表

学年（学期）	课程类别	智思运算（数与代数领域）	智思创意（图形与几何领域）	智思统计（统计与概率领域）	智思体验（综合与实践领域）
一年级	上学期	运算小能手	简易拼搭	分类标兵	生活属我牛
	下学期	我说你算	城堡的构造	整理我能行	购物我在行
二年级	上学期	口算小能手	篱笆的奥秘（一）	传统窗格展	智力七巧板
	下学期	除除有余	篱笆的奥秘（二）	缤纷水果秀	小小导游

（续表）

学年（学期）	课程类别	智思运算（数与代数领域）	智思创意（图形与几何领域）	智思统计（统计与概率领域）	智思体验（综合与实践领域）
三年级	上学期	计算小能手（1）	镜像对称美	生日party	规律中的美学
	下学期	计算小能手（2）	校园中的测量	精彩篮球赛	巧算"24点"
四年级	上学期	简单的周期	生活中的对称美	小小调查员	滚动数学
	下学期	探索规律	三角形的奥秘	生长的秘密	绿色出行
五年级	上学期	数学小趣闻	折纸中的分数	预见根和芽	九连环活动
	下学期	小小粉刷匠	分数妙算	生活中的比	小小调查员
六年级	上学期	神秘的测量学	动手操作学数学	家庭消费我参与	描述行动路线
	下学期	数学小趣闻	折纸中的分数	我的统计我做主	九连环活动

3. "SMILE英语"课程群。我们秉承"SMILE英语"的学科理念，教师用阳光积极的姿态面对儿童，帮助儿童感受英语这门语言的包容性和开放性。营造轻松愉悦的氛围，组织形式多样的活动，激发儿童学习第二语言的兴趣，培养儿童跨文化交流的能力。除基础课程外，"SMILE英语"课程设置如下（见表3-6）。

表3-6　合肥市蜀新苑小学"SMILE英语"课程设置表

学年（学期）	课程类别	听视	说演	读玩	写做
三年级	上学期	快乐ABC1	Act time	跳动词卡	书写达人
	下学期	快乐ABC2	打卡宝贝	Game club	记忆能手
四年级	上学期	游戏达人	课本剧	环球宝贝	英语手抄报
	下学期	超级词霸	Story time	Little book	小小语法家
五年级	上学期	听音辩词1	最佳拍档	记忆能手	Diary time
	下学期	听音辩词2	看图说话	美音英韵	魔句变型
六年级	上学期	环球影城	Talk show	Show time	小小翻译家
	下学期	单词变形记	烧脑时间	Reading club	写作小能手

4. "朗润美术"课程群。我们秉承"朗润美术"的课程理念,坚信美术课程,不仅是美术知识的积累过程,更是在美术知识的滋润下造就美的灵魂的过程,它是充满活力的、明朗芬芳的、润泽情感的。通过丰富多彩的活动设置,生动有趣的课程形式,让儿童完全沉浸在美术课堂中,给儿童一个展现自我的舞台,培养儿童积极向上的态度,塑造美的心灵。"朗润美术"课程设置如下(见表3-7)。

表3-7 合肥市蜀新苑小学"朗润美术"课程设置表

学年(学期)	课程类别	知美	创美	鉴美	探美
一年级	上学期	简笔画	趣味拼贴	跟着玩具去旅行	小小美食家
	下学期	创意涂鸦	黏土世界	跟着动画去旅行	换装游戏
二年级	上学期	刮纸画	折纸装饰	植物的一生	盒子变变变
	下学期	拓印真有趣	小小雕塑家	小小解说家	美术馆
三年级	上学期	创意儿童画	玩转综合材料	生活与艺术	变垃圾为宝
	下学期	数字油画	飞舞的线条	小小艺术家	砂纸画
四年级	上学期	水拓画	小小设计师	光色缤纷	场景绘画
	下学期	儿童版画	软陶真漂亮	色彩与感知	场景设计
五年级	上学期	线描画	软陶真漂亮	跟着绘画作品去畅游世界	科幻画上
	下学期	创意中国画	标志设计	跟着雕塑作品去畅游世界	科幻画下
六年级	上学期	创意中国画	纹样设计	跟着建筑作品去畅游世界	剪纸艺术
	下学期	卡通漫画	电脑网页设计	艺术家的故事	摄影

(三)"微笑学科"的推进策略

我们从多方面致力于"微笑学科"的建设,不管是学科课程、学科团队还是教学内容上都努力打造出三维立体的模型用于推动学科建设。

1. 结合学科特质,构建特色学科课程群。学科课程群是学校基于国家课程，自主开发且顺应儿童发展需求的特色课程系统。学校从两方面入手：一方面通过挖掘学科内部或学科之间的逻辑来构建专业的学科课程群；另一方面将地域特色充分渗透到多门学科中。各学科教师挖掘各学科的独特优势，利用各学科独特资源，生发自己独到的见解，共同打造特色学科课程群。

2. 打造团队特色，凸显教、研、学全方位发展。学校以学科教研组为单位，业务主管领导为主要负责人，整体把握和引领课程群建设，引领各级优秀骨干教师研发学科课程群。教师结合自身情况组建工作室，形成学习共同体，明确目标，打造"互助团队"，力求教学、科研、学习全方位发展，为学科课程群的高质量建设奠定坚实的基础。

3. 关注高效教学势态，提升学科教学品质。学科团队基于学校"微笑学科"文化形态和各学科教学特征，制定指向学科核心素养的学科课程规划，编写基于课程标准的学期课程纲要，制定与教学目标、学习活动、评价任务相一致的教学方案。各学科教师大胆探索课程实施方式，形成独具特色的教学风格。

（四）建立"微笑学科"的评价

我们依据"微笑学科"的内涵，从解放、丰富、立体、微笑、缤纷、童趣六个方面制定评价标准，评选校内有显著特色的学科群，形成具有学校特色的"微笑学科"。具体要求如下（见表3-8）。

表3-8 合肥市蜀新苑小学"微笑学科"课程评价表

指标及权重 等级	优 完全达到	良 基本达到	合格 部分达到	不合格 少量达到或未达到
解放10分	1. 尊重儿童主体地位。 2. 体会儿童之间的个体差异。			
	10—9分	8—7分	6分	6分以下
丰富10分	1. 创造性使用教材。 2. 综合能力全面发展。			
	10—9分	8—7分	6分	6分以下
立体20分	1. 注重学科资源的整合与开放。 2. 熟练有效地运用多媒体信息技术。			
	20—18分	17—14分	13—12分	12分以下

（续表）

指标及权重 等级	优 完全达到	良 基本达到	合格 部分达到	不合格 少量达到或未达到
微笑20分	1. 重情境创设，关注课堂生成。 2. 善于激励调控，注重接受与探究方式的结合。			
	20—18分	17—14分	13—12分	12分以下
缤纷20分	1. 教学方式多彩，提高课堂效率。 2. 多元测评，注重儿童发展。			
	20—18分	17—14分	13—12分	12分以下
童趣20分	1. 学习情绪饱满，全程投入。 2. 善于观察、思考，与同伴合作。 3. 乐于表达个人见解，敢于质疑，勇于探究难题。			
	20—18分	17—14分	13—12分	12分以下
积分总计				
总 评	A：100—90分	B：89—70分	C：69—60分	D：60分下

三、创设"微笑节日"，努力营建校园文化课程

节日不仅是华夏文化的积淀，更是生活美感的体现。"微笑节日"是合肥市蜀新苑小学为弘扬校园文化，打造校园特色的有效途径，具有活动性、体验性、育人性、快乐性四大特点。

（一）"微笑节日"内涵要义

微笑是节日营造的气氛，是带给儿童的真实体验，同时也是活动的整体效果和育人本质。"微笑节日"是拓宽学校课程内容、丰富儿童精神生活的育人载体。

1. 恰到好处，开展课程。"微笑节日"的课程开展要把握好时间，在恰当的时间内，营造节日氛围，开展课程活动，取得育人的好时机，抓住育人的时效性。

2. 丰富多样，实施课程。"微笑节日"是一个系统的教育课程，贴近儿童的生活。通过形式多样的活动，激发儿童参与的兴趣，丰富儿童的经历。

3. 注重体验，深化课程。"微笑节日"为儿童创设真实的活动场景，选择健康的行为方式，引发儿童的情感共鸣，实现自我教育，自我提升。

4. 愉悦育人，升华课程。"微笑节日"不仅能促进儿童个人发展，更能增进儿童与家庭、与社会的联系，秉承互帮互助的活动宗旨，将良好的道德风气和文化风尚在校内和校外广泛传播。

（二）"微笑节日"主要类型及实施途径

1. 传统节日课程。中华传统节日内涵丰厚，留存着华夏民族独特的文化记忆，是中华民族历史文化长期的积淀和凝聚。因此，我校在"元宵节""清明节""端午节""中秋节"等中华传统节日，开展猜灯谜、祭英烈、包粽子、做灯笼等活动，让儿童了解这些传统节日的由来及其内涵，更好地了解传统节日、认同传统节日、喜爱传统节日，深切感受中华民族灿烂的文化，点燃心中的自豪感。

2. 非传统节日课程。在校本课程的开发与研究过程中，开展丰富多彩的非传统节日文化教育、宣传活动，营造浓郁的非传统文化教育氛围，让师生了解非传统节日民俗，挖掘非传统节日文化的内涵。具体包括：一月份"庆元旦 迎新年"活动；三月份"学雷锋"主题活动；四月份"世界地球日"教育主题活动；五月份"母亲节——大胆说出心中的爱"主题活动；六月份"全国爱眼日"宣讲活动；九月份"爱眼日"宣讲活动；十月份"向国旗敬礼"爱国教育活动；十一月份"中国消防宣传日"主题班会；十二月份"国家公祭日"教育活动。

3. 校园节日课程。为促进儿童德智体美劳和谐发展，激发儿童的艺术兴趣，引导儿童向真、向善、向美，丰富校园文化生活，进一步挖掘儿童潜能，发展儿童个性特长，提高儿童审美情趣，推动校园精神文明建设，我校组织开展一系列的校园文化活动。（1）童声合唱节。为全面推进素质教育，促进儿童德智体美全面发展，展现多彩的校园文化生活，增进儿童的人际交流，培养儿童共同参与的群体意识和相互尊重的合作精神，展示儿童的艺术风采和良好的精神风貌，我校每年十二月份开展"童声合唱节"。合唱节以班级为单位报名参赛，班主任任领队。各参赛队伍合唱两首曲目，时长不超过8分钟。参赛曲目要求内容健康、艺术性强，易于表达思想感情，鼓励演唱原创作品和地方特色作品，追求表演形式及演唱风格的多样性、创造性。（2）蜀苑书画节。为弘扬中华优秀传统书画文化，丰富儿童课余生活，展现儿童的个人风采，提高儿童的艺术素质，培养儿童认识美、发现美、创造美的能力，调动儿童学习创作的积极性，我校积极开展"蜀苑书画节"活动。活动方式具体如下：儿童在规定时间、规定地点作画、书写，时间结束后上交作品，由评委组老师评选出优秀作品，在校园书画长廊展示。（3）快乐体育节。为丰富儿童课余生活，活跃校园气氛，展现儿童的青春活力，激发儿童奋发进取的精神，点燃儿童积极参与体育文化活动的激情，培养儿童运动技能，增强儿童体质，我校积极开展备受欢迎的"快乐体育节"活动。活动形式多样，以趣味运动项目为主，包含团体赛——拔河、过杆舞、花样接力、齐心协力等，个人赛——穿针引线、协力取水、呼啦圈等。（4）酷炫科技节。为提升儿童科学素质，培养儿童动手能力，营造浓厚的学科学、爱科学、用科学的科技氛围，我校以科技创新为主题，每年五月举办"酷炫科技节"，让儿童展开科学的翅膀，放飞科学的梦想，各年级根据相应的主题开展活动，制作展示科技创新作品。（5）SMILE英语节。"SMILE英语节"以丰富多彩的英语活动为载体，积极营造良好的英语学习氛围，丰富校园文化生活，激发儿童学习英语的兴趣，提高儿童的听、说、读、写的能力，让儿童在活动中感受学英语、用英语的喜悦。英语节面向3—6年级的儿童，主要活动有：三年级速写字母和单词；四年级书写句子；五、六年级书写对话或短文。除儿童活动外，英语老师也参与到活动中来，唱英文歌曲、阅读美文、表演剧本等，形式多样，最后由观演的儿童匿名投票，选出最受欢迎的节目。（6）三味读书节。为给儿童的成长创设一个理想的文化生态环境，进一步推进书香校园的建设，营造积极向上、清新高雅、健康文明的校园文化氛围，我校每年四月份举办"三味读书节"活动。通过每日诵读、读书主题班会、好书推荐、古诗考级、知识竞赛活动、主题征文等活动，旨在让书籍为儿童打开一扇扇窗，开启一道道门，丰富他们的知识，开阔他们的视野，活跃他们的思维，陶冶他们的情操，真正地使他们享受阅读的快乐、学习的快乐、生活的快乐。（7）智思数学节。为营造浓厚的数学学习氛围，弘扬和传承数学文化，激发儿童学习兴趣，培养儿童数学创新能力，我校组织开展"智思数学节"活动，通过开展速算比赛、讲数学故事、模仿秀等一系列数学活动，为儿童搭建一个认识数学、了解数学的平台，尽情感受数学魅力，体会数学的无尽乐趣与无穷奥妙。

（三）"微笑节日"课程评价

为使"微笑节日"课程实施落到实处，让儿童真正了解节日的意义，实现由认识体验到情感体验的转变，我们根据"微笑节日"的内涵和特点，制定了评价细则，并形成多途径、多手段、多形式的课程评价体系（见表3-9）。

表3-9　合肥市蜀新苑小学"微笑节日"课程评价表

评价项目	评价方式/活动及等级描述
过程性评价（权重：75%）	**一、活动态度** **等级描述：** 1. 活动目标明确，重视学习过程的反思，积极优化学习方法。 2. 逐步形成浓厚的活动兴趣。 3. 按时按质按量完成活动任务。 4. 重视自主探索，自主学习。 **评价标准：** A. 优（5分）：积极、热情、主动。 B. 良（4分）：积极热情但欠主动。 C. 中（3分）：态度一般。 D. 差（2分）：较差。 **二、活动方式** **等级描述：** 1. 儿童个体互动能力强，会倾听、思考、表达和质疑。 2. 儿童有浓厚的参与兴趣，在活动过程中参与度高。 3. 儿童之间能有效地合作交流、规划分配、积极探索。 4. 儿童在讨论过程中能求同存异，发扬创新精神，及时有效地表达与沟通。 **评价标准：** A. 优（5分）：自主活动能力强，会倾听、思考、表达和质疑。 B. 良（4分）：自主活动能力较强，会倾听、思考、表达。 C. 中（3分）：自主活动能力一般，会倾听。 D. 差（2分）：自主活动能力较差，不会思考。 **三、参与程度** **等级描述：** 1. 认真参加活动，积极思考，善于发现问题，勇于解决问题。 2. 逐步提高表达与交流能力。 3. 积极参加活动，加强对节日文化的学习。 4. 积极参加实践活动等。 **评价标准：** A. 优（5分）：积极主动思考，准确表达问题且主动解决。 B. 良（4分）：积极思考，善于发现问题，勇于解决问题。 C. 中（3分）：发现问题，解决问题能力一般。 D. 差（2分）：参与意识不够积极主动。 **四、合作意识** **等级描述：** 1. 积极参加合作学习，勇于接受任务、敢于承担责任。 2. 加强小组合作，取长补短，共同进步。

（续表）

评价项目	评价方式/活动及等级描述
过程性评价 （权重：75%）	3. 乐于助人，积极帮助学习有困难的同学。 4. 保持公正客观的态度进行评价，做到严谨、负责、公平。 **评价标准：** A. 优（5分）：合作意识强，组织能力好，与别人互相提高，有活动效果。 B. 良（4分）：能与他人合作，并积极帮助有困难的儿童。 C. 中（3分）：有合作意识，但总结能力不强。 D. 差（2分）：不能很好地与他人合作活动。 **五、探究活动** **等级描述：** 1. 积极尝试、体验活动。 2. 逐步形成严谨的科学态度，养成不怕困难的科学精神。 3. 勇于质疑，善于反思，有创新意识。 4. 发现并观察、分析现象，善于提出具有价值的问题，并从中探究总结出相应的结论，整理出合理的活动报告。 **评价标准：** A. 优（5分）：能够较为深刻地理解事物的性质、规律或对其所包含的内在联系形成深刻的认识。 B. 良（4分）：简单了解事物的性质、规律或对其所包含的内在联系形成基本的认识。 C. 中（3分）：对事物的性质、规律或对其所包含的内在联系较为模糊。 D. 差（2分）：不了解事物的性质、规律或对其所包含的内在联系。 **六、知识技能的应用** **等级描述：** 1. 认真观察活动知识与日常生活和其他学科的联系。 2. 积极探索知识解决实际问题中的价值和作用。 3. 自觉养成应用知识解决实际问题的意识，增强综合应用能力。 **评价标准：** A. 优（5分）：能很灵活运用活动知识解决问题。 B. 良（4分）：较灵活运用活动知识解决问题。 C. 中（3分）：活动应用知识技能一般。 D. 差（2分）：活动解决实际能力较差。
终结性评价 （权重：25%）	**评价方式一：** **等级描述：** 1. 能在活动中准确表达自己的意愿。思想意识符合主流价值观。 2. 自觉养成利用活动中所学知识解决实际问题的意识，增强综合应用能力。 **评价标准：** A. 优（5分）：能在活动中准确表达自己的意愿。思想意识符合主流价值观，参与度非常积极。 B. 良（4分）：能在活动中准确表达自己的意愿。思想意识符合主流价值观，参与度较积极。

（续表）

评价项目	评价方式/活动及等级描述
终结性评价 （权重：25%）	C. 中（3分）：能在活动中表达自己的意愿。思想意识符合主流价值观，参与度一般。 D. 差（2分）：在活动中不能准确表达自己的意愿。参与度不高。 **评价方式二：** 定性评价：教师对儿童的总结性评价语。

四、开展"微笑庆典"活动，促进儿童成长体验

庆典是学校教育和社会教育相结合的创新形式。"微笑庆典"是合肥市蜀新苑小学"微笑教育"的重要组成部分，是学校实现育人目标的有效途径。

（一）"微笑庆典"形式及实施途径

1. 开学典礼。开学第一天，通过精心策划的开学典礼，师生一起调整心态，喜迎新学期。使每位儿童对新学期产生期待，以饱满的姿态开始新的征程。

2. 踏春扫墓，缅怀先烈。四月，草长莺飞，万物复苏。组织儿童踏青远行，感受春天的蓬勃向上，感受生命的力量；祭奠先烈，学习革命先辈为建立新中国勇于献身的精神，立下建设祖国的壮志。

3. 毕业典礼。六月，迎来毕业季，精心筹备毕业典礼，谢师恩，别友情，给六年的小学校园生活画上圆满的句号，让每个儿童带着母校的祝福坚定地走向灿烂的未来。

4. 建队日活动（入队仪式）。十月，建队日，通过主题集会，以文明礼仪教育为中心，精心安排互动式的入队仪式，积极创建仪式氛围，让每个新少先队员体验合作与交往的快乐。增强少先队员的光荣感和责任感，让儿童在活动中体验快乐，得到成长。

5. 十岁生日。十月，以"我十岁了"为主题开展系列教育活动，使儿童明白成长的意义。培养儿童的独立意识，教育儿童面对困难不轻言放弃，收获努力之后的成就感，做好迎接挑战的准备。

6. 少代会。十一月，征集队员提案，组织校园及班级少先队活动。少先队员通过少代会庄严参事议事，民主竞选大队委员，培养全体队员民主意识

及能力。

7. 紧急疏散逃生演练。每月组织一次紧急疏散演练，训练儿童在最短的时间内撤出危险地带的速度，培养儿童居安思危的意识和临危不乱的品质。

（二）"微笑庆典"课程的评价要求

微笑庆典课程成果可以通过演讲、作文、手抄报、绘画竞赛评比、板报、橱窗、网上展示等形式呈现，将评价结果纳入儿童微笑积分管理体系和儿童综合素质评价体系。基于此，我们制定了合肥市蜀新苑小学"微笑庆典"课程评价表（见表3-10）。

表3-10　合肥市蜀新苑小学"微笑庆典"课程评价表

评价项目		评价标准	评价结果	
			微笑积分	得分
课程内容	儿童参与率	各班参与儿童达到90%以上		
	组织有序	队伍是否整齐、安静、不混乱		
	安全守纪	活动是否安全文明，遵守纪律		
	爱护公物	是否保持公共设施、活动区域整洁		
	内容形式	内容是否丰富、新颖、有创造性		
课程成效	自我能力提高	实践能力是否增强、审美能力是否提高、合作能力是否增强、思想教育是否加深		
	个人成长情况	活动形式成效是否得到同伴、教师和家长的公认赞誉		

五、聚焦"微笑生命教育"，落实专题教育课程

（一）"微笑生命教育"的内涵与实施途径

生命教育就是有关生存和生活的教育。生命教育的目的就是要让儿童对生命有所感悟，意识到生命的重要性，以此来培养儿童的价值观和人生观，教育儿童关注自己的生命，关注他人的生命，展现生命中的爱，焕发生命的光彩。

生命教育在儿童成长的过程中至关重要，我们要注意抓好儿童青少年发展的"关键期"，开展基于学生年龄特征的生命教育活动（见表3-11）。

表3-11　合肥市蜀新苑小学"微笑生命教育"课程设置表

年级	教育目标	课程内容
一、二年级	1. 初步培养儿童良好的行为习惯。 2. 强化学生感觉统合能力。	1. 生命袋袋库 2. 画画我的新校园 3. 抱抱我的朋友 4. 理理我的小书包
三、四年级	1. 发展儿童一定的人际交往能力。 2. 树立学生信心，提高自主能力。	1. 自我保护 2. 点亮你的信心灯 3. 幸运之神降临了 4. 走近我的朋友……
五、六年级	1. 学生顺利走进青春期。 2. 学生具备一定交友艺术。 3. 做好中小衔接工作。	1. 神奇的生命 2. 我们的春天（男生、女生2个活动） 3. 交友艺术

（二）"微笑生命教育"的评价要求

1. 评价原则。（1）坚持激励性、发展性的评价原则。教师利用奖励机制或鼓励性的评价语来激励儿童，使儿童有前进的动力。发展性是指用发展的、赏识的眼光看待学生。（2）素质培养的原则。要培养儿童的各种素养，包括道德素养、学科素养、日常生活的素养等，以适应未来的社会发展。（3）多方面评价原则。多方面评价是指学校、家庭、社会都参与到儿童教育活动的评价之中，包括儿童自我评价的多方面的评价机制。

2. 评价方式。（1）即时评价。在儿童不知情的情况下，把儿童在日常生活和学习中的表现记录下来，并及时予以评价。（2）评语评价。每过一个阶段，对儿童的各种表现使用积极正面的语言予以文字性评价。（3）活动评价。对学生在现实生活模拟、实地演习及与课程相关的演讲赛、抢答赛、手抄报、综合实践等活动中的表现予以动态评价。

六、建设"微笑社团"，发展学生兴趣爱好

（一）"微笑社团"的主要类型及培养目标

学校以"微笑教育"为核心理念，以"道德塑造、兴趣培养、技能提升"为目标，以"参与、感悟、发展、快乐"为主线，以"寻找幸福成长支点"为切入点，从感恩教育、行为习惯培养等多方面入手进行探索，建设"微笑社团"，让"微笑社团"成为学生快乐成长的素质乐园（见表3-12）。

表3-12 合肥市蜀新苑小学"微笑社团"一览表

	社团名称	培养目标
1	围棋社团	让学生对围棋知识进行认知、学习并努力提高，为学生综合素质的提高提供有利条件。通过活动，使学生锻炼思维能力，培养学生善于发现和深思熟虑的能力，进而从围棋中体会人生，从而做到感受生活，热爱生活。
2	轮滑社团	学习轮滑有助于培养孩子的良好个性。练习轮滑可以提高孩子的身体平衡性、协调性、灵活性、体能、耐力以及培养不怕苦、不怕累的精神；能培养孩子勇敢顽强、不怕困难和挫折，勇于超越自我的优秀品质；还能培养孩子敢于迎接挑战和勇于负责的精神，激发孩子的竞争意识；有利于弘扬团结合作的精神。
3	乒乓球社团	长期进行乒乓球锻炼，可增强人体的心肺功能，提高神经系统的灵敏性和身体的协调性，以及治疗颈椎等疾病。少年儿童参加适量的乒乓球运动能增强体质，增长身高，预防和治疗近视，对培养少年儿童的自信、勇敢、果断、拼搏向上等优良的品质有极大的益处。
4	巧艺社社团	培养学生观察、动脑、动手和社会实践能力，丰富学生的学习生活，发展孩子的艺术想象力、创造力和动手操作能力，培养孩子的环保节约意识，在学生中开展"变废为宝，绿色校园"的手工制作活动。
5	硬笔书法社团	1. 在书法学习中，使他们养成良好的书写姿势和规范的执笔姿势。 2. 指导学生写出一笔漂亮的字，对其学习以及将来的工作、社会交际起到深远的影响。 3. 通过书法练习，培养学生认真负责、专心致志、持之以恒的精神。 4. 感受中国文化艺术之美，传承祖国传统文化。
6	羽毛球社团	1. 培养儿童对羽毛球运动的兴趣，使其热爱羽毛球运动。 2. 训练儿童羽毛球技能，促进儿童生长发育，提高身体各方面的机能。 3. 培养学生顽强拼搏，不怕困难的体育精神。
7	思维训练营社团	养成良好的学习习惯，端正学习态度。挖掘孩子潜力，提高孩子的人际交流等综合能力，使孩子的各方面得到全面发展。
8	足球社团	1. 以足球为媒介，教儿童一些基本的足球知识。 2. 丰富儿童的球类文化知识，陶冶思想情操。 3. 足球社团走进社区进行比赛，使儿童竞争能力等综合素质能得到发展和提高。
9	陶泥社团	了解陶艺的艺术特色，学习陶泥的制作方法，创作各种生动有趣的陶泥制品。能够运用陶泥材料进行艺术创作，提高学生的动手创作能力。通过玩陶泥激发学生的创作激情，使学生体验到劳动创造的乐趣，培养学生热爱生活、热爱家乡、热爱大自然的美好情感。

（续表）

	社团名称	培　养　目　标
10	童声合唱社团	1. 通过不同的发声练习来规范学生的声音、进一步提高演唱水平和演唱技巧。 2. 通过练唱少儿合唱歌曲，来提高学生的音乐修养和自身素质。 3. 进一步宣传我校的素质教育和精神风貌。
11	篮球社团	1. 培养儿童对篮球的兴趣，养成坚持锻炼身体的习惯。 2. 学习简单的篮球基本技术，发展柔韧、协调和灵敏的身体素质。 3. 进行身体素质的训练，进一步发展反应、动作和移动速度。 4. 加强心理训练，提高意志和注意力。 5. 弘扬儿童体育精神，不断追求积极上进、顽强拼搏的态度，坚定克服困难的意志。

（二）"微笑社团"的评价要求（见表3-13）

表3-13　合肥市蜀新苑小学"微笑社团"评价表

评价主体	评价项目	评　价　标　准	评　价　内　容	获得积分
学生自评	实践能力	1. 课前准备活动（课程相关文字资料、图片等）。（5分）	1. 能参与搜集。 2. 积极主动搜集。 3. 积极主动搜集并能向大家介绍搜集的资料。	
		2. 对课程的兴趣与参与程度。（5分）	1. 有兴趣，动手参与。 2. 很有兴趣，主动参与。 3. 兴趣浓厚，积极参与。	
		3. 参与交流、合作。（5分）	1. 能够参与。 2. 主动参与并完成任务。 3. 主动参加，积极交流。	
		4. 课程中基本知识与技能的了解。（5分）	1. 基本掌握。 2. 掌握较熟练。 3. 熟练掌握并会运用。	
教师评价	合作交流	1. 帮助同学。（5分）	1. 有帮助同学的意识。 2. 能够帮助同学。 3. 积极主动帮助同学。	
		2. 倾听同学的意见。（5分）	1. 能倾听同学意见。 2. 倾听同学意见并分享自己的体会和感受。 3. 倾听同学的意见，并能受到启发，表达自己的见解。	
		3. 团队凝聚力。（10分）	1. 与人合作，有团结同学的意识。 2. 主动参与合作，能够团结同学。 3. 积极参与合作，主动团结同学。	

（续表）

评价主体	评价项目	评价标准	评价内容	获得积分
教师评价	情感态度	1. 参与活动及表现。（10分）	1. 能够参与活动，完成学习任务。 2. 主动参与活动，表现较积极。 3. 参与活动有热情，表现积极主动。	
		2. 提出活动的设想、建议。（10分）	1. 有活动的设想、建议。 2. 主动提出活动的设想、建议。 3. 主动提出活动的设想和建议，有自己的想法。	
		3. 克服困难和挫折能力。（10分）	1. 有克服困难和挫折的意识。 2. 能主动克服困难和挫折。 3. 积极主动克服困难和挫折。	
学生自评或互评、教师评价	成果展示	1. 活动过程记录。（5分）	1. 参与活动。 2. 主动参与活动。 3. 参与活动积极活跃。	
		2. 作品展示呈现。（5分）	1. 完成作品。 2. 完成良好。 3. 完成优秀。	
		3. 成果创意。（5分）	1. 有创新意识。 2. 创新意识良好。 3. 创意新颖、独具特色。	
家长评价	在家庭中表现	1. 完成课前准备任务。（5分）	1. 参与准备。 2. 积极准备。 3. 积极参与，准备充分。	
		2. 向父母展示并介绍自己的学习成果。（5分）	1. 能够展示并介绍自己的学习成果。 2. 主动展示并较为完整地介绍自己的学习成果。 3. 积极展示并完整介绍自己的学习成果，抒发自己的见解或体会。	
		3. 利用课余时间学习和补充感兴趣的学习内容并向家长分享自己的感受。（5分）	1. 能够参与。 2. 积极参与。 3. 积极主动，表现出色。	
积分总计		100分		

七、践行"微笑之旅"，全面推进社会实践课程

（一）"微笑之旅"的内涵及实施过程

中小学生研学旅行是指由教育部门和学校有计划地组织安排，通过集体旅行、集中食宿等方式开展的研究性学习和旅行体验相结合的校外教育活动。

这是一种实践性课程，关注学生的实践能力，提高学生的动手能力，丰富学生的课外知识。内容包括：（1）了解社会状况。社会状况是指人类生活、生存的现实状况，如生态环境问题、医疗问题、饮食安全问题、交通卫生问题，让儿童了解现状，从而成为社会化的儿童。（2）了解科技应用。在微笑之旅课程中，让儿童了解科学技术在生活、生产和科学领域的应用。（3）接受文化熏陶。参观博物馆、文化宫等，感受中国文化之美，传承祖国的传统文化。（4）学习国防知识。参观国防科技馆、部队等，了解有关国防、军事的知识，让儿童树立科技强国的意识，培养儿童的爱国情怀。（5）探寻自然之美。在微笑之旅课程中，提高儿童对祖国秀美山川的认识，增强学生对美的理解，提升学生的审美能力，形成健康的审美情趣。

微笑之旅课程主要采取"三阶段"实施，"三阶段"是指研学前、研学中、研学后三个阶段，研学前阶段是微笑之旅的准备阶段，研学中阶段是微笑之旅的实施阶段，研学后阶段是微笑之旅的总结阶段。

1. 研学前阶段。研学前要做好准备工作，如研学方案的策划与确定、教师的备课，研学活动的宣传与动员。

2. 研学中阶段。组织儿童有序参观学习，开展多样的活动，并在活动中予以指导和评价。

3. 研学后阶段。研学后阶段的主要内容包括研学心得的交流，研学成果的展示，研学成绩的报告。

（二）"微笑之旅"的评价要求

"微笑之旅"总体评价标准主要从研学旅行的特点：有意组织、集体活动、亲身体验，这三个方面制定微笑之旅活动课程的总体评价内容，体现微笑之旅的育人导向，研什么、学什么，使目标更明确，内涵更丰富（见表3-14）。

表3-14　合肥市蜀新苑小学"微笑之旅"课程总体评价表

评价内容	微笑之旅活动过程性资料：学校方案、教师指导相关材料、学生过程性文本材料和成果展评。		
评价项目	评价要点	评价积分	
^	^	微笑积分	得分
学校方案	1. 学校教育教学计划要包括微笑之旅，并与综合实践活动课程统筹考虑，将微笑之旅和学校课程有机融合在一起。	10分	

（续表）

评价项目	评价要点	评价积分	
		微笑积分	得分
学校方案	2. 精心设计微笑之旅活动课程，做到目的明确、活动生动、学习有效。	10分	
教师备课	1. 有依附微笑之旅教学设计的二次备课，要有个人特色。	10分	
	2. 能体现出对微笑之旅活动指导的文本材料。	10分	
过程管理	1. 统一安排学生在研学途中的衣食住行，培养儿童独立自主、自立自强，艰苦朴素、吃苦耐劳的优秀品质。	10分	
	2. 安全保障。活动前做好安全宣传的工作，增强学生的自我保护意识，以及关爱他人、互帮互助的美好品德。遇到困难时，知道向老师、同学寻求帮助。如有紧急情况，知道要拨打110电话进行求救。	10分	
学生过程性文本材料	1. 学生研学旅行策划书、设计研学任务单、研学地点介绍等。	10分	
	2. 集体或个人完成研学任务单，做好研学记录。	10分	
成果材料	1. 作品或照片（PPT、美篇、电子相册等形式）。整体美观、数量足，材料数量达到班级学生的90%以上。	10分	
	2. 心得体会。文本数量达到班级学生的90%以上。	10分	
积分总计		100分	

总之，"S-M-I-L-E"课程以"微笑教育"办学思想为价值引领，通过建设课程文化、细化课标、构建课程体系、丰富课程实施路径等多项举措有效实施，促进育人目标落地，打造学校品牌，成就学校可持续发展。

（撰稿者：陆晨　郑全海　王长发　管汉琛　杜培凡）

第四章

社团活动就是课程的聚焦所在，能够为课程教学带来丰富精彩的活动，让更多的学生认识到社团活动开展的重要性。旨在找到课程教学与社团活动的契合点，让社团活动以课程教学为主题进行开展，使课程教学内容真正成为社团活动的主导，从而令社团活动变得真正具有意义。

社团活动即课程聚焦

社团活动即课程聚焦，也就是说社团活动是课程聚焦点，如果没有社团活动，课程将没有重点，就会失去核心内容，只有更好地开展社团活动，才可以使课程的促进作用发挥得更好，使课程找到方向，激发学生内心的热情，使学生能够积极参与到实际的社团活动之中。社团活动已成为课程教学中的重要内容，一定要认真地对待社团活动，使社团活动变得更加有趣，让社团活动能够真正带动课程教学走向更加美好的发展之地。社团活动的主题一定要紧扣课程内容，不能随意地开展社团活动，为使社团活动贴合课程的内容，要以课程内容为依准，这样才可以将课程内容以轻松的方式展现出来，使社团活动可以有效地反映课程教学的实际内容。

　　社团活动一定要让每一个学生参与到其中，只有让学生们参与到社团活动之中，社团活动才算是有意义的，如果学生们无法参与到社团活动中，那么社团活动将毫无意义、毫无价值。所以社团活动的开展一定要向学生们展示其本身的趣味性和意义，让学生们充分了解社团活动的作用和价值，使更多的学生参与到社团活动之中，使社团活动真正动起来，真正变得更有趣味性，更有价值。社团活动应该迎合学生们的实际需求，根据学生们的喜好和性格特点来设置社团活动，只有这样才可以使社团活动变得更有作用力，因为社团活动是根据学生的喜好和实际性格特点设置的，因此它更符合学生们的实际需求，能够给学生们带来更多的欢乐，使每一个学生都能够喜欢上社团活动，为社团活动的开展贡献更多的活力，让社团活动建设走向更加理想的发展境地。

　　社团活动就是课程的聚焦所在，我们应该明白社团活动的重要性，其能够为课程教学带来丰富精彩的课余时间，使学生们得到相关的放松，让学生们体验到参与活动的快乐，陶冶学生们的情操，让更多的学生认识到社团活动开展的重要性。如果课程教学缺失社团活动的辅助，那么课程教学将会毫无光彩，自身变得生硬枯燥，无法适应学生们的实际发展，更不能为学生的思维扩展起到非常好的作用。社团活动就是让学生们在学习课程之余，令其思维得到扩充，使他们的知识得到更为有效的利用。任何一个社团活动都可以为学生提供放松自然的活动氛围，也会带给学生无穷的乐趣[①]。

　　社团活动需要引起每一个课程老师的注意，课程老师也应该学会巧用社

---

① 陈娟，崔伟.校本课程开发与学校教育的价值追求［J］.教育理论与实践，2017，37（34）：61-64.

团活动，用有效的社团活动来激发学生们学习课程的积极性，让更多的学生投入到社团活动当中，唯有不断刷新社团活动的内容和开展方式，才可以让更多的学生喜欢上社团活动。不仅如此，老师更应该找到课程教学与社团活动的契合点，让社团活动以课程教学为主题进行开展，使课程教学内容真正成为社团活动的主导，从而令社团活动变得真正具有意义，赢得更多学生的喜爱与支持。相信社团活动的开展一定会使课程教学变得更有魅力，锻炼学生们的活动能力，刺激学生的活动能力，让学生们积极参与到社团活动中，感受到与其他同伴合作的作用力，让更多的学生在活动中真正有所收获，明白团体活动的重要性，从而提升自己的实践能力，强化自身的感悟和理解水平，让社团活动真正帮助学生们树立更好的团体意识，为课程教学带来巨大的发展。

（撰稿者：陈慧）

特色学校　合肥市安居苑小学
特色课程　小绿叶课程：向着美好自然生长

合肥市安居苑小学创办于2000年8月，位于蜀山区长江西路安居苑小区内，校园占地面积10000多平方米，分为教学区和运动区，规划有序，环境优美，教育教学质量优异，是蜀山区优质教育资源学校。历经20余年的发展，学校办学声誉得到不断提高，现已发展成拥有安居苑、天鹅花园、西城三个校区的教育集团。安居苑校区现有43个教学班，在校学生2300多人，教师近110人。天鹅花园校区现有20个教学班，在校学生近800人，教师49人。西城校区现有7个教学班，在校学生200余人，教师19人。学校先后荣获全国"双有"优秀集体、全国中小学生机器人教育实验学校、全国机器人优秀学校、全国中小学生创新作文教育实验基地、安徽省绿色学校、安徽省先进少先队集体、安徽省家教名校、安徽省平安校园、安徽省首批科普示范校、合肥市特色小学、合肥市科普示范学校、合肥市素质教育示范校、合肥市家教名校、合肥市法制宣传教育和依法治校示范校、合肥市安全文明示范校、合肥市中小学大课间示范学校、合肥市课题优秀学校、合肥市优秀少先大队、合肥市教育先锋号、合肥市德育先进工作单位等荣誉称号，为蜀山区"学在蜀山"这一教育品牌的铸就做出了重要的贡献。

第一节

向着美好自然生长

学校课程哲学是学校课程使命、课程核心价值观和课程愿景的集中体现，是学校全体师生共同的价值追求。因此，学校课程哲学需在对学校文化、价值追求进行梳理、分析的基础上确定。

一、学校教育哲学

北魏贾思勰《齐民要术》中说："时时灌溉，常令润泽。"宋欧阳修《雪》诗云："光芒可爱初日照，润泽终为和气烁。"学校教育应如初日阳光、丝丝春雨，无处不在，润物无声。

基于此，我校提出教育哲学——润泽教育。"润泽教育"是以"润德、润智、润体、润美、润行"为核心的教育，以激励、引导儿童成长为出发点，用教育给儿童提供适宜成长的环境和条件，让儿童在美的环境中、美的教育中，涵养品格、陶冶情操、丰富知识、强健体魄、崇高精神、丰盈灵魂。"润泽教育"让教育如甘霖般自然而然滋润儿童心田。润于思，启迪儿童智慧，培养思维习惯，让儿童勤学善思；泽于行，指导儿童实践，规范行为习惯，让儿童乐学善行。润泽教育以适应儿童发展、润泽生命成长为核心理念，倡导让每一个儿童都能充分享受学校的教育生活。

我们的教育信条：
我们坚信，
童年是一颗美好的种子；

我们坚信，

爱是生命成长最好的滋养；

我们坚信，

学校是为成长积淀营养的沃土；

我们坚信，

向着美好自然生长是教育最美的姿态；

我们坚信，

教育是用美好丰盈灵魂涵养品格的过程；

我们坚信，

让每个孩子成为一片美的叶子是教育的神圣使命。

二、学校课程理念

基于学校教育哲学和办学理念，我们提出"向着美好自然生长"的课程理念。我们认为向着美好就是让儿童在文质兼美、内涵丰富的课程活动中向善向美；自然生长的过程就是儿童活动的过程，兴趣培养的过程，能力发展的过程，品质养成的过程。

——课程即美好探索。孩子是与生俱来的探索家，课程要开拓儿童视野、带领儿童探索、启发儿童思考、引领儿童成长，让孩子们在课程实践中尽情体验、自主探索、多元发展。

——课程即快乐收获。学习是一个不断收获的过程。课程应是播种知识的过程，是耕耘智慧的过程，更是收获成长的过程。在这里，孩子们收获知识、收获爱、收获快乐，收获满满的成就与幸福，在学习中感受到一份厚重、一份喜悦、一份憧憬。

——课程即自信成长。学习是启发思维的过程，是培养自信的过程，让每一个孩子能够正确认识自我、接纳自我、树立自信心，以良好健康的心态去享受学习生活、茁壮成长的过程。我校课程的出发点和落脚点就是促进儿童自由表达、自主展示、自信成长。

总之，课程是一种生命情怀、一段成长历程、一种精神之旅，在"做一片美的叶子"的办学理念及"向着美好自然生长"课程理念引领下，我们将课程模式确定为"小绿叶课程"。"小绿叶课程"是基于"润泽教育"教育哲学和"向着美好自然生长"课程理念构建起的以国家课程为基础、地方课程为补充、校本课程为特色的学校课程体系。"小绿叶课程"将会开启每一个孩子的生命成长之旅，促进儿童向着美好自然成长！

第二节

润泽每一片成长的叶子

学校基于"润泽教育"课程哲学和"向着美好自然生长"课程理念，通过梳理学校文化及课程，确立了学校育人目标和课程目标。

一、育人目标

《关于深化教育教学改革全面提高义务教育质量的意见》指出："树立科学的教育质量观，深化改革，构建德智体美劳全面培养的教育体系，健全立德树人落实机制，着力在坚定理想信念、厚植爱国主义情怀、加强品德修养、增长知识见识、培养奋斗精神、增强综合素质上下功夫。坚持德育为先，教育引导学生爱党、爱国、爱人民、爱社会主义；坚持全面发展，为学生终身发展奠基；坚持面向全体，办好每所学校、教好每名学生；坚持知行合一，让学生成为生活和学习的主人[①]。"为促进每位儿童发展，润泽每一片成长的叶子，结合学校课程哲学、办学理念、课程理念，我们将学校的育人目标确定为"有梦想、勇担当；会学习、乐实践；爱生活、重创新"。具体意涵如下：

——有梦想、勇担当。自尊自律，文明礼貌，诚信友善，宽和待人，主动作为，履职尽责，明辨是非，形成正确的"我与社会""我与国家""我与世界"的价值观，具有健康的审美价值取向，具有艺术表达和创意表现的兴

---

① 中共中央国务院关于深化教育教学改革全面提高义务教育质量的意见[N].人民日报,2019-07-09(001).

趣和意识。

——会学习、乐实践。乐学善学，勤于反思，养成良好学习习惯，具有扎实基础知识，能够自我审视学习行为、反思学习状态；能自觉、有效地获取、评估、鉴别、整理、使用信息；尊重劳动、树立劳动意识，具有问题意识，能发现问题、提出问题、解决问题，具有学习掌握技术的兴趣和意愿。

——爱生活、重创新。能够正确认知自我，珍爱生命，注重身心发展，合理规划人生，培养健全人格，有效实施自我管理；积淀扎实科学素养，崇尚真知，尊重事实，逻辑清晰，具有理性思维、批判质疑、勇于探究的品质，具有问题意识、创新精神。

二、课程目标

（一）总体目标

依据育人目标，学校确定了课程总体目标：以课程建设和评价为抓手，充分发挥课程的导向功能、激励功能、聚合功能、评价功能[1]，进一步开发和实施适应儿童特点、符合地域特色、促进学校内涵发展和儿童更好成长的课程体系；构建夯实基础、深化拓展、主动探究的课程实施模式，促进儿童全面发展、自主发展、快乐成长。

1. 构建坚持以学生核心素养为本位的育人目标，促进儿童多维、全面发展。促进儿童知识与能力协调发展，让儿童在积极的学习活动中获得扎实的基础知识，掌握有效的学习方法；促进儿童在开阔、多元的学习过程中获取、整理、鉴别、使用信息，培养发现问题、解决问题的问题意识，具有科学文化素养和终身学习能力，具有自主发展能力和沟通合作能力；促进每个儿童主动地、生动活泼地发展，具有良好人际关系，积淀艺术与审美素养，具有理想信念和社会责任感。

2. 构建具有学校特色的课程、管理、实践体系。初步形成以国家课程、地方课程为基础，学校课程凸显特色的三级课程建设体系；摸索建设管理规范、运作有序、协同发展的课程管理体系；初步形成学校课程资源

---

[1] 孙泽文，左菊.课程目标：概念、功能及其分类研究[J].长江师范学院学报，2012，28（06）：56-59+139.

开发的能力，形成德、智、体、美、劳+校本特色的学校课程方案及实践体系。

3. 摸索符合学校课程特点的教学评价体系。发挥评价的导向功能、激励功能、聚合功能，构建起符合学校课程体系特点的评价体系，形成学生学业成绩与成长记录相结合、自我评价与他人评价相结合、阶段性评价与总结性评价相结合的综合评体系。构建符合学校课程理念、具有学校特色的校内评价规则和程序。

（二）具体目标

学校根据育人目标，综合考虑学生的年龄特点、身心发展规律等多方面因素，设置了具有系统性、发展性、梯度性的分年段课程目标（见表4-1），从低、中、高三个年级段体现进阶式上升与深化。

表4-1 合肥市安居苑小学"小绿叶课程"目标表

维度\学段 目标	课程目标 低年级	中年级	高年级
有梦想 勇担当	1. 学习践行《中小学生守则》，培养良好习惯，认真完成作业，参加社会实践等。 2. 了解核心价值观，感受校园文化。听名人故事，感悟优秀品质。 3. 从日常生活中的小事中培育小学生的责任感，树立"学校是我家，学习是我事"的思想。 4. 在家长的指导下，能初步管理自我。自己事情自己做，能担当起力所能及的各项任务，帮助他人，团结同学。	1. 理解践行《中小学生守则》，养成良好习惯，独立完成作业，积极参加社会实践等。 2. 理解核心价值观，积极参与班级文化建设。读名人传记，树立理想。 3. 能完成老师布置的各项任务，且初步具备能配合老师管理班级事务的能力。 4. 能初步管理自我，做事有明确的目标，坚毅果断，敢做敢当，讲信誉。对自己负责，能自我监督、自我约束。	1. 示范践行《中小学生守则》，行为习惯扎实，有效管理自我，创造性参与社会实践等。 2. 践行核心价值观，参与校园文化建设，融入校园文化。树立理想，追逐梦想。 3. 能有序组织活动。能合理有序设计活动方案，组织实施活动。 4. 能有效管理自我。能规划自己的学习、生活并持续实施；有效自我监督，勇于承担自己言行所造成的后果。
会学习 乐实践	1. 初步养成良好的学习习惯。按时完成作业，自觉预习，有效复习；上课专注听讲，认真思考，积极表达。	1. 养成良好学习习惯。有自己的兴趣爱好，养成良好阅读习惯，乐于表达自己的想法；能够发表自己的看法。	1. 做到知情意行协调发展。能较好地完成各科学习任务。善于思考和总结，举一反三。

（续表）

目标维度\学段	课程目标 低年级	课程目标 中年级	课程目标 高年级
会学习 乐实践	2. 培养自己的兴趣爱好和阅读习惯。能自主阅读绘本和一些浅显的童话故事；能够简单复述所看内容并和同伴讨论交流。 3. 能够参加社会实践活动。感受（接受）、注意身边的事和人，积极参加班级实践活动。热爱大自然，善于观察。	2. 热爱大自然，热爱生活，善于发现问题。关注自己的社会角色，强化规则实施的行动力，形成思维碰撞，在反思中提升。 3. 有独立思考的能力，善于动手实践；善于沟通合作。选择适合自己的学习方法，自觉、主动地总结学习经验。	2. 和大自然亲密接触，乐于实践，主动探索，善于合作。能积极参加并组织实施社会实践活动，在实践中锻炼、反思、成长。 3. 初步形成问题意识。能在实践中发现问题、解决问题、总结问题。能根据实际需要搜集、整理和运用资料。
爱生活 重创新	1. 能够与老师、同学及他人交往、交流；能发现他人优点，能学会控制和调整自己的情绪；爱护班级，关心爱护同学，能适应集体生活。 2. 积极参加体育活动和比赛，在体育运动中形成正确的运动姿势，初步掌握正确的运动技能，养成良好的作息习惯。 3. 善于提问，有探究精神，体验创新的乐趣。善于观察生活，有丰富的想象力、强烈的好奇心。	1. 培养健康的生活方式，诚实守信、友爱宽容、热爱集体、乐观向上。善于发现他人的优点，充分发挥自己的优势。 2. 增强集体意识，培养合作能力，乐于帮助他人。乐于参加体育活动和比赛，提高参与意识，锻炼运动能力，享受体育运动的乐趣。 3. 善于独立思考，乐于表达自己的感受和观点。能长时间地专注于某个感兴趣的问题之中。懂得举一反三，能提出新观点。	1. 形成健康的生活习惯，能够与他人深入交流、平等合作，学会欣赏他人，发现自己的闪光点，悦纳自己，取长补短，优势互补。 2. 热爱体育运动，科学参与体育锻炼，能熟练掌握2～3项体育技能，享受体育运动的乐趣。 3. 独立思考，提出自己的见解与解决问题的方法与策略。在解决问题过程中提出创造性解决问题的方法，培养创新意识，学习创新的若干方法。

"小绿叶课程"围绕"有梦想、勇担当""会学习、乐实践""爱生活、重创新"等课程总体育人目标，分低、中、高三个学段，细化目标维度，梯次设置课程具体育人目标。

第三节

让每片叶子都美好成长

学校课程体系是基于学校文化理念、教育哲学、办学理念，从宏观层面对学校所有课程进行系统规划、组织与编排，进而达到最优的课程体系和结构，更好地实现学校育人目标和课程目标，让每片绿叶都美好成长。

一、课程逻辑

确立了教育哲学、办学理念、课程理念，学校紧紧围绕育人目标，抓住课堂教学这个核心，依据《义务教育课程设置方案（2001年）》，建构学校课程逻辑（见图4-1）。

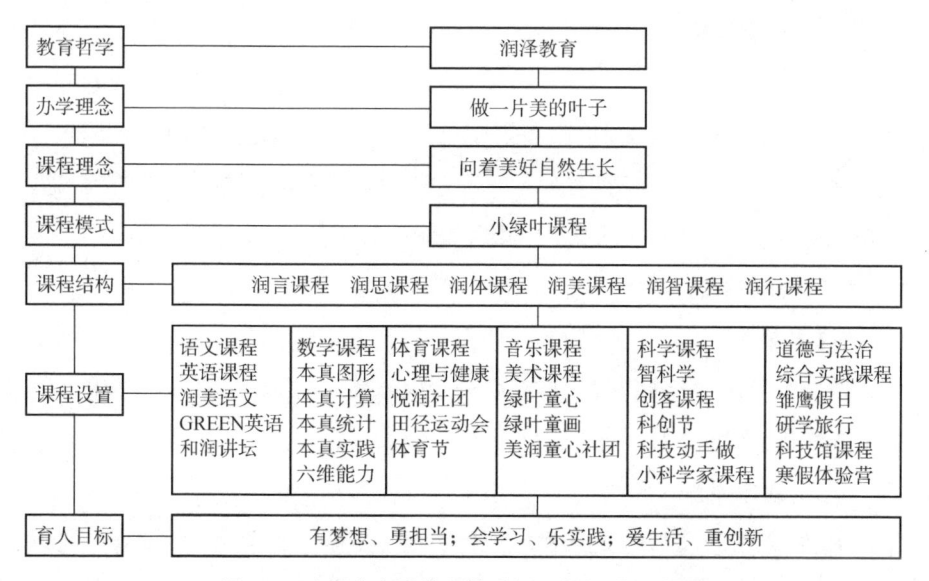

教育哲学	润泽教育
办学理念	做一片美的叶子
课程理念	向着美好自然生长
课程模式	小绿叶课程
课程结构	润言课程　润思课程　润体课程　润美课程　润智课程　润行课程
课程设置	语文课程／英语课程／润美语文／GREEN英语／和润讲坛　|　数学课程／本真图形／本真计算／本真统计／本真实践／六维能力　|　体育课程／心理与健康／悦润社团／田径运动会／体育节　|　音乐课程／美术课程／绿叶童心／绿叶童画／美润童心社团　|　科学课程／智科学／创客课程／科创节／科技动手做／小科学家课程　|　道德与法治／综合实践课程／雏鹰假日／研学旅行／科技馆课程／寒假体验营
育人目标	有梦想、勇担当；会学习、乐实践；爱生活、重创新

图4-1　合肥市安居苑小学"小绿叶课程"逻辑图

总之,"小绿叶课程"从教育哲学出发,围绕"做一片美的叶子"课程理念,落实"有梦想、勇担当;会学习、乐实践;爱生活、重创新"的育人目标,创造出丰富多彩的课程体系。

二、课程结构

学校把课程按照语言与交流、数学与逻辑、运动与健康、艺术与审美、自然与科学、自我与社会六大领域进行分类,创造出润言、润思、润体、润美、润智、润行课程(见图4-2)。

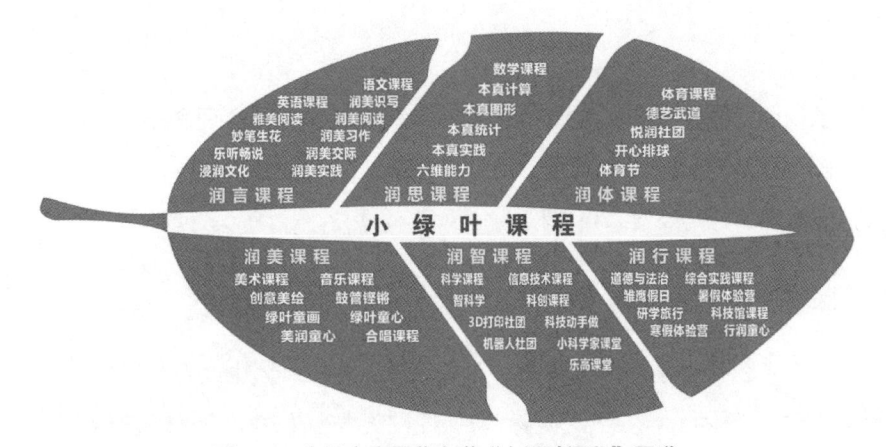

图4-2 合肥市安居苑小学"小绿叶课程"图谱

(一)润言课程

"润言课程"(语言与交流领域课程)是立足儿童语言发展,通过语言文字学习与运用,积淀人文内涵,涵养精神品质,促进儿童形成正确的世界观、人生观、价值观为基础的课程体系,通过引领学生积淀古今中外人文领域基本知识和成果,培养具有人文情怀和审美情趣的人。

(二)润思课程

"润思课程"(数学与逻辑领域课程)是促进儿童形成理性思维、批判质疑、独立思考、勇于探究等思维品质的课程体系,注重培养儿童的思维,使儿童能够有逻辑地思考,创造性地思考。

(三)润体课程

"润体课程"(运动与健康领域课程)是立足于引导学生学习体育与健康知识、技能和方法,以身体练习为主要手段,以发展学生体能和增进学生健康，提高参与意识，锻炼运动能力，体验体育运动的乐趣，培养学生终身体育意识和能力的课程体系。

（四）润美课程

"润美课程"（艺术与审美领域课程）是立足儿童艺术素养发展，通过艺术鉴赏、创作，发展儿童艺术感受与鉴赏能力、表现能力和创造能力，培养儿童爱好音乐的情趣，提高音乐文化素养，丰富情感体验，陶冶高尚情操。

（五）润智课程

"润智课程"（自然与科技课程）是培养儿童运用科学的思维方式认识事物、解决问题、指导行为，引导儿童认识自然与社会、揭示客观规律、培养儿童理性思维及批判质疑精神的课程体系。

（六）润行课程

"润行课程"（自我与社会课程）是在教师的指导下，基于儿童经验、密切联系儿童生活和社会实际，由儿童自主进行综合性学习的课程体系。"润行课程"立足于引导学生在实践中认知、明理和发展。

三、课程设置

根据小绿叶课程结构图，结合学校课程资源情况，对小绿叶课程的内容体系进行系统构建，分年级、学期落实具体课程。具体课程设置见表4-2。

表4-2　合肥市安居苑小学"小绿叶课程"设置表

年级	学期	润言课程	润思课程	润体课程	润美课程	润智课程	润行课程
一年级	第一学期	语文课程 润美识写 润美阅读 润美写话 润美交际 润美实践	数学课程 本真计算 本真图形 本真统计 本真实践 六维能力	体育课程 悦润社团 体育节	音乐课程 美术课程 绿叶童心 绿叶童画 合唱课程 美润童心社团	乐高课堂 科创课程 科技动手做 小科学家课堂	道德与法治 雏鹰假日 研学旅行 寒假体验营 暑假体验营
	第二学期	语文课程 润美识写 润美阅读 润美写话 润美交际 润美实践	数学课程 本真计算 本真图形 本真统计 本真实践 六维能力	体育课程 悦润社团 体育节	音乐课程 美术课程 绿叶童心 绿叶童画 合唱课程 美润童心社团	乐高课堂 科创课程 科技动手做 小科学家课堂	道德与法治 雏鹰假日 研学旅行 寒假体验营 暑假体验营

（续表）

学期\课程\年级		润言课程	润思课程	润体课程	润美课程	润智课程	润行课程
二年级	第一学期	语文课程 润美识写 润美阅读 润美写话 润美交际 润美实践	数学课程 本真计算 本真图形 本真统计 本真实践 六维能力	体育课程 武术课程 悦润社团 体育节	音乐课程 美术课程 绿叶童心 绿叶童画 合唱课程 黏土手工坊 美润童心社团	乐高课堂 科创课程 科技动手做 小科学家课堂	道德与法治 雏鹰假日 研学旅行 寒假体验营 暑假体验营 科技馆课程
	第二学期	语文课程 润美识写 润美阅读 润美写话 润美交际 润美实践	数学课程 本真计算 本真图形 本真统计 本真实践 六维能力	体育课程 武术课程 悦润社团 体育节	音乐课程 美术课程 绿叶童心 绿叶童画 合唱课程 黏土手工坊 美润童心社团	乐高课堂 科创课程 科技动手做 小科学家课堂	道德与法治 雏鹰假日 研学旅行 寒假体验营 暑假体验营 科技馆课程
三年级	第一学期	语文课程 英语课程 雅美阅读 妙笔生花 乐听畅说 浸润文化 润美识写 润美阅读 润美习作 润美交际 润美实践	数学课程 本真计算 本真图形 本真统计 本真实践 六维能力	体育课程 篮球课程 悦润社团 体育节	音乐课程 美术课程 绿叶童心 绿叶童画 合唱课程 百变衍纸 美润童心社团	科学课程 智科学 机器人社团 乐高课堂 科创课程 科技动手做 小科学家课堂	道德与法治 综合实践课程 雏鹰假日 研学旅行 寒假体验营 暑假体验营 科技馆课程 行润童心社团
	第二学期	语文课程 英语课程 雅美阅读 妙笔生花 乐听畅说 浸润文化 润美识写 润美阅读 润美习作 润美交际 润美实践	数学课程 本真计算 本真图形 本真统计 本真实践 六维能力	体育课程 篮球课程 悦润社团 体育节	音乐课程 美术课程 绿叶童心 绿叶童画 合唱课程 百变衍纸 美润童心社团	科学课程 智科学 机器人社团 乐高课堂 科创课程 科技动手做 小科学家课堂	道德与法治 综合实践课程 雏鹰假日 研学旅行 寒假体验营 暑假体验营 科技馆课程 行润童心社团
四年级	第一学期	语文课程 英语课程 雅美阅读 妙笔生花	数学课程 本真计算 本真图形 本真统计	体育课程 德艺武道 悦润社团 体育节	音乐课程 美术课程 绿叶童心 绿叶童画	科学课程 信息技术课程 智科学 机器人社团	道德与法治 综合实践课程 雏鹰假日 研学旅行

（续表）

学期/年级	课程 润言课程	润思课程	润体课程	润美课程	润智课程	润行课程
四年级 第一学期	乐听畅说 浸润文化 润美识写 润美阅读 润美习作 润美交际 润美实践	本真实践 六维能力		合唱课程 创意美绘 艺坛曲艺 快乐缠绕 美润童心社团	乐高课堂 科创课程 科技动手做 小科学家课堂	寒假体验营 暑假体验营 科技馆课程 行润童心社团
四年级 第二学期	语文课程 英语课程 雅美阅读 妙笔生花 乐听畅说 浸润文化 润美识写 润美阅读 润美习作 润美交际 润美实践	数学课程 本真计算 本真图形 本真统计 本真实践 六维能力	体育课程 德艺武道 悦润社团 体育节	音乐课程 美术课程 绿叶童心 绿叶童画 合唱课程 创意美绘 艺坛曲艺 快乐缠绕 美润童心社团	科学课程 信息技术课程 智科学 机器人社团 乐高课堂 科创课程 科技动手做 小科学家课堂	道德与法治 综合实践课程 雏鹰假日 研学旅行 综合实践课程 寒假体验营 暑假体验营 科技馆课程 行润童心社团
五年级 第一学期	语文课程 英语课程 雅美阅读 妙笔生花 乐听畅说 浸润文化 润美识写 润美阅读 润美习作 润美交际 润美实践	数学课程 本真计算 本真图形 本真统计 本真实践 六维能力	体育课程 德艺武道 悦润社团 开心排球 体育节	音乐课程 美术课程 绿叶童心 绿叶童画 合唱课程 创意美绘 艺坛曲艺 快乐缠绕 鼓管铿锵 美润童心社团	科学课程 信息技术课程 智科学 3D打印社团 机器人社团 乐高课堂 科创课程 科技动手做 小科学家课堂	道德与法治 综合实践课程 雏鹰假日 研学旅行 寒假体验营 暑假体验营 科技馆课程 行润童心社团
五年级 第二学期	语文课程 英语课程 雅美阅读 妙笔生花 乐听畅说 浸润文化 润美识写 润美阅读 润美习作 润美交际 润美实践	数学课程 本真计算 本真图形 本真统计 本真实践 六维能力	体育课程 德艺武道 悦润社团 开心排球 体育节	音乐课程 美术课程 绿叶童心 绿叶童画 合唱课程 创意美绘 艺坛曲艺 快乐缠绕 鼓管铿锵 美润童心社团	科学课程 信息技术课程 智科学 3D打印社团 机器人社团 乐高课堂 科创课程 科技动手做 小科学家课堂	道德与法治 综合实践课程 雏鹰假日 研学旅行 寒假体验营 暑假体验营 科技馆课程 行润童心社团

(续表)

学期\课程\年级	润言课程	润思课程	润体课程	润美课程	润智课程	润行课程
六年级 第一学期	语文课程 英语课程 雅美阅读 妙笔生花 乐听畅说 浸润文化 润美识写 润美阅读 润美习作 润美交际 润美实践	数学课程 本真计算 本真图形 本真统计 本真实践 六维能力	体育课程 德艺武道 悦润社团 开心排球 体育节	音乐课程 美术课程 绿叶童心 绿叶童画 合唱课程 创意美绘 鼓管铿锵 美润童心社团	科学课程 信息技术课程 智科学 3D打印社团 机器人社团 乐高课堂 科创课程 科技动手做 小科学家课堂	道德与法治 综合实践课程 雏鹰假日 研学旅行 寒假体验营 暑假体验营 科技馆课程 行润童心社团
六年级 第二学期	语文课程 英语课程 雅美阅读 妙笔生花 乐听畅说 浸润文化 润美识写 润美阅读 润美习作 润美交际 润美实践	数学课程 本真计算 本真图形 本真统计 本真实践 六维能力	体育课程 德艺武道 悦润社团 开心排球 体育节	音乐课程 美术课程 绿叶童心 绿叶童画 合唱课程 创意美绘 鼓管铿锵 美润童心社团	信息技术课程 科学课程 智科学 3D打印社团 机器人社团 乐高课堂 科创课程 科技动手做 小科学家课堂	道德与法治 综合实践课程 雏鹰假日 研学旅行 寒假体验营 暑假体验营 科技馆课程 行润童心社团

第四节

关注每一片润美的叶子

《关于深化教育教学改革全面提高义务教育质量的意见》指出:"突出德育实效。深化课程育人、文化育人、活动育人、实践育人、管理育人、协同育人[①]。"为有效落实课程目标,依据学校课程体系,我校坚持德育为首,五育并举,创设"润泽课堂""润泽课程""润泽社团""润泽节日""润泽文化""润泽研学"六大实施途径,多角度落实学校课程。

一、构建"润泽课堂",有效落实基础课程

"润泽课堂"是"小绿叶课程"实施的基础,其依托课堂教学,在有序、有情、有趣、有效的课堂实践中追求教学之美。"润泽课堂"是尊重学生的课堂,在尊重儿童个性的基础上,促进儿童在民主平等、自然和谐的课堂氛围中健康成长,为学生"向着美好自然生长"奠定基础。

(一)"润泽课堂"的实施

"润泽课堂"是立德树人、发展语言、发展思维、涵养品格的课堂。这需要教师树立基于教材、高于教材的教材观,落实尊重学生、促进学生全面发展的学生观,改变重讲解、轻探究的课堂观。具体而言:

1. 注重研读教材,落实集体备课。"润泽课堂"采取双层备课制度,即集体备课和二次备课。学期开始,备课组长带领学科教师进行教材解读,在

[①] 中共中央国务院关于深化教育教学改革全面提高义务教育质量的意见[N].人民日报,2019-07-09(001).

充分了解编排体系、编者意图的基础上，集合众长，进行集体备课，形成集体备课成果。具体教学过程中，教师根据教情与学情，进行微调，形成二次备课。

2. 精心预设问题，提高课堂时效。"润泽课堂"拥有高效的师生对话，通过精心预设问题和组织教学活动，唤醒学生学习积极性、主动性，在启发、讨论中熏陶感染、潜移默化，提高课堂实效。

3. 创设课堂情境，关注全体学生。"润泽课堂"通过创设符合儿童心智特点的课堂情境，充分尊重学生学习的主体地位，关注儿童个体差异，鼓励学生在平等的教学情境中选择适合自己的学习方式。

4. 实施多元评价，促进全面成长。"润泽课堂"充分发挥课程评价的导向、激励、聚合、评价等功能，实施多元的评价方式，注重评价主体的多元与互动，突出评价的整体和综合，抓住关键，突出重点，采用恰当方式，提高评价效率，激励学生学习，促进儿童全面成长。

（二）"润泽课堂"的评价

"润泽课堂"以促进学生的综合素养发展为目标，立足于追求课堂教学的有序、有情、有趣、有效，尊重学生，突出学生的个性，全面落实课程目标。为此，学校从"教学目标、教学内容、教学过程、教学效果"四个方面制定详细的评价量表，以评价促成教学目标的实现与达成（见表4-3）。

表4-3 合肥市安居苑小学"润泽课堂"评价表

维 度	具 体 要 求	优秀	良好	合格	待合格
教学目标	1.目标设立明确而具体，凸显学科特点，符合学生不同年段身心发展特点。 2.目标体现课程标准，符合"有梦想、勇担当；会学习、乐实践；爱生活、重创新"等维度要求。 3.目标的制定要做到统一与差异相结合，既有统一的要求，体现学科特点，又适应个别差异，能够激发学生学习兴趣。				
教学内容	1.从学生实际和教学要求出发，教材定位准确，内容设置合理，教法学法选择恰当。 2.教学内容安排合理，重点、难点定位准确。 3.以学生为主体，关注学生现有基础，利于学生可持续发展。				

（续表）

维　度		具　体　要　求	优秀	良好	合格	待合格
教学过程	学生	1. 课前准备充分，精神饱满，有主动学习的愿望。 2. 善于倾听，积极举手发言，参与课堂讨论，大胆提出自己的观点，乐于表达。 3. 善于与人合作，并虚心听取别人的意见。 4. 勇于挑战难题，积极创新探索，在学习中获得积极的情感体验。				
	教师	1. 要树立学以致用的课堂观，创设情景，尊重儿童学习主体地位，引导儿童自主、合作学习。 2. 教学方法灵活多样，帮助儿童养成良好的学习习惯。 3. 教学辅助手段使用恰当。				
课堂表现与特色		1. 教学基本功扎实、情绪饱满。 2. 熟练地驾驭教材和课堂，注重课堂生成。 3. 教师在教学语言、教学方法等方面体现个人特色，努力形成自己的教学风格。				
教学效果		1. 学生在知识、思维、审美、品格等方面获得不同程度的收获，教学目标达成度高。 2. 教师、儿童、教材等多向度融合度高，呈现和谐的师生关系，师生、生生间交流高效。 3. 儿童的思维得到发展，思维品质得到锻炼和优化。				
总　评						
备　注						

"润泽课堂"的评价以落实"有梦想、勇担当；会学习、乐实践；爱生活、重创新"的课程目标为出发点和立足点，做到统一与差异相结合，既有统一的要求，体现学科特点，又适应个别差异，尊重儿童主体地位，激发儿童学习兴趣。

二、建设"润泽课程"，丰富学科课程体系

"润泽课程"依托国家课程，根据学情、师情、校情，坚持课程育人，通过学科课程体系的梳理和优化建构起的课程群，具体包括"润美语文""本真数学""GREEN英语""智科学""润心讲坛""创客空间"等课程群。

（一）"润泽课程"建设路径

1. 润美语文：让学习温润美好而行。

"润美语文"是以美为韵、关注语用、润泽心灵、向美而生的语文。"润美语文"兼顾语文课程的工具性与人文性，不仅要求儿童掌握基本的学科知识，还要让儿童在丰富的语言文字运用和学科实践中吸收古今中外优秀文化，提高思想文化修养，涵养品格，丰盈灵魂，促进自身精神成长。"润美语文"引导学生自由生长，激励学生自信生长，滋润学生自然生长，实现师生自觉生长。

"润美语文"依据语文课程标准理念、课程设置，创造出"润美识写""润美阅读""润美习作""润美交际""润美实践"五大板块，通过"润美课堂""润美课程""润美语文节""润美阅读""润泽研学""润美社团""润美实践"七大途径来实施，在务实求"润"中引导学生领悟语文学科之"美"，践行"让学习温润美好而行"的课程理念（见表4-4）。

表4-4　合肥市安居苑小学"润美语文"课程设置表

年段	课程内容	润美识写	润美阅读	润美习作	润美交际	润美实践	
一年级	上	拼音书写大赛	弟子规	读书快乐	故事绘本	自我画像	认识自我	书写天地	移动课堂
	下	硬笔书法	弟子规	童谣与儿歌	故事绘本	认识同学	绕口令大赛	童声童谣	雏鹰假日
二年级	上	"楹"联新年	三字经	童话故事	故事绘本	我的玩具	图说故事	书写天地	动物世界
	下	硬笔书法	三字经	儿童故事	故事绘本	我的梦想	放飞梦想	童声童谣	雏鹰假日
三年级	上	规范书写	论语	童话王国	读书手抄报	小荷才露尖尖角	好书分享	书写天地	森林课堂
	下	编猜字谜	论语	寓言故事	读书手抄报	小荷才露尖尖角	传颂英雄	新芽文学	雏鹰假日
四年级	上	"楹"联新年	道德经	神话故事	读书手抄报	新芽文学	寓言故事	书写天地	森林课堂
	下	硬笔书法	道德经	走近科学	朗读大赛	新芽文学	三国故事	新芽文学	雏鹰假日

（续表）

内容＼课程＼年段		润美识写	润美阅读		润美习作		润美交际	润美实践	
五年级	上	小书法家	孟子	民间故事	读整本书	新芽文学	我爱家乡	书写天地	工业研学
	下	听写大赛	孟子	古典名著	好书分享	新芽文学	趣说童年	走进名著	雏鹰假日
六年级	上	书法比赛	庄子	成长故事	传承精神	新芽文学	歌颂祖国	书写天地	工业研学
	下	书法比赛	庄子	世界名著	畅想未来	新芽文学	再见童年	走进名著	师恩难忘

2. 本真数学：让每一片叶子追根溯源。

"本真数学"以培养学生数学思维为目标，教学中关注数学教学的育人价值，从知识本源上启发思考，归还数学教学原生态的一种教学行为。本真数学在充分调研学情的基础上，引导学生借助已有的知识和经验，抓住数学的本质进行探究，教师关注知识的发生过程和学生的认知过程，引导学生学会思考、有逻辑地思考、创造性地思考，把数学学科核心素养的培育落实在追寻本真的数学教学之中。

"本真数学"课程群扎实落实基础课程，聚焦学科目标和学科素养，开发丰富的拓展课程体系，根据学生的年龄特点和教育教学实际设立了"本真计算""本真图形""本真统计""本真实践"四大类。四大类课程和数学学科的四大领域紧密结合，联系学生生活实际，丰富了知识内涵。通过"本真课堂""本真溯源周""动手寻本节""本真嘉年华"等多种形式实施（见表4-5）。

表4-5 合肥市安居苑小学"本真数学"课程设置表

内容＼课程＼年段		本真计算		本真图形		本真统计		本真实践	
		课程名称	课程内容	课程名称	课程内容	课程名称	课程内容	课程名称	课程内容
一年级	上学期	计算达人	脱口秀	巧拼图形	创想搭	统计初探	魔法变	小鬼当家	走进果园
	下学期		计算之理		玩转七巧板		超市之旅		全家乐

（续表）

课程内容\年段		本真计算		本真图形		本真统计		本真实践	
		课程名称	课程内容	课程名称	课程内容	课程名称	课程内容	课程名称	课程内容
二年级	上学期	趣味计算	手指数学	快乐拼图	巧拼七巧板	调查高手	图书小管家	动手试试	测量物体长度
	下学期		巧算"24"点		巧拼三角板		小小调查员		绘制示意图
三年级	上学期	算你最强	横式之谜	数你最美	小小设计师	机智过人	玩转分数条	花园数学	花园与周长
	下学期		竖式之谜		间隔之趣		争分夺秒		花园与面积
四年级	上学期	笔算心算	排除万难	错落有致	精准画线	数不胜数	盲人摸象	躬行实践	强身健体
	下学期		神机妙算		巧数图形		探奥索隐		数字传情
五年级	上学期	神算子	变与不变	图形之美	平面美	花样统计	琴棋书画	精打细算	我家的面积
	下学期		一笔勾销		曲线美		种子的生长		我做主
六年级	上学期	神机妙算	混合运算	图形变换	正方体展开图	统计达人	互联网普及	设计能手	小小银行家
	下学期		简便运算		放大与缩小		制图能手		制订旅游计划

3. GREEN英语：让每一片叶子焕发生命活力。

"GREEN英语"是充满活力与生机的课程群体系，努力实现教与学的高度和谐。G—Gain（获得），强调让学生学有所获；R—Respect（尊重），强调师生平等的地位及和谐的师生关系；E—Efficiency（效率），强调课程目标达成度高；E—Energy（活力），强调英语学习充满生机与活力，预设与生成和谐统一；N—Nourishment（润泽），强调学生学科素养与能力的提升。基于此，我们提出了以"让每一片叶子焕发生命活力"为核心的学科课程理念，我们期望用和谐高效、富有活力的英语课堂，培养有理想信念、有人文素养的英语学习者。

"GREEN英语"课程的实施途径有以下几个方面：

（1）建构"GREEN课堂"，推动课程实施。"GREEN课堂"是学校英语学科的特色课程，追求和谐高效和富有活力的课堂教学。英语学科紧扣"让英语学习轻松高效、富有活力"的课程理念，充分发挥英语组团队的力量，深入探索，不断实践，重点打磨"GREEN课堂"的四种课型，即雅美（graceful）阅读课、妙（remarkable）笔生花课、乐（enjoyable）听畅（encouraging）说课、浸润（natural）文化课。

（2）举办"GREEN英语月"，浓郁课程氛围。"GREEN英语月"主要是以培养儿童英语素养、提升英语运用而按年级、班级开展的系列课程，旨在培养儿童"自主"的学习方式，是实现儿童学习主体地位的重要形式。在充满乐趣的学习氛围中，学生自主实践、自我评价、自我管理、自我发展。

（3）实施"GREEN英语实践之旅"，激发学习兴趣。"GREEN英语实践之旅"就是利用一切可以利用的条件为学生营造浓厚的英语学习氛围，让孩子们在多元的环境中通过各种渠道感受英语的应用，让他们意识到英语应用的广泛性。我们的"GREEN英语实践之旅"系列活动贴近生活，有利于学生体会英语风采。英语学习存在于生活中的点点滴滴，生活中处处有英语，英语实践之旅就是在生活中寻找提高自己英语水平的途径。英语之旅就是在实践上把英语学习融入日常生活。

我们遵循英语学科的特点和学生认知发展的规律，稳步推进并逐步完善"GREEN英语"课程设置，让学习水到渠成，润泽心灵，充满生机、活力。"GREEN英语"在开齐开足国家、地方课程之外，根据学校实际和学生学习需求，同时开设拓展型和探究型课程（见表4-6）。

表4-6　合肥市安居苑小学"GREEN英语"课程设置表

内容\课程\年段	雅美阅读	妙笔生花	乐　听　畅　说					浸润文化	
三年级上学期	绘本初体验	玩转字母（创意字母画、缤纷字母制作）	自然拼读（初识辅音）	能歌善舞（趣味字母操、字母律动）	英语电影时间（英语原声电影赏析）	英语流利说（小小朗读者）	学问中西（辨别、比较汉语拼音和英文字母）	"Green实践之旅"
^	^	小小书法家（字母规范书写）	^	^	^	^	^	^

(续表)

内容\年段	课程	雅美阅读	妙笔生花	乐听畅说			浸润文化	
三年级	下学期	初识绘本	书写小达人（作业达人）	自然拼读（认识元音）	童声音韵（儿歌吟唱）		学问中西（探访生活中的英语）	
			书写小能手（设计能手）		我是小演员（你说我做、我行我秀）			
			跳动词卡（玩转课堂）					
四年级	上学期	绘本花园	绘词绘意（亲子制作）	自然拼读（认识字母组合发音，单词拼读）	童声音韵（儿歌串烧）	英语电影时间（英语原声电影赏析）	学问中西（体验中西方不同的餐桌礼仪）	
			单词总动员（单词书写、单词联想）		我是小演员（对话模仿、模仿剧场）			
			我爱记单词（单词听写）					
	下学期	趣读绘本	超级大词霸（单词小结）		英语趣配音（每日一句）		英语流利说（小小朗读者）	学问中西
			魔句变型（玩转句型）					
五年级	上学期	主题阅读	缤纷脑图（思维导图制作）		童声音韵（我是小歌手）		学问中西（星耀节日：传承中华传统节日，了解国外节日风俗，培养国际视野）	
			日积月累（我的口袋书）		英语趣配音（教材配音）			
			他山之石（阅读摘录）		我是小演员（对话原创、原创剧场）			
	下学期	经典阅读	绘词绘意（绘本小创作）	自然拼读（原音重现、英声美韵）	英语趣配音（英语配音）		学问中西（中外文化表达差异）	"Green实践之旅"
					翻转课堂（我是小老师）			

（续表）

年段 \ 内容 \ 课程		雅美阅读	妙笔生花	乐听畅说			浸润文化	
六年级	上学期	精品阅读	绘词绘意（手抄报设计、英文海报创作）	英语趣配音（高手秀场）	英语电影时间（英语原声电影赏析）	英语流利说（小小朗读者）	学问中西（小眼睛大世界：分享行程计划）	
	下学期	系列阅读	烧脑时间（百词斩王、语法空间）	我是小演员（大咖秀场、星光剧场）				
			见字如面（书信创作、日记写作、幼芽影评）	同声传译（原音重现，合作表达）			学问中西（感恩的心，逝水年华）	
				超级演说家（英语演讲、英语脱口秀、英语访谈）				

4. 智科学：让思维之花绽放。

"智科学"指基于科学学科理念，在教学过程中基于教材与生活的联系，开发的科学拓展课程群，包括基础学科课程和拓展学科课程两部分。基础课程包括国家课程和地方课程。拓展课程群分为"智趣""智玩""智造""智享"四部分（见表4-7）。具体而言：

（1）智趣，即在科学学习与体验中激发儿童的兴趣。科学课程的普及、教学硬件的提升，让学生拥有良好的学习科学的环境。科学课程要针对各学段学生的特点设计相应的课程内容和活动，充分满足每一个学生的学习需求，通过精心设计的课程让学生体验到学习科学的乐趣，提高学生的科学素养。

（2）智玩，即在科学体验与实践中享受科学的趣味。科学教学与体验要能够把握儿童具有强烈好奇心的心理特点，围绕生活中的科学现象开展探究活动，通过研究、实验、观测等探究式体验活动，使学生体会到科学的趣味性，激发学生探究科学的欲望，感受到科学的魅力。

（3）智创，即在科学实践与探索中发展科学的思维。小学阶段正是具体思维向抽象逻辑思维过渡的时期，抽象逻辑思维的逐步建立，可以促进小学生智力和思维能力的质变。天文学习活动和生物的观察活动大多数都需要学生亲身体验，无论是观测还是动手制作，都能引导学生细心观察和深入思考，进而培养小学生的科学思维，让小学生在参与、互动的过程中，体验大自然的美、宇宙的奇，感悟人与自然和谐共生的关系。

（4）智造，即在科学学习与实践中培养创新的意识。科学课程是开启孩子探索未知领域的钥匙，培养学生的创新精神是素质教育的核心。多观察、多动脑、多动手、多提问是科学课程学习的主要手段，鼓励儿童在探究和学习中发现科学问题，观察科学现象，解释科学原理，寻找科学答案，解决科学问题，培养科学思维，树立创新意识。

（5）智享，即在科学实践与探索中享受成果的快乐。科技节、创客节是学校科学拓展课程，通过学生创作作品、展示作品、解释作品，培养儿童科学素养，更注重与人合作、交流沟通的能力的提升（见表4-7）。

表4-7 合肥市安居苑小学"智科学"课程设置表

内容\课程\年段		基础课程	拓展课程				
			智趣	智造	智玩	智创	智享
一年级	上学期	植物、比较与测量	五弦琴	古老的照相机	磁悬浮	自制电动机	创客节百变吸管
	下学期	我们周围的物体、动物	种子的秘密	巫婆奶奶的钟	旋转瓶	自制齿轮车	科技节科技动手做
二年级	上学期	我们的地球家园、材料	变色盘	静电验电器	磁力秤	自制香水	创客节炫酷纸板
	下学期	磁铁、我们自己	时钟嘀嗒	地球温度计	拔河	自制皮带轮车	科技节科技动手做
三年级	上学期	植物、动物、我们周围的材料、水和空气	失踪的淀粉	VC魔法水	潜望镜	自制万花筒	创客节创客微剧场
	下学期	植物的生长变化、动物的生命周期、温度与水的变化、磁铁	望远镜	牛顿盘	声音的产生	声音的传播	科技节科技动手做

（续表）

年段\内容	课程	基 础 课 程	拓 展 课 程				
			智趣	智造	智玩	智创	智享
四年级	上学期	溶解、声音、天气、我们的身体	小路灯	纸玩笑	小门铃	自制弹力车	创客节未来城市
	下学期	电、新的生命、食物、岩石和矿物	红绿灯	不倒翁	发报机	自制火山爆发	科技节科技动手做
五年级	上学期	生物与环境、光地球表面及其变化、运动与力	旋转魔法	动画片	立体镜	看不见的魔力	创客节未来城市
	下学期	沉与浮、热、时间的测量、地球的运动	电磁起重机	电风扇	风力车	风速风向	科技节科技动手做
六年级	上学期	工具和机械、形状与结构、能量、生物的多样性	直升飞机	降落伞	反冲动力车	自制秤	创客节创客微剧场
	下学期	微小世界、物质的变化、宇宙、环境和我们	辘轳	饮水机	潜水艇	别碰我	科技节科技动手做

5.和润讲坛：实现家校和谐共育。

"和润讲坛"是学校为加强教师交流、分享教育教学经验及沟通协调学校、家庭、社会关系而开设的拓展性课程，包括"润心讲坛""和润家长讲堂"两部分。

（1）润心讲坛。"润心讲坛"是学校为加强教师交流、分享教育教学经验而开设的以教师为主体的讲坛。此活动由来自教学一线的老师现身说法，结合自己多年的教学经验，对自身的教学艺术、教学方法进行总结、梳理和反思，在发挥骨干教师引领、辐射作用的同时，也给其他教师搭建了学习交流平台，引领教师专业成长，打造高素质的教师队伍。具体实施如下：

确定人员。学校根据学科特点与需求，从各学科中选择一位经验丰富的老师作为开讲人，要求围绕指定的主题撰写发言稿，制作PPT等辅助材料。

安排时间。具体时间定在每周一下午，将全体教师集中在一起聆听，让每一位老师都能从中获益。

丰富内容。根据学科特点，要求来自不同学科的老师从不同方面进行阐述，或讲述自己从事教育教学工作的甘苦，或结合鲜活的教育案例介绍班级管理方法，或分享自己教育教学的收获与经验。

（2）和润家长讲堂。"和润家长讲堂"是家校共育的一种形式，是面向全体儿童构建的一种课程模式，是将丰富的社会资源引进学校，进入课堂，对学校课程形成有益的拓展和补充。学校邀请家长结合自己的专长和工作特点，以班级为单位走进课堂，进行授课，用自己的专业特长引领孩子们认识世界、探索世界。具体实施如下：

发出"菜单"。班主任根据班级管理或教学实际需要，列出学期教学需求"菜单"，面向全体家长发出需求。

积极报名。家长根据自己的专业特长，根据班级需求进行报名，同时提交教学计划或教学设计。

严格审核。班主任对教学设计进行合规性审核，屏除不符合教学要求的内容，同时向学校教导处报备。

进班授课。家长在规定的时间内进班授课。

6. 创客课程：提升科学实践水平。

"创客课程"是学校为提升儿童科技实践水平，培养儿童独立思考、发现问题、创造工具、独立应用、解决问题的能力而开设的实践课程，强调促进儿童在实践中共享智慧、优化迭代、形成成果。具体而言：

（1）科技馆课程。"科技馆课程"是基于科学教师对教材的延伸和挖掘，融合校外科技资源，采用校内、校外相结合的模式，充分利用校园小小科技馆、校外博物馆、展览馆、高校基地以及丰富的自然资源等社会大课堂，提供适合学生的课程，让学习与生活深度关联，让学生在真实的情境中，围绕生活中的实际问题，与老师一起共同学习研究。

我校将校内科技馆课程、校外博物馆、科技馆相结合，每月开设一次校内科技馆课程，让孩子在科学小实验中学习科学知识，激发学生爱科学、爱探索的学习欲望。我校每学期还开设1—2次校外科技馆课程，老师带领孩子走出校门，去合肥科技馆、安徽博物馆等地参观学习，将科学知识与社会实践相结合，感受科技的魅力。

（2）创客课程。"创客课程"强调儿童在实践中独立思考，独立应用、创造工具，在实践中共享智慧、优化迭代、形成成果，旨在培养创新思维，提升动手能力。

兴趣课堂。我校在一、四年级开设乐高课，孩子们会搭建出智能机器人，并编写程序让它们执行动作。三年级开设乐动魔盒课程，通过教具让学生掌握有关机械智能传感器的原理和编程技能。五年级开设3D打印课，让学生把自己的创意，通过3D建模并打印成实际产品。六年级开设的科学直播课是由中国科技馆主办，以科技馆为核心的科普课程，通过让学生观看网络直播，学习科学知识。

社团课程。"社团课程"是基于提升儿童科学素养而开设的拓展性实践课程，形式多样，具体包括科技实践活动、科技动手做、微电影、科技节活动、创客节等。

教研组提出举办每年一次的"科技节""创客节"系列活动。每年五月是校园科技节，一年一度的"科技动手做"活动，旨在让孩子们动手做，也在做中学，有用火柴搭高塔，有用筷子建座桥，有用硬软件组装机器人竞赛，有参观科技场馆等等。每年十二月举办创客节展示活动，包括微型剧场和未来之城两个项目。"微型剧场"是一个将科技与艺术结合的STEAM与创客项目。要求学生通过团队合作，制作一个（或数个）会动的机械人（机械动物、机器人、未知物），机械人扮演成一个角色，在自制的舞台表演一段有情节的场景剧。未来之城项目要求学生设计一个未来100年后的城市模型，并在城市设计中解决当下出现的问题，如人口老龄化、交通不便、垃圾困境等与现代城市和社会息息相关的问题。全校学生将创客作品带到学校公开展示，交流分享，不仅培养了学生的科学素养、更注重了与人合作、交流沟通的能力。

（二）"润泽课程"的评价

为了落实和保障各学科课程群的实施效果和内在生命力，学校从"学科课程理念、学科课程目标、学科课程设置、学科课程实施、学科课程评价、学科课程管理"六个维度，细化出16项评价指标，对各学科开发设计、推进实施中的课程进行把脉和诊断，科学检测各学科课程实施的质量与效果（见表4-8）。

表4-8 合肥市安居苑小学"润泽课程"评价表

评价维度	具 体 要 求	等级标准			
		优秀	良好	合格	待合格
学科课程理念	1. 立意新颖，体现价值追求，彰显学科性质和特色。				
	2. 内涵阐述清晰具体，与学校办学理念深度契合。				
学科课程目标	3. 目标定位清晰、准确，语言表述简洁、具体，体现各学科核心素养的落实。				
	4. 基于课程基础目标，结合实际校情，设定各学科特色目标。				
	5. 能够支持学校培养目标的落实与达成。				
学科课程设置	6. 课程结构科学合理，层次分明。				
	7. 课程群设计丰富立体，能够面向全体学生。				
	8. 各个课程群之间既能体现各学科知识的基础性和层次性，相互之间又具有一定的逻辑关系。				
	9. 能够促进学生学科关键能力和必备品格的发展与提升。				
学科课程实施	10. 实施途径多样，能够立足学科特点与内容，组织不同形式的学习、实践、体验活动，开展本课程的学习。				
	11. 实施效果明显，过程性资料丰富、详实。目标达成度高，儿童满意率高。				
	12. 学生和教师能够从课程实施的过程中学有所获，教有所得。				
学科课程评价	13. 评价形式多元，过程性评价与终结性评价相统一结合。				
	14. 评价指标全面科学，细致具体，有一定的层次性和科学性。				
学科课程管理	15. 有专门的保障制度和措施及相对应的预案。				
	16. 团队建设制度完善，组内分工明确，各司其职。				

总之，"润泽课程"评价基于"向着美好自然成长"的课程理念，紧扣"小绿叶课程"目标，凸显活动特性，提倡自主发展，从"理念""设计""实施""评价""管理"等几个维度进行评价，促进儿童全面发展。

三、建设"润泽社团"，发展学生兴趣爱好

（一）"润泽社团"的实施

基于"向着美好自然生长"的课程理念，以活动育人为基点，我校构建起"润泽社团"，以顺应儿童的兴趣和需要，发展儿童兴趣爱好。丰富多彩的社团课程由学生自主选择，让儿童在活动过程中，完成兴趣延续、能力发展、品质养成。科技信息启发智慧，艺术文学陶冶情操，阳光体育磨炼意志，特色育人展现芳华。特色校本课程展现学校特色发展，社团活动丰富校园文化建设，竞赛队搭建学生展示自我的平台。关注学生的多元发展，力求呈现多样化、系列化的课程体系。丰富多彩的社团活动在安小这片沃土上绽开了绚烂的花朵。

（二）"润泽社团"的实施

"润泽社团"是在知识普及的特色课程上延伸至技能提升的社团课程，丰富多彩的活动让学生们可以参与其中，除学校特色课程、社团活动外，竞赛队更是学校工作的重要组成部分之一。"润泽社团"实施"三层管理"制度，即课堂课程、社团活动、校竞赛队。具体而言：

1. 课堂课程。学校根据学生需要，结合学校特色把专项的音乐、体育、美术、科技等项目纳入学校课表，由学校专职教师授课。学校教导处安排课表，将开设的课程纳入学校课程表，保证了每周至少一节特色课程。

2. 社团活动。本着尊重艺术、尊重学生、兴趣为先、立德树人的理念，充分利用校内外各种资源组建社团，由学校专业指导老师和校外辅导员为负责人，近年来学校先后组建成立六大类20多个社团。根据学生身心发展规律和社团需求，每周开展至少2节次及以上的社团活动。

3. 校竞赛队。在学校社团基础上优中选优，先后成立了各种竞赛队代表学校参加国家、省、市、区各类比赛。赛前对社团社员进行择优选拔，组建竞赛队。由专职教师和外聘教练对竞赛队队员进行合理科学的训练，以最高的水准参加各级各类比赛。具体设置见表4-9。

表4-9　合肥市安居苑小学"润泽社团"课程设置表

社团年段	课程	智润童心	悦润童心	美润童心	思润童心	行润童心
一年级	第一学期	乐高机器人社团	羽毛球社团 跆拳道社团 乒乓球社团	小云雀合唱团 小美鹿舞蹈团 小雄鹰管乐团 小梅花戏曲社团 小海豚表演唱社团 绿叶童画社团 快乐缠绕社团 黏土手工坊社团 百变衍纸社团	国际象棋社团 六维能力社团	一米阳光社团 少儿礼仪社团
一年级	第二学期	乐高机器人社团	羽毛球社团 跆拳道社团 乒乓球社团	小云雀合唱团 小美鹿舞蹈团 小雄鹰管乐团 小梅花戏曲社团 小海豚表演唱社团 绿叶童画社团 快乐缠绕社团 黏土手工坊社团 百变衍纸社团	国际象棋社团 六维能力社团	一米阳光社团 少儿礼仪社团
二年级	第一学期	乐高机器人社团	武术社团 网球社团 羽毛球社团 跆拳道社团 乒乓球社团	小云雀合唱团 小美鹿舞蹈团 小雄鹰管乐团 小梅花戏曲社团 小海豚表演社团 绿叶童画社团 快乐缠绕社团 黏土手工坊社团 百变衍纸社团	国际象棋社团 六维能力社团	一米阳光社团 少儿礼仪社团
二年级	第二学期	乐高机器人社团	武术社团 网球社团 羽毛球社团 跆拳道社团 乒乓球社团	小云雀合唱团 小美鹿舞蹈团 小雄鹰管乐团 小梅花戏曲社团 小海豚表演社团 绿叶童画社团 快乐缠绕社团 黏土手工坊社团 百变衍纸社团	国际象棋社团 六维能力社团	一米阳光社团 少儿礼仪社团

（续表）

社团\课程\年段		智润童心	悦润童心	美润童心	思润童心	行润童心
三年级	第一学期	FLL机器人社团 VEX机器人社团 WER机器人社团 科技实践社团 科技小论文社团 科学小发明社团 百趣科学社团 科技动手做社团	篮球社团 武术社团 网球社团 羽毛球社团 乒乓球社团	小云雀合唱团 小美鹿舞蹈团 小雄鹰管乐团 小梅花戏曲社团 小海豚表演社团 绿叶童画社团 快乐缠绕社团 黏土手工坊社团 百变衍纸社团	国际象棋社团 六维能力社团	一米阳光社团
	第二学期	FLL机器人社团 VEX机器人社团 WER机器人社团 科技实践社团 科技小论文社团 科学小发明社团 百趣科学社团 科技动手做社团	篮球社团 武术社团 网球社团 羽毛球社团 乒乓球社团	小云雀合唱团 小美鹿舞蹈团 小雄鹰管乐团 小梅花戏曲社团 小海豚表演唱社团 绿叶童画社团 快乐缠绕社团 黏土手工坊社团 百变衍纸社团	国际象棋社团 六维能力社团	一米阳光社团
四年级	第一学期	FLL机器人社团 VEX机器人社团 WER机器人社团 科技实践社团 科技小论文社团 科学小发明社团 百趣科学社团	篮球社团 武术社团 网球社团 羽毛球社团 乒乓球社团	小云雀合唱团 小美鹿舞蹈团 小雄鹰管乐团 小梅花戏曲社团 小海豚表演唱社团 绿叶童画社团 快乐缠绕社团 黏土手工坊社团 百变衍纸社团	国际象棋社团 六维能力社团	一米阳光社团 新芽文学社 国学社团
	第二学期	FLL机器人社团 VEX机器人社团 WER机器人社团 科技实践社团 科技小论文社团 科学小发明社团 百趣科学社团 科技动手做社团	篮球社团 武术社团 网球社团 羽毛球社团 乒乓球社团	小云雀合唱团 小美鹿舞蹈团 小雄鹰管乐团 小梅花戏曲社团 小海豚表演唱社团 绿叶童画社团 快乐缠绕社团 黏土手工坊社团 百变衍纸社团	国际象棋社团 六维能力社团	一米阳光社团 新芽文学社 国学社团

（续表）

社团年段	课程	智润童心	悦润童心	美润童心	思润童心	行润童心
五年级	第一学期	FLL机器人社团 VEX机器人社团 WER机器人社团 科技实践社团 科技小论文社团 科学小发明社团 百趣科学社团 科技动手做社团	篮球社团 武术社团 网球社团 羽毛球社团 乒乓球社团 排球社团	小云雀合唱团 小美鹿舞蹈团 小雄鹰管乐团 小梅花戏曲社团 小海豚表演唱社团 绿叶童画社团 快乐缠绕社团 黏土手工坊社团 百变衍纸社团	国际象棋社团 六维能力社团	一米阳光社团 新芽文学社 国学社团
五年级	第二学期	FLL机器人社团 VEX机器人社团 WER机器人社团 科技实践社团 科技小论文社团 科学小发明社团 百趣科学社团 科技动手做社团	篮球社团 武术社团 网球社团 羽毛球社团 乒乓球社团 排球社团	小云雀合唱团 小美鹿舞蹈团 小雄鹰管乐团 小梅花戏曲社团 小海豚表演唱社团 绿叶童画社团 快乐缠绕社团 黏土手工坊社团 百变衍纸社团	国际象棋社团 六维能力社团	一米阳光社团 新芽文学社 国学社团
六年级	第一学期	FLL机器人社团 VEX机器人社团 WER机器人社团 科技实践社团 科技小论文社团 科学小发明社团 百趣科学社团 科技动手做社团	篮球社团 排球社团	小云雀合唱团 小美鹿舞蹈团 小雄鹰管乐团 小梅花戏曲社团 小海豚表演唱社团 绿叶童画社团 快乐缠绕社团 黏土手工坊社团 百变衍纸社团	国际象棋社团 六维能力社团	一米阳光社团 国学社团
六年级	第二学期	FLL机器人社团 VEX机器人社团 WER机器人社团 科技实践社团 科技小论文社团 科学小发明社团 百趣科学社团 科技动手做社团	篮球社团 排球社团	小云雀合唱团 小美鹿舞蹈团 小雄鹰管乐团 小梅花戏曲社团 小海豚表演唱社团 绿叶童画社团 快乐缠绕社团 黏土手工坊社团 百变衍纸社团	国际象棋社团 六维能力社团	一米阳光社团 国学社团

（三）"润泽社团"的评价

为了保障社团活动的顺利开展，建立社团动态循环发展机制，学校从

"管理保障""课程开发""活动开展""活动成果"四个维度制定了系统性的评价指标，（见表4-10）对各个社团进行监控评价。

表4-10 合肥市安居苑小学"润泽社团"评价表

评价维度	具 体 要 求	评价形式	等级标准（A、B、C）
管理保障	1. 社团有明确的规章制度、课程纲要、保障制度及各类预案。	实地查看过程性资料	
	2. 指导教师职责分工明确，服从学校德育处的管理及领导。		
	3. 社团每周活动时间固定，每次活动1.5课时。		
课程开发	4. 社团主题鲜明，健康积极，特色鲜明，学生感兴趣。	查看方案	
	5. 活动内容能促进学生个性发展，展现学生特长。		
活动开展	6. 活动有创意并能体现社团特色，积极向上，符合小学生身心发展规律。	查看过程性资料，如活动记录、照片资料等	
	7. 活动有计划、有方案、有成员花名册，过程性资料丰富详实。		
活动成果	8. 社团成员成长测评良好，参加社团活动积极性高。	查看资料，如学生成长记录等	
	9. 以社团名义参加校内外大型活动，活动效果好。		
	10. 以社团名义参加各级各类成果展示评比活动，并取得良好成绩。		

总之，"润美社团"的评价基于学校社团课程的实践特性，以过程性评价为主，着眼目标落实，重视组织实施，关注要素渗透，强调自主参与。

四、举办"润泽节日"，浓郁学校课程氛围

"润泽节日"是学校为落实协同育人，激发学生学习积极性，结合学校校本课程开发的活动，是对学校课程的拓展，让学生在活动中丰富经历，增长见识。"润泽节日"包括润美读书节、体育节、绿叶童心音乐节、绿叶童画美术节、创客节等。

（一）"润泽节日"的实施

1. 读书节。"读书节"是学校为激发阅读兴趣、促进深度阅读，营造读书、爱书、用书的氛围而开设的专题活动，是校园文化创建组成部分，内容丰富多彩、精彩纷呈，有"书香易站""最美朗读者""读书征文活动"等。具体实施如下：

（1）书香"易"站。即图书捐赠仪式，是一届又一届安小学子信念与智慧的传递。学生捐赠书籍以及相互交换书籍，换书过程中遵循"一本换一本"原则、服从图书管理人员的安排等。坚持自愿、共享的原则，让学生们手中的闲置图书流动起来，使其物尽其用、资源共享。

（2）最美朗读者。"最美朗读者"是立足于丰富儿童读书形式而开展的音视频征集评选展示活动。朗读形式可以是个人朗读、亲子朗读，激发学生和家长读书朗诵的热情，争做文明使者，传播文明声音，努力营造文明和谐的社会新风尚。音频录制以年级为单位在朗读亭进行，每班限报三个音视频，并分年级填写作品统计表。最终由评委评选处最佳作品。"最美朗读者"获奖音视频将通过学校大屏（视频）、广播站（音频）在校园内展播，通过安居苑小学网络公众号、电子栏等平台面向全校师生、社会播放。

（3）读书创作。读书创作活动分学段进行征集、评选、展示，创作形式主要包括绘本、手抄报、读书征文等。一、二年级征集故事绘本作品，内容以成语故事、神话故事、传说等为主，通过绘本展示成语故事、神话故事、传说等内容。三、四年级征集手抄报作品，手抄报可以展示读书过程中的故事、读书感悟、著作简介等内容。五六年级征集读书征文作品，可以以思维导图的形式展现自己喜欢的一本书；也可以根据指定读本或自己的经历创作文学作品；创作文体包括议论文（含读后感、书评）、记叙文、散文、诗歌、小说等。绘本创作融读书、绘画于一体，让低年级孩子们在阅读中理解内容，在绘画中表达读书的乐趣；手抄报、创意推荐让孩子们通过图文并茂或思维导图的形式介绍自己喜欢的一本书；读书征文，让高年级儿童用笔书写读书感悟、分享读书成果、促进深度阅读。学校设置读书创作优秀作品展览专栏，面向全校师生、社会展示。优秀读书创作作品将集结成册。

2. 体育节。体育节是学校学科节的重要组成部分，其目的是健体、润心，即让每一个孩子都能参与体育运动，在运动中强健身体，培养自信、顽强拼搏、团结协作等精神品质，促进身体、心理及社会适应能力的全面发展。其内容丰富多样，包括达标运动会、拔河赛、田径运动会、篮球赛等。具体而言：

（1）拔河比赛。拔河比赛以"迎新年"为主题，安排在每年的元月份，采用单淘汰，三局二胜制，各班级对阵由班主任抽签决定，各班上场限20人，男女生各10人。

（2）田径运动会。田径运动会安排在每年的4月份，设置有60米、100米、200米、800米、4×100米、跳高、立定跳远、垒球等项目，按年级设六个组别，各组男、女单项均取前8名，按9分、7分、6分、5分、4分、3分、2分、1分计入团体总分。

（3）篮球赛。篮球运动可以发展速度、弹跳、耐力、反应、爆发力、身体协调性等素质。我校是校园篮球特色学校，每年的5月份都会开展校园篮球联赛，内容有运球比快、投篮比准和3对3的对抗赛等。

（4）达标运动会。达标运动会是根据《国家学生体质健康标准》《国家体育锻炼标准》要求在学校实施的以测量学生体质体能为目的的运动会。达标运动会安排在每年的11月份，设置有身高、体重、肺活量、50米、跳绳、坐位体前屈、仰卧起坐和8×50米往返跑等。

3. 绿叶童心音乐节。"绿叶童心音乐节"是安小每年一度的校园文化艺术节其中的一项重要组成部分，集合了唱、跳、奏、演四个音乐类最为广泛和基础的表现形式，在全校班级内开展。在校园中营造浓厚的艺术氛围，努力提高学生的音乐修养并为有艺术特长的孩子搭建展现自我的舞台。每年一度的"绿叶童心"六一汇演和新年音乐会则是集中一学年的学校优秀社团节目及班级节目的汇报演出。具体而言：

（1）校园合唱大赛。基于学校《合唱》校本课程，在全校所有班级中开展红红火火的合唱比赛，要求学生人人参加，家长助力，班主任老师担任指挥，提高班级凝聚力，展现积极向上的良好班风、班貌。

（2）校园小歌手大赛。班级先进行初选，每班推选一个节目报送学校进行决赛。学校分年级段，通过歌曲的演唱、表现等方面进行评比，给有才艺的学生搭建展现自我的舞台，同时为学校演唱类社团输送优良人才。

（3）校园器乐大赛。班级先进行初选，每班推选一个节目报送学校进行决赛。学校分乐器项目，通过乐曲的演奏、表现等方面进行评比，给有才艺的学生搭建展现自我的舞台，同时促进学生演奏水平的提高。

（4）六一文艺汇演。集中一学年的学校优秀社团节目及班级节目的汇报演出。

（5）新年音乐会。师生联欢，为学生营造更好的艺术表现机会和表现的舞台。

4. 绿叶童画美术节。"绿叶童画美术节"是美术学科根据学校"向着美好自由生长"的育人理念而开设的系列活动，以加强学生思想道德建设为出发点，以培养学生高尚情操、广泛兴趣和提升能力为目标，通过丰富多彩的实践，活跃校园气氛，增添校园活力，提升学生艺术素养。包括"绿叶童画书画作品征集评选""科幻画比赛""迎新年美术优秀作品展"等活动。具体而言：

（1）绿叶童画书画作品征集。在校全体学生参与，自由申报，从同学们的日常美术课堂作品中择优选取，包括绘画、书法、手工制作等美术作品，后期结集成册、刊印发行、集中展示。

（2）绿叶童画科幻画创作比赛。根据全国青少年科技创新大赛科幻画比赛的通知，每年6月底结合学校"特色暑假作业"布置3—5年级学生假期全员创作科幻画。9月份开学时从参赛学生中选拔集中进行辅导，10月份先从区级比赛开始二次辅导，经过层层选拔最终优胜学生参加市赛、省赛、国赛。

（3）绿叶童画迎新年作品展。每年12月初，结合学校美术教育实际情况和上级美术教研室活动通知，举办安小迎新年美术活动。节日主题包括"发现身边美""线描画大赛""迎新年美术课堂优秀作业展""热闹迎新年 我手绘我心""美丽校园我的家"等。

5. 科创节。"科创节"是科技节和创客节的总称，目的是推动学校科技活动的发展，提高小学生的科学素质和实践能力，营造浓厚的学科学、爱科学、用科学的学习氛围。学校于每年5月、12月份分别开展科技节、创客节活动，让每一位学生在活动中享受科技给我们带来的快乐和便捷。具体而言：

（1）科技节。"科技动手做"活动在每年的5月份开展，旨在让孩子们动手做，也在做中学，充分体现了"动手做"活动的核心——通过亲身体验科学探索、科学发现的整个过程，让每一个孩子都能够敢想、敢做，学会用科学的方法探究问题、解决问题。每年的活动主题都不一样，有用火柴搭高塔，有用筷子建座桥，有用硬软件组装机器人竞赛，有参观科技场馆等等。

（2）创客节。校园"创客节"展示活动在每年12月份进行。准备时间2个月。创客节活动包括"微型剧场"和"未来之城"两个项目。微型剧场是一个将科技与艺术结合的STEAM与创客项目。要求学生通过团队合作，制作一个（或数个）会动的机械人（机械动物、机器人、未知物），机械人扮演成一个角色，在自制的舞台表演一段有情节的场景剧。未来之城项目要求学生设计一个未来100年后的城市模型，并在城市设计中解决当下出现的问题，如人口老龄化、交通不便、垃圾困境等与现代城市和社会息息相关的问题。

（二）"润泽节日"的评价

为确保各学科节的活动能着眼于学生个性与创造力的发展，以与学生生活密切相关的问题为研究内容，营造充满挑战与快乐的学习氛围。学校从"主题、目标、内容、实施、效果"等方面制定了评价指标，对各学科节活动进行等级评价（见表4-11）。

表4-11 合肥市安居苑小学"润泽节日"评价表

评价项目	具 体 要 求	评价等级 A	B	C
活动主题	1. 主题鲜明，具有科学性、针对性、实效性、教育性。			
	2. 立意新颖，目标明确，激发儿童兴趣，彰显活动意义，促进素养形成。			
活动目标	3. 目标明确，有明确的导向性和时代性。			
	4. 培养学生积极、正确的情感、态度、价值观。			
	5. 学生在实践中增强自我教育能力，促进身心健康发展。			
活动内容	6. 贴近社会现实，贴近学生实际生活，贴近学生身心发展规律。			
	7. 紧扣主题，准确定位。			
	8. 层次清晰，重点突出。形式多样，生动有创意。			
成员的主动性	9. 成员在课程中有任务分工，有角色担当。			
	10. 充分发挥成员的积极性、主动性，培养创新能力。			

（续表）

评价项目	具 体 要 求	评价等级 A	评价等级 B	评价等级 C
活动实施	11. 设计合理，操作性强，能体现学生综合运用知识的能力。			
	12. 设置具有拓展性、开放性特征，能给学生思考空间。			
	13. 师生互动，能充分体现学生主体的课程理念，引导学生体验和感悟。			
	14. 面向全体，关注学生个体差异，注重培养学生的实践能力。			
	15. 凸显课程的实践性、自主性、综合性、创造性和趣味性。			
活动效果	16. 课程活动基本能满足学生发展要求。			
	17. 学生在课程中增长才干，培养兴趣，开阔眼界，提高思想认知水平。			

"润泽节日"的评价围绕"活动主题、活动目标、活动内容、实施过程、活动效果"等维度展开，凸显活动的趣味性，激发儿童参与的积极性，拓展了"小绿叶课程"的外延，促进了"润泽节日"健康发展。

五、建设"润泽文化"，厚植学校课程底蕴

校园文化是学校制度、精神面貌、人文底蕴的集中体现，对居于其中的每一个成员都起着潜移默化的熏陶和启迪的作用，学校全力打造"润泽文化"。"润泽文化"是根植于学校教育哲学，体现学校办学理念，对学校全体成员具有强大凝聚力的办学环境总和，包括有形的物质文化，如学校办学条件，也包括办学理念、三风一训、师生精神面貌等非物质文化。其中，"润泽文化"重点培育非物质文化，深化内涵发展，落实文化育人，具体包括选树绿叶之星、评选绿叶班级、评选绿叶教师等内容。

（一）"润泽文化"的实施

1. 选树"绿叶之星"，做到心有榜样。学校广泛开展选树"绿叶之星"评选活动。通过个人自荐、他人推荐、班级推荐，在全校发现并培养一批先进典型，颁发"绿叶之星"荣誉奖章。学习之星、德育之星、体育之星、艺术

之星、勤奋之星……星星相映，群星璀璨。评选活动致力于发掘儿童闪光点，关注儿童点滴进步，促进儿童健康成长。

2. 推选"绿叶班级"，打造最美教室。"绿叶班级"文化建设引领师生在和谐的班级文化中共同创造美好的成长时光。"绿叶班级"要有自己的班级文化，有完整班风、班训和完善的班级管理制度，有自己的班级名称、发展愿景、班级口号，有温馨的班级环境、人文的班级制度。

3. 评选"绿叶教师"，做到行有方向。"绿叶教师"是学校为鼓励、表彰在教育教学及日常班级管理中作出突出贡献的教师而设立的学校荣誉，目的是激励教师积极探索教学教法、专心专注班级管理。其评选采取教师自我申报和学校综合评选相结合的方式进行。

（二）"润泽文化"的评价

"润泽文化"是学校课程的黏合剂，是充满人性关怀的文化，其评价要体现学校价值追求，促进学校内涵发展，通过塑造一种无形的、非强制性的行为规范和人际关系，促进学校和谐发展。具体而言：

1. 以人为本，满足合理需求。评价时要坚持以人为本，充分尊重每一位教师，满足教师的合理需求，让每一位教师的潜质发挥到最佳。满足每一位儿童的学习需求，激发个体和团队的力量。

2. 突出个性，促进素养提升。评价时要坚持突出个性，尊重每个个体或集体的文化差异。通过评价促进全员学习、团队学习，引导人们通过不断学习提高自身素养，通过学习不断提升自身适应能力和创造水平。

3. 强调多元，提升课程品质。评价是要强调多元文化，通过选树典型、宣传典型，构建和谐的文化氛围，引导每一位老师参与学校课程变革，理解学校教育哲学，认可学校办学理念，潜移默化中提升课程实施效能。

六、开启"润泽研学"，拓宽课程实施渠道

为落实实践育人，深入推动"润泽研学"相关课程的建设，学校开发"润泽研学"社会实践课程，将社会实践课程进行系列化设计，推出雏鹰假日小队活动，启动润泽研学。

（一）"润泽研学"的实施

1. 雏鹰假日小队。"雏鹰假日小队"是从学生的真实生活和成长出发，为

丰富和补充学生的假期生活而精心设计与实施的系列实践活动。雏鹰假日小队活动主题由班级根据实际需要而定，制定方案后需向学校德育处报备后方可执行。具体实施如下：

（1）确定主题。班级根据实际需要或身边资源确定活动主题。

（2）制定方案。班主任或指导老师根据活动主题、参加人数制定具体方案，方案包括实施时间、出行方式、安全保障等内容。

（3）报备。班主任或指导老师将方案上报学校德育处。

（4）开展活动。活动实施过程中严格按照方案规定的时间、内容进行，返回后要向德育处报平安。

（5）总结评价。活动结束后填写活动记录表。学校德育处根据总结及过程性资料进行评价。

2. 润泽研学。"润泽研学"是让学生在多元的环境中探索、实践，开阔眼界、提升素养的综合性实践课程。学校开展"移动课堂""森林课堂""工业研学"等课程。具体而言：

（1）移动课堂。"移动课堂"包含探访刘铭传故居、走进杨振明故居等内容。通过探访刘铭传故居让学生了解刘铭传的历史功绩，铭记历史，并对学生进行爱国主义教育。通过探访杨振宁故居，培养儿童热爱科学的情感。

（2）森林课堂。"森林课堂"主要包括"小小投弹手""手忙脚乱""挑战150""飞舞的杯子"四大板块。老师带领学生走进官亭林海、蜀山国家森林公园，让学生认识更多植物；通过开展体适能训练，让学生在训练中提升团队协作能力，增进友谊，提高团结合作意识。

（3）工业研学。让学生走出校门，走进工厂，在实践中深入了解现代工业文明，感受现代科技的魅力；通过参观"四水归堂，五方相连"等徽派建筑，了解古代建筑传承历史及风格。

（二）"润泽研学"的评价

"润泽研学"的评价立足促进儿童个性特长的发挥，采用多种评价方式，注重过程性，如对书面材料的评价与对学生的口头报告、活动、展示的评价相结合；体现自主性，教师评价与学生的自评、互评相结合；彰显生成性，小组的评价与组内个人的评价相结合等（见表4-12）。

表4-12　合肥市安居苑小学"润泽研学"评价表

评价项目	评 价 标 准	评价等级 A	B	C
研学方案	1. 主题设计符合学生的心理特点和认知水平。			
	2. 研学目标明确，研学内容合理，体现出探究性、体验性和实践性的特点。			
	3. 有每次研学活动的实施方案，对活动的组织与流程安排提前做出预案。			
研学过程	4. 学生参与度高，积极活跃，获得感和成就感强烈。			
	5. 组织有序，能够按照预定的研学目标组织研学活动，有序整理研学中的过程性资料。			
	6. 课程评价及时。对学生研学过程中的表现给予恰当的评价，并能够对学生研学过程中出现的问题和困惑给予及时的帮助指导。有过程性评价的相关成果。			
	7. 安全措施到位，安全保障有力。			
研学效果	8. 活动效率高。学生认真参与每一处研学活动，努力完成自己的研学任务。始终保持求知欲和好奇心。			
	9. 活动效果好。能够丰富学生的见闻和积累，增加自然、人文知识储备。			
	10. 能够增强学生的探究意识和探究精神，提升学生的实践能力和创新精神。			

学校依托实施途径建立完善的评价体系，实施多元评价，全面落实课程目标，鼓励儿童参与评价与自我评价，让儿童多角度展示特定的学习内容，在获取知识的同时，获得能力与方法的发展，获得自身素养的全面发展与提升。

总之，我们以"向着美好自然成长"的理念为核心，构建起以"小绿叶课程"为核心，以润美语文、本真数学、GREEN英语、智科学等课程群为补充的课程体系，最终实现学生核心素养的全面发展，助力学生终身发展。

（撰稿者：张永梅　陈阳　韩国）

第五章

节日民俗即课程情愫

节日民俗即课程情愫，顾名思义就是说节日民俗成为课程的情愫所在。课程中加入节日民俗，改变了原本老旧的课程教学理念，增添了课程教学的节日气息，丰富了课程教学的传统理念，带给课程教学更加美好的发展历程，让课程教学因为节日民俗的存在而变得更加具有特点，提升了课程教学的实际意义。

节日民俗即课程情愫，顾名思义就是说节日民俗成为课程的情愫所在，如果课程是枯燥的知识结构体的话，那么课程将是毫无意义的，是没有趣味性的。如果在课程教学中融入节日民俗成分，可以使课程变得更有情感，使课程因为节日民俗而变得与众不同，但对于课程教学来说，就不能只是规规矩矩的文化知识，更要填入一些节日民俗等文化成分作为烘托，这样才可以增加课程教学的实际意义，才可以使课程教学更有文化内涵。

对于人们来说，节日民俗是历史文化的产物，更是人们对实际生活的美好向往和愿景，正是因为有了节日民俗，我们的生活才变得更加丰富多彩，人们才有了一种向往和寄托。将节日民俗融入课程教学中是非常明智的，这能够让学生尽早地知道节日民俗的来历和历史，让学生们具备良好的节日风俗认知，使他们懂得节日风俗的意义和价值，这会在一定程度上改变他们对节日风俗原有的理解和体悟。节日风俗在课程教学的运用可以使课程变得更有情愫，更有一种特别的情怀，使更多的学生体味节日风俗的美好画面，深知节日民俗带给人们的快乐和意义，使自己在课程学习中体验更多的民俗文化，感受更多的节日气氛。只有将节日民俗融入课程之中，才可以使更多的学生体验节日风俗带来的仪式感，让自己的课程学习变得更有韵味，更能找到一种有效的学习动力，让学生们在实际的节日民俗中学到更多的知识，体验到节日民俗的更多文化。只有将节日民俗与课程教学结合在一起，才可以使课程教学变得更有情愫，提升课程教学的情愫体验，让课程教学变得更加丰富，从而在一定程度上提升了课程教学的段位，令其与节日民俗联系在一起，增加了课程教学的整体教学效果，使之成为改变学生学习意识和学习态度的主要方式[1]。

试想一下，如果学生能够积极地学习节日民俗，那么他们一定会感受到节日民俗的精彩，这也会激发他们学习的积极性，他们对节日民俗也是非常感兴趣的，通过节日民俗的学习他们会感受到节日的隆重感，体味到民俗的趣味性。节日民俗能够激活学生们对课程学习的热情，可以释放学生们对节日民俗的喜爱，让更多的学生体验到节日民俗的美好，让更多的学生明白中国传统节日民俗的由来和发展，从而增强学生们对课程学习的信心，让更多的学生知道节日民俗与课程教学的内在联系，增强课程教学的趣味程度，使

---

[1] 陈菁，苏宇.小学古典益智玩具课程体系的构建与实施 [J].现代教育，2016（12）：22-24.

节日民俗在课程教学之中得到更好地呈现。

　　总之，节日民俗就是课程教学的情愫，如果没有节日民俗的融入，那么课程教学将会一无是处，课程教学也就失去了原本的色彩，在实际的课程教学之中，有节日民俗的存在，才可以使课程教学改变原本老旧的理念，让课程教学变得更加具有节日气息，丰富课程教学的传统理念，使课程教学逐步走向高大上的层次，带给课程教学更加美好的发展历程，让课程教学因为节日民俗的存在而变得更加具有特点，提升课程教学的实际意义，使之更能迎合学生的实际需求，使老师在课程教学中提升自己的教学水平，加深课程教学的实际意义。

（撰稿者：陈慧）

特色学校　合肥市新城小学
特色课程　智慧城课程：让每个孩子在这里绽放精彩

　　合肥市新城小学，前身为合肥市新城学校，2007年建校，是一所九年一贯制公办学校。学校位于大蜀山脚下，毗邻董铺湖畔，是安徽省最大生态社区——新加坡花园城中的一颗璀璨明珠。2016年秋季，学校初中部整体迁出，更名为合肥市新城小学。办学十多年来，在各级政府的关心支持下、在教育行政部门的正确领导下，经过全体师生共同努力，学校先后获得"安徽省青年文明号""安徽省家教名校""安徽省廉洁文化进校园示范校""安徽省体育特色项目学校""合肥市先进集体""合肥市特色学校""合肥市素质教育示范""合肥市百姓身边好学校""合肥市德育先进单位""合肥市体教结合先进单位""合肥市绿色学校""合肥市花园式学校"等诸多荣誉。毓秀的地理环境、载誉的品牌之路、精细的学校管理、浓厚的学校文化为促进学校多元化的发展提供了有力的支持。在学校未来的规划中，通过探索学校课程改革路径来推动学校文化发展，进而营造具有本校特色的文化氛围，达到提升本校办学品质的目标是未来学校工作的核心重点[①]。

---

① 杨四耕.学校课程深度变革的五要素分析［J］.中国教师，2016（11）：63-67.

第一节

我们与世界只差一个你

学校在梳理办学理念的过程中发现，教育不仅要顺应时代发展、符合内在需求，还应当尊重儿童的个性发展，关注孩子与世界的联系，关注个性与共性、个体与整体的关系。有鉴于此，学校在对本校的教育哲学进行全新思考的基础上，全面更新了学校的办学理念。

一、学校教育哲学

创造美好生活、享受精彩人生的基石与关键就在于教育。使教育回归本真，培养孩子乐于学习、善于学习并使之成为学习的主人是让每一个孩子的生命因教育而精彩的必由之路[1]。我们面对的每一个孩子都是独立的个体，每一个孩子都拥有无限的可能性，让这些孩子能够根据自己的兴趣、特点绽放出各自的人生之花就是我校办学的宗旨，据此我校提出了"精彩教育"的教育哲学。

"精彩教育"就是努力让每个人成为最好的自己，致力于创造精彩生活，迈出精彩人生之路。"精彩教育"是优质资源的互通共享，是对儿童个体的持续关注，是对精彩人生路的引导启蒙，是对高品质教育的不懈追求，是教师品尝职业幸福的探索历程。"精彩教育"有助于引导学生基于核心价值观、学科素养的全面发展，促进学生多元化、个性化发展，也有助于教师突破职业瓶颈期，走上专业发展的康庄大道，迈上精彩人生之路。"精彩教育"是学校

---

[1] 杨四耕.学校课程深度变革的五要素分析［J］.中国教师，2016（11）：63-67.

全员育人、全程育人、全景育人模式的创新,是管理机制和管理能力的突破。我们的教育信条：

  我们坚信，
  生命因教育而精彩；
  我们坚信，
  精彩教育，是精彩人生的一部分；
  我们坚信，
  精彩教育，能书写出精彩人生愿景；
  我们坚信，
  精彩教育，能让每个人都成为最精彩的自己！

  在"精彩教育"哲学指引之下，我们将办学理念凝练为：我们与世界只差一个精彩的你。这个"你"是引领发展的品质课程，是循循善诱的老师，是一路陪伴、参与共育的家长，是走进新城、关怀备至的您，是独一无二、个性飞扬的孩子。美丽新城，精彩有你。

二、学校课程理念

  不同的孩子有不同的喜好及特点，这些都是等待我们发掘的宝藏[①]。因此，学校课程建设就应当围绕孩子们的兴趣爱好去搭建舞台，让孩子们自由、快乐地做最好的自己，绽放精彩。我们认为精彩是孩子们在课程学习中精益求精、丰富多彩的收获与成长。因此，我们的课程理念为"让每个孩子在这里绽放精彩"。

  ——课程是智慧的启蒙。孩子们天然存在好奇心和探索欲，课程就是所有教育活动的钥匙，会为孩子们打开智慧的大门。孩子们根据自己的好奇心，自由地徜徉在探索的世界中，在追寻中得到启蒙和成长。

  ——课程是生命的丰富。孩子们的成长充满了不确定性和多样性。课程

---

① 潘晓玲，向守万.核心素养视角下小学社团课程开发的实践与探索［J］.教书育人，2020（25）：12-14.

让孩子的成长足迹变得丰富而多彩，他们会有更多样的选择、更丰富的经历、更精彩的表现，在各种体验中成长。

——课程是个性的张扬。孩子们的性格与爱好丰富多彩、各式各样。多元的个性与多彩的课程两两相遇，会是心灵的触碰，会是生命的润泽，会是灵感的碰撞，会是精彩的绽放，会是绽放的精彩。

总之，课程是学生寻找自我成长的路径，课程是构建和健全人格的举措，课程是孩子们绽放精彩的舞台。在"我们与世界只差一个精彩的你"的办学理念及"让每个孩子在这里绽放精彩"课程理念指引下，带着新城泥土芬芳和文化气息的"智慧城课程"诞生了。在智慧城里，开辟了语智园、数理园、健体园、科创园等六块园地，让老师们同学们在不同园地里挥洒汗水，绽放精彩。

第二节

让每个孩子绽放精彩

全面深化课程改革，落实立德树人根本任务，我们践行"精彩教育"哲学，确立新城的育人目标和课程目标。

一、育人目标

教育哲学、课程理念要落实到育人目标上，围绕学生的差异发展、多元发展、全面和谐发展，根植于新城的文化沃土，融入于"心诚所至，金石能开"的校训、"崇德尚礼，率性共生"的校风、"因材施教，寓教于乐"的教风。"精彩教育"致力于培养学生——做一名朝气蓬勃的精彩少年。

精彩少年——崇德礼；

精彩少年——善创新；

精彩少年——强体魄；

精彩少年——怡美情；

精彩少年——爱生活。

精彩少年是崇德礼、善创新、强体魄、怡美情、爱生活五育并举的时代新人，是带有新城文化烙印的朝气蓬勃的未来建设者和接班人。

二、课程目标

为了实现育人目标，我们把"做一名朝气蓬勃的精彩少年"育人目标进行细化，明确课程目标，才能更好地实现"让每个孩子在这里绽放精彩"。具体如下（见表5-1）。

表5-1 合肥市新城小学"智慧城课程"年段课程目标

年级学段 课程目标	小学低年级	小学中年级	小学高年级
崇德礼	了解小学生日常行为规范，能以规范要求自己的言行，与别人交谈大方有礼貌。	做到不说谎、遵守时间、遵守约定，能主动以小学生日常行为规范来规范自己的言行，与别人交谈，懂得礼貌、谦让。	初步养成有担当、有责任、能坦诚交流的品质。能以遵守小学生日常行为规范为荣，将规范外化于行，与他人交往谦让、礼貌、能互相宽容。
善创新	爱生活爱学习，会用美的眼睛观察、发现生活，选择爱好的事物，保持好奇心和探索欲。	热爱学习，逐渐形成浓厚的学习兴趣，能达到高年级规定的学业水平，能联系实际，初步会将所学习的知识与技能运用于生活，学会思考。	能够保持良好的学习兴趣，能达到高年级规定的学业水平，养成较好的听说读写的习惯，能熟练地将所学运用于实践，初步形成科学的学习方法，有探究精神。
强体魄	能够积极参加各项游戏，感受游戏运动带来的乐趣，培养体适能，培养坚持运动的好习惯。	能够形成健康的生活方式，会发扬运动的精神，形成积极进取、乐观开朗的生活态度。基本掌握1—2项运动技能。	能积极主动参加竞技运动，保持愉快的心情，具备灵敏、力量、耐力、协调等身体素质，通过国家体质健康测试，掌握2—3项体育运动技能。
怡美情	了解生活基本常识，具有良好生活习惯，关心自己的生活环境，初步学会爱护环境，不乱扔垃圾。爱家、爱校、爱班级，能够与父母、老师和同学形成良好的情感沟通。	懂得基本的做人道理、必要的处事能力。形成基本的行为习惯。树立对自己及班级的责任感。建立较强的自信心，培养爱学校、爱社区的情感。	拥有强烈的社会责任感，具有诚实、守信的品格，培养言行一致的品格，养成良好的行为习惯。具有爱家乡、爱社会、爱国家的情感。
爱生活	喜欢自己的生活，关心所在的集体，会观察新事物，具有好奇心，能够表达自己的感受，说出自己的观点。	积极从事力所能及的劳动，对新事物做出一定的观察，并能尝试独立去探究与该事物有一定联系的问题。有自信，能思考，会表达。	有独特、个性的解决问题的方法与策略。有主见，养成用正确的思路思考问题，能够形成自我判断能力，并能积极发表自己的观点和看法，有科学求证的精神。

第三节

生命因智慧而精彩

为了实现学校育人目标，落实课程目标，依据国家课程纲要，我们从课程逻辑、课程结构、课程图谱、课程内容等方面，构建了"智慧城课程"体系。

一、学校课程逻辑

我校"智慧城课程"基于"精彩教育"的教育哲学，遵循国家课程目标、学校课程目标，形成了语智园、数理园、科创园、艺美园、健体园、社交园六大领域课程，具体如下（见图5-1）。

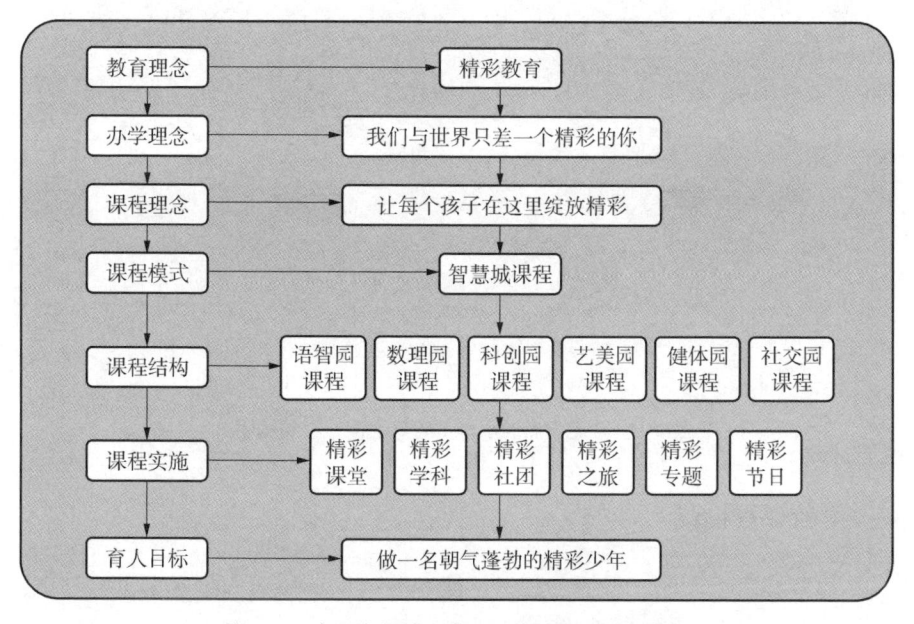

图5-1 合肥市新城小学"智慧城课程"逻辑图

二、学校课程结构

依据多元智能理论，"智慧城课程"在国家课程基础上，整合形成六大领域。其中语智园课程主要包含精彩语文、精灵英语等；数理园课程则包括精妙数学、精巧信息等；科创园课程包括精密科学、精通综合等；艺美园课程包括精致艺术（美术、音乐、书法）等；健体园课程包括精炼体育等；社交园课程包括精诚道法等。在课程内容上，除了相关的国家课程内容外，还包含相应的学科拓展课程，其具体结构如下（见图5-2）。

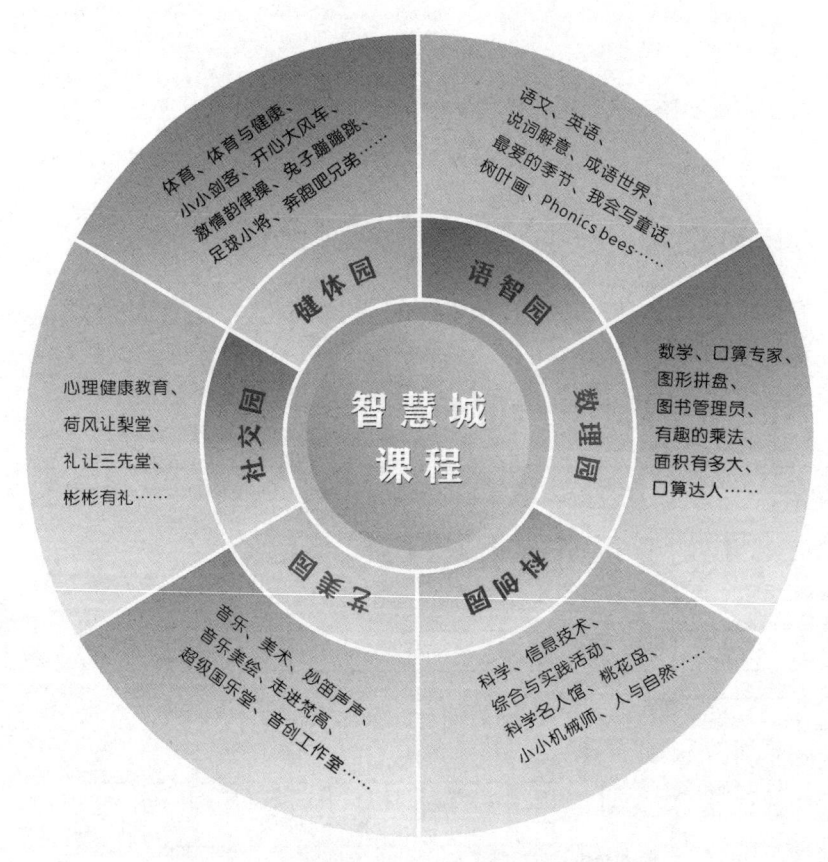

图5-2 合肥市新城小学"智慧城课程"结构图

三、学校课程设置

智慧城里香满园。根据"智慧城课程"结构，按照年级水平进行打造，"智慧园课程"设置表具体如下（见表5-2）。

表5-2　合肥市新城小学"智慧城课程"设置表

课程\年级	语智园	数理园	科创园	艺美园	健体园	社交园
一上	汉字开花 拼音助读 写我自己 认识新同学	精加妙减 趣味寻宝 玩具分家 小小商店	科学名人馆	我唱哆来咪 LE乐感课堂 神奇的线条 涂鸦乐园	小小剑客 梦幻击剑 开心大风车 小小路队长	荷风让梨堂
一下	识字运动会 亲子乐读 看图写话 寻找春天	口算专家 图形拼盘 图书管理员	科学名人馆	口风琴社 我唱哆来咪 小螃蟹剪剪 七彩世界	激情韵律操 冒险家 （击剑） 兔子蹦蹦跳	荷风让梨堂
二上	字典小老师 趣味绘本 看图编故事 传统节日	口算达人 图形消消乐 我是小管家 测量专家	科学名人馆	叮咚之家 欢歌乐舞 口风琴社 小小达芬奇 剪贴天地	足球小将 初露锋芒 （击剑） 开心快乐拉	荷风让梨堂
二下	部首大集结 童话世界 句型中转站 秋天的色彩	我是小小理货员	科学名人馆	民族之花 口风琴社 童梦古典 走进梵高 神秘手工坊	速度与激情 移动迷宫 （击剑）	荷风让梨堂
三上	书写小能手 动画趣谈 春联小知识 英语韵律 儿歌 快乐英语角	计算王子 趣味窗花 布置小舞台 小小测量员	桃花岛 水立方	妙笛声声 音乐美绘 走进大师 思维创作	智力乐园 （击剑） 急速冲刺 奔跑吧兄弟	彬彬有礼
三下	说词解意 成语世界 最爱的季节 我会写童话 Phonics bees 快乐英语角	有趣的乘法 面积有多大 期中星榜单 制作日历	动物世界 水立方	艺术鉴赏 Bremen指挥家 妙笛声声 摹古临今 变废为宝	礼仪之星 （击剑） 天下无双	彬彬有礼
四上	字海拾趣 趣谈历史 自然新发现 英语故事会 英语俱乐部	以不变应万变 队旗里的数学 小小调查员 周而复始	新城气象馆 人与自然	怪兽合唱团 妙笛声声 大师作品 欣赏	步步惊心 （击剑） 羽毛大世界	彬彬有礼

（续表）

课程\年级	语智园	数理园	科创园	艺美园	健体园	社交园
四下	有趣的多音字 好书共读 校园小主播 诗词中的月 英语阅读会 英语俱乐部	有趣的计算 有趣的角	人与自然 新城气馆	怪兽合唱团 乐影赏析 大师作品 临摹	应变无方 （击剑） 挑战自我	彬彬有礼
五上	巧说汉字 西游漫谈 学做主持人 节水小卫士 主题阅读 英语剧社	有趣的回文数 图形大变身 空瓶换酒	科学岛	鼓动非洲 梦幻城堡 建筑欣赏	进击少年 （击剑） 篮球天空 炸堡垒	礼让三先堂
五下	汉字之美 共赏三国 朗读者 读书有感 说名道姓 主题阅读 英语剧社	巧妙计算 "圆"源流长 曲折有度	科学岛	超级国乐堂 布织布工坊 优秀作品 欣赏	田径俱乐部 时尚前沿 （击剑） 航模天地	礼让三先堂
六上	追字溯源 走近鲁迅 小小说创作 每月播报 西方礼仪 环球英语社	精妙计算 即影即有 追风逐波	小小机械师 第三只眼	音创工作室 水墨天地 国画常识	骑士亮剑 （击剑） 炫酷能力展	礼让三先堂
六下	听写大赛 书海拾贝 精彩辩论赛 我的作品集 西方文化 环球英语社	鸡兔几何 不期而遇	小小机械师 第三只眼	Feeling舞团 泥塑艺术 作品欣赏	骑士亮剑 （击剑） 物联网制作	礼让三先堂

第四节

丰富多彩的课程实施

实现课程推进需要以课程实施为基础，课程评价则是推进"智慧城课程"管理、促进课程实施效果改善的有力措施。为实现育人目标，我们通过聚焦"精彩课堂"、拓展"精彩学科"、打造"精彩社团"、搭载"精彩之旅"、编织"精彩节日"、构建"精彩专题"几个方面，保障"智慧城课程"的实施与推进。

一、聚焦"精彩课堂"，落实学校课程的实施

课堂是孩子生命成长的营养源泉，是育人的主要渠道。"精彩课堂"是新城小学"精彩教育"的主阵地，是有神采、有文采、有异彩、有喝彩的课堂。

（一）"精彩课堂"的要义与操作

"精彩课堂"以"孩子为中心"，其中"精"是老师们精益求精的态度，"彩"是课堂上丰富多彩的内容。"精彩"既指出老师们百年树人的精神风貌，也指孩子们如沐春风的教益收获。教育教学从孩子们自身出发，在关注孩子们不同需求及潜质的基础上，遵循不同生命间的整体性和差异性，追求孩子们差异发展与全面发展的和谐统一，最终让每个孩子在学习过程中都能获得自己的成长。

"精彩课堂"是有神采的课堂。它强调了课堂要有明确的育人目标，要有精神所指，聚焦核心问题，突破重点难点。在具体操作中，应当具有清晰明确的课堂目标，而课堂点拨也应该细致入微。

"精彩课堂"是有文采的课堂。它明确了课堂要有丰富的内容，要能满足孩子求知的欲望，通过参与"精彩课堂"，孩子们的学科思想能够树立起来，综合素质能够得到发展，自律性能够得到提升。

"精彩课堂"是有异彩的课堂。它指出了课堂要尊重每位孩子的个体差异，因材施教，将自主权还给学生，尽可能地倡导学生个性化、多样化的学习，发扬孩子们的长处，改进孩子们的短处，使其能够逐渐认识到学习的乐趣，进而掌握适合自己的学习方法，最终完成学习目标。

"精彩课堂"是有喝彩的课堂。它强调了课堂要平等对话、相互喝彩。教学相长、互学互惠的师生关系是课堂的完美体现。它是对师生关系、同学关系的深入发展，体现出人与人之间广泛积极的互动，通过互动，形成师生、同学的共识、共进。

学校为深化"精彩课堂"建设，积极探索"精彩课堂"的实施策略，切实保障"精彩课堂"的有效运行，每周固定一天为"教研日"，并积极开展全校范围的大教研活动。大教研打破学科的界线，寻找课堂的闪光点，为"精彩课堂"夯实基础。为了将备教考辅研的常规工作落实在每一个细节，学校尤其注重"备好课"和"上好课"这两个专题。学校每学期都会举行教研公开课、青年教师达标课、骨干教师示范课、常态推门听课，同时积极参与教育主管部门的各类赛课活动，组织教师参与不同级别的课堂观摩，进行学习分享，促进全体教师对课堂活动的自律、自省，逐步自我完善，提高课堂效率。同时校领导带领老师们制定了一系列科学有效的评价体系，关注儿童主场的实现、关注和谐氛围的生成、关注课堂主体的参与。

（二）"精彩课堂"的评价标准

教学过程的本质在于在老师的指导下，促成学生自主学习、主动学习。因此，课堂评价的侧重点并不是老师或学生个人，而是老师教与学生学的行为过程。据此而构建的精彩课堂教与学评价核心思路也始终围绕着学生的学习状况、学习态度和发展状况来进行。合肥市新城小学"精彩课堂"教学评价表如下（见表5-3）。

表5-3 合肥市新城小学"精彩课堂"教学评价表

评价要求 \ 指标及权重	优 完全达到	良 基本达到	合 格 部分达到
教法精湛 神采斐然 （25分）	1. 能够制定明确清晰的教学目标。 2. 能够围绕教学目标，合理地选择教学内容，突出重难点。 3. 能够突破教学重难点，合理采用多种教学方式。 4. 会提出具有探究价值的问题。 5. 构建循序渐进、环环相扣的教学环节。		
	25—23分	22—20分	15分以下
内容丰富 文采四溢 （25分）	1. 制定符合学生情况、适合学生发展的目标。 2. 在合理运用教材基础上能对教材进行整合及创新。 3. 课意活动丰富、有趣，学生能够体验到成功与快乐。		
	25—23分	22—20分	15分以下
过程思辨 异彩绽放 （25分）	1. 评价参与方包含教师、学生等多各类主体。 2. 促成师生互动，强化生生互动，实现教学相长。 3. 以小组合作、展示交流等形式培养学生探究式的学习能力。		
	25—23分	22—20分	15分以下
收获真实 喝彩不绝 （25分）	1. 能够达成预期教学目标，大多数学生达到课标水准。 2. 使不同层次的学生均能在原有水平基础上获得提升。 3. 针对学生的知识、情感、技能、态度、价值观等进行多样化的指向性及激励性评价。		
	25—23分	22—20分	15分以下
总 评	优：100—90分	良：89—80分	合格：79—60分

二、建设"精彩学科"，促进特色课程的发展

学校各教研组在研读国家课程标准和学科核心素养的基础上，结合本学科的国家课程体系，进一步开发本学科特色课程，学校在此基础上编写"精彩学科"课程群规划。根据学校"智慧城课程"体系的总体框架，以国家基础课程为主，聚焦课程资源整合，创设各学科"1+X"课程群，形成各学科多层面的校本课程，推进"精彩学科"课程群建设。

（一）"精彩学科"的建议策略

学校推进特色学科建设，制定学科课程群建设方案，创设"1+X"学科课程群，"1"指的是基础学科课程，"X"是依托基础课程的学科特点、学生

年龄特征以及学生学习和生活需求而开发的学科延伸课程。

1. 精彩语文。精彩语文是精妙绝伦、丰富多彩的语文，多样化的课程形式拓展了语文学科的广袤外延，让孩子们的语文学习充满灵气。我校"精彩语文"课程主要由"识字与写字""阅读品味""口语交际""写作表达""综合性学习"五个方面组成（见图5-3）。

图5-3 合肥市新城小学"精彩语文"学科课程结构图

2. 精妙数学。精妙数学是"有味"的数学，指向数学科学内部，关注数学知识本身，引导学生探究数学知识本质，在"趣"中学，在"趣"中思，以"趣"入"味"，培养学生的数学素养。精妙数学课程依据《义务教育数学课程标准（2011年版）》，秉承学科课程哲学，结合现行教材内容，具体分为"算术园""图形园""统计园""实践园"四大类（见图5-4）。

图5-4　合肥市新城小学"精妙数学"学科课程结构图

3. 精灵3S英语。为使学生能够主动参与、自觉地学习，通过英语学习提升自己的综合素养，学校英语教研组将英语学科课程理念定位为"引导学生自主学习英语，成为聪明灵慧的精彩少年"，关注学习过程，关注学科本身，提升英语素养，为学生的终身发展奠定基础。孩子们在自我学习的过程中，也促进了自身思维的发展，让自己聪慧起来。基于此，我们提出以"精灵3S"为核心的英语学科课程理念。课程结构见图5-5。

图5-5　合肥市新城小学"精灵英语4S"学科课程结构图

4. 精炼体育。以提高学生的体质和健康水平，促进学生全面和谐发展为核心，学校从学生的原生态出发，尊重学生与生俱来的内在精炼，顺应学生自然成长的天性，结合学校的传统和优势，开发与实施具有灵活性、针对性、时效性和自主性的"精炼体育"课程，最大限度地发挥课程的整体功能，促进学生健康成长，推进素质教育全面深入开展学科课程结构。依据体育与健康课程标准设置的四个方面的课程内容（运动参与、运动技能、身体健康、心理健康与社会适应）及具体要求，基于我校"精炼体育"的学科理念及学科的课程目标体系，我们开发了"精炼激趣""精炼提能""精炼育健""精炼促乐"四大类课程。课程结构见图5-6。

图5-6 合肥市新城小学"精炼体育"课程结构图

（二）"精彩学科"的评价要求

1. 推进特色学科建设，促进特色学科的形成，学校需要聚焦特色学科的形成，从特色学科的建设规划、建设条件、内容维度、建设成效等多方面形成相应的指标体系和具体评价标准。[①]

2. 加强学科组建设，推进备课组特色化和优质化发展，学校需要从教师树立共同愿景、敢于超越自我、形成学习氛围、生成反思能力、课程开发和

---

① 杨四耕.学校课程深度变革的五要素分析［J］.中国教师，2016（11）：63—67.

执行力、建立管理制度等方面制定相应的指标体系和具体评价标准。

3. 加强对教师课程开发、实施、评价等综合能力的评定。学科课程群评价见表5-4。

表5-4　合肥市新城小学"精彩学科"评价指标体系

一级指标	二级指标	评价标准	分值 Mi	评分 Ki A 1.0	B 0.8	C 0.6	D 0.4
1. 特色学科发展规划（14分）	1.1 特色学科发展理念	1.1.1 符合时代特色发展； 1.1.2 遵循学科发展的内在逻辑； 1.1.3 符合学科教育目标和价值； 1.1.4 符合且满足学生多样性发展需求。	8				
	1.2 学校的学科传统与实际情况	1.2.1 切合学校已有的学科基本情况； 1.2.2 符合学校的发展传统； 1.2.3 学科发展规划具有明确、清晰、可发展性的目标。	6				
2. 特色学科标志（36分）	2.1 学科团队	2.1.1 学科队伍结构（职称、年龄、知识等）优化，梯队合理，发展趋势良好； 2.1.2 学科带头人具有深厚的专业背景、较高的教学和科研水平，有一定的影响力。	9				
	2.2 学科课程	2.2.1 具有结构完整的学科课程体系； 2.2.2 形成相互渗透、相互依托的学科课程群； 2.2.3 学科课程突出校本特色资源优势。	9				
	2.3 学科教学	2.3.1 具有特色的课堂教学，多样化的教学风格； 2.3.2 符合学生特点、激发学生主动参与的教学方法和手段； 2.3.3 形成具有本校特色的学科教学经验。	9				

（续表）

一级指标	二级指标	评价标准	分值 Mi	评分 Ki A 1.0	B 0.8	C 0.6	D 0.4
2. 特色学科标志（36分）	2.4 学科学习	2.4.1 学生对学习保有兴趣，能自动学习； 2.4.2 学生树立正确的学习观念，掌握有效的学科学习方法； 2.4.3 学生的学科素养获得提升。	9				
3. 特色学科建设条件（18分）	3.1 学科教学条件	3.1.1 有图书资料室，学科类资料种类多； 3.1.2 学科教学手段与设备（仪器设备、电教器材、实验室）的建设与使用； 3.1.3 有学科教师开展教科研活动的场所。	6				
	3.2 学科运行机制	3.2.1 具有规范化、制度化的学科教师培养制度，学科教师培训常规化； 3.2.2 具有完善的学科教研制度，如集体备课制度、听课制度、评课制度、质量监测制度、小课题研究制度等。	6				
	3.3 学科文化	3.3.1 具有良好的学科教研氛围和教研组文化。	6				
4. 特色学科成效（32分）	4.1 学生的全面发展	4.1.1 学生发展的精神面貌良好，学习的主动性表现充分； 4.1.2 形成水平较高的特长生群体； 4.1.3 学生成果展示丰富。	8				
	4.2 教师的专业成长	4.2.1 教师对教学与科研具有积极性； 4.2.2 教师的教学方法、教学水平、科研能力、课程开发能力得到提升。	8				

(续表)

一级指标	二级指标	评价标准	分值 Mi	评分 Ki A 1.0	B 0.8	C 0.6	D 0.4
4. 特色学科成效（32分）	4.3 教育科研成果	4.3.1 开展与特色学科相关的课题研究； 4.3.2 取得反映研究质量的科研成果，如开发出有特色的学科教材，发表关于特色学科建设的文章、出版的著作等。	8				
	4.4 社会影响力	4.4.1 取得一定理论与实践经验，获得良好的社会声誉； 4.4.2 得到广大师生和家长的认可与支持； 4.4.3 特色学科建设的经验具有一定的推广性，成为其他学校借鉴的对象。	8				

注：计分方式为 $M=\sum K_iM_i$，其中 K_i 为评分等级系数，A、B、C、D 分别为 1.0、0.8、0.6、0.4，M_i 是各三级指标的分值。

三、打造"精彩社团"，提升兴趣爱好的高度

"精彩社团"不仅给新城小学的孩子们提供了自我展示的机会，更使他们的兴趣爱好得到了充分的拓展和延伸。根据"让孩子们在这里绽放精彩"的课程理念，学校开设了丰富多彩的社团活动，以"智慧城课程"为载体，将"精彩社团"常态化。

（一）"精彩社团"的内容与实施

我校"精彩社团"通过自愿报名、双向选择，形成社团团队，旨在促进孩子们自我管理、自我组织能力的提升。社团类型分为"语言发展类""数理逻辑类""运动健康类""科学探索类""艺术审美类""社会交往类"六大类型（见表5-5）。

表5-5 合肥市新城小学"精彩社团"课程内容

社团类型	社团分类	社团名称	活动地点
运动健康	击剑	轻蜂击剑社	击剑馆
	跳绳	花样绳社	沙池边跑道

（续表）

社团类型	社团分类	社团名称	活动地点
运动健康	手球	手球俱乐部	操场南边
	足球	足球小将	操场北边
	轮滑	星光轮滑社团	篮球场
	乒乓	乒乓小将团	乒乓球园
艺术审美	戏曲	戏曲苑	五楼戏曲教室
	太极	太极拳	击剑馆
	舞蹈	梦之舞	二楼音乐教室
	合唱	seasky童声合唱团	三楼音乐教室
	素描	艺美画屋	四楼美术教室
	科幻画	聚星画社	四（3）班
社会交往	心理	"向日葵"心灵驿站	五楼心理咨询室
数理逻辑	电子报	电子流行社	三楼机房
	围棋	棋手营	二（3）班
科学探索	木工坊	梦工厂	五楼木工坊
	创客	创客空间	五楼创客教室
	元智科学	元智科学	四（2）班
语言发展	英语歌曲	英语歌曲	五（1）班
	国学	国之粹	一年级教室
	二年级课本剧	我是主角	二（2）班
	三年级课本剧	阅文·悦自己	三（1）班
	经典诵读	春晖社	四（1）班
	播音主持	小小主持人	五（2）班
	绘本	绘本故事会	二（1）班
	阅读	阅读树	五楼图书室

在学校社团方案的统领下，学校于每学期初，举行全校性的"精彩社团招募会"。各社团自行准备主题海报，海报内容须详细介绍社团名称、活动时间、活动内容等。由社团老师在规定的区域进行招募活动。募新活动结束后，学校举行社团启动仪式，对指导教师颁发聘书。

为了保证做到有计划、有准备、有目标地开展活动，学校要求在活动开始前，社团教师都要制定出详细完整的社团章程和活动计划，特别在章程中要明确规定社团成员的相关职责以及活动内容等，活动开展完毕后，要做到有记录、有总结。在特色活动开展方面，社团在学校教导处和德育处指导管理下首先确立明确的活动主题，并在此基础上开展有兴趣、有意义的主题体验式活动。在每个学期末，也就是每年六月和十二月，学校举行"精彩社团"成果展示会，为优秀社团搭建精彩舞台，在全校展示。

（二）"精彩社团"的评价标准

为推动"精彩社团"的蓬勃发展，促进师生共同成长，学校制定了整体的评价方案。每一门课程的实施都通过评价量表、问卷反馈、成果展示等形式进行多方面评价。最终产生"精彩社团""精彩学员""精彩指导员"若干名，在期末展示会上颁发证书。具体如表5-6。

表5-6　合肥市新城小学"精彩社团"评价表

项　目	评　价　指　标	评估方式
活动准备	1. 团辅导教师能制定特色社团活动方案。 2. 能根据学校实际规划开发社团内容。 3. 能通过争取家长的支持和配合做好家校沟通工作。 4. 在学生自愿和教师推荐相结合的原则下推进报名工作。	查看活动资料
活动过程	1. 能落实包括社团的组织、计划、执行、评价、总结等工作。 2. 每周备好活动方案，认真组织活动，做到活动主题明确，活动记录填写完整清楚。 3. 关心爱护学生，加强安全保卫工作，保证活动场地、设施、器材等的安全性，防止意外事故的发生。	实地监督活动过程
活动展示	1. 能在每学期举行社团成果展示，可采用表演、展览、比赛以及各社团的特有方式进行。 2. 能配合学校活动提供各项表演节目，能代表学校参加各项对外比赛。 3. 能形成完整的档案资料，包括社团简介、活动目标、计划、记录、成员名单、总结、学生评价、其他附件照片。	查看过程性资料 观摩成果展示

四、搭载"精彩之旅",落实研学旅行课程

"精彩之旅"是我校各学科组围绕国家基础课程体系开展的学生综合性实践活动。它注重学生的体验,倡导在课堂之外、在校园之外、在大自然中、在大社会里进行实践,丰富学习体验,拓展综合技能。

(一)"精彩之旅"的主要类型

学校结合自身特点和教育的需要,在学校统整课程实施中,为学生的综合学习提供通道,为学生的个性化发展开辟新的学习领域。这类校本课程统筹在"智慧城课程"体系内,让学生进行综合实践活动,主要从社会考察活动、专题教育活动、自然探究活动等方面开展。

具体活动主要有春秋游、研学游、合肥工业大学一日游、游安徽省科技馆、走进博物馆等社会考察活动;雏鹰假日小队活动、清明祭扫、走进法院、社区志愿服务、交通安全劝导、推普周等专题教育活动;游美丽花园城、蜀山烈士陵园、董埔湖、科学岛、蜀山西部新城等自然探究活动。

(二)"精彩之旅"的评价要求

针对学校"精彩之旅"开展的学生综合性实践活动,评价标准体系一是从学生个人参与实践活动情况进行量表评价,该量表从参与态度、与他人合作情况、研究积极性、成果积累和创新求异等方面设立维度,给予学生优、良、合格等评价。二是对小组进行量表评价,设立实践活动课题、参与人员、学习态度、合作情况、实践能力、成果评定等一级指标,对一级指标再分类设置二级指标考核范围,最终形成三级指标的关键评价要素,从而形成可操作性的量表。

五、力推"精彩专题",实现立德树人目标

新城小学"精彩专题"弘扬"钻研、进取、挑战、合作"的新城精神,致力让学校的每一个孩子成为最好的自己,培养具有"雅、乐、勇、信"精神品质的新城精彩少年。

(一)"精彩专题"的课程设计

学校以"精彩专题"为纲,构筑"有品有味""有声有色""有源有本""有来有往""有物有则"五个维度的德育项目体系,培养"雅、乐、勇、

信"的新城精彩少年,让新城的每一个孩子成为最好的自己。在学校"精彩专题"课程的引导下,孩子将通过以下五个维度的学习达成以下育人目标:

通过"有品有味"国学修身课程,帮助学生习得优良中华民族传统文化、国学经典,强化文明习惯养成,培养学生爱国、爱家、爱校的思想感情;

通过"有源有本"缤纷节日课程,让学生在学中玩、玩中学,用活动培育人,以实践促成长;紧扣传统节庆活动,在孩子的心灵中播种传统文化的根。开发以"我们的节日"为主题的系列活动课程,将传统文化与"四大"节日(春节、清明、端午、中秋)有机结合,立足学生的需要,锻炼学生的能力,丰富其精神文化生活,促进学生发展核心素养。

通过"有声有色"阅读课程,培养学生热爱阅读、独立阅读的能力。通过阅读技能和方法的指导,加强学生在理解、鉴赏文学作品,体会作者精神世界方面的体验,并促成其通过丰富的阅读,形成良好的语感,发展出积极、乐观、向上的个性。

通过"有来有往"击剑搏击课程学习击剑本领,在培养学生挑战、拼搏精神的同时,帮助学生树立光明磊落、公平公正、进退有度、百折不挠的人生信念,以良好的心理品德和像击剑一样弯而不折的心理调节能力,去适应充满未知挑战的未来社会。

通过"有物有则"清莲芬芳课程,在建设师德的同时,在学生幼小的心灵中播种下"清莲"之种,"廉洁"意为清廉、公正,不贪取不应得的钱财、不奢侈浪费。通过小手拉大手的活动,进一步深入学生家庭,深入社区,将新城"清香"传播得更远(见表5-7)。

表5-7 合肥市新城小学"精彩专题"课程设置

	课 程 科 目	参与对象	课时安排	课程内容及要求	说明
有品有味	显性课程	语文、品德与社会课程等相关学科课程	全体学生	所有教学时间	教育部门统一教材,形成大教育观,国学经典、文明礼仪教育融入各学科教育中,形成良好的校园氛围	
	隐性课程	早、午诵读亲子共读经典	全体学生	早、午读、在家期间	自编教材,学生在诵读中与圣贤为友,与经典同行	

（续表）

	课程科目		参与对象	课时安排	课程内容及要求	说明
有品有味	校本课程	国学	分学段	每周一课时	自编校本教材，学习优良中华民族传统文化、国学经典，强化文明习惯养成、培养学生的爱国、爱家、爱校的思想感情	
有声有色	显性课程	阅读课	全体学生	每周一节	推荐阅读书籍，对学生进行知识、能力、理想、品德、行规等方面的教育	语文学科的拓展课程
	隐性课程	晨读午诵	全体学生	早读、午休时	经典诵读、美文欣赏	
	校本课程	读书节	全体学生	上半学期	从第一届的成语到第二届的诗词，一路延续，让孩子们在节日中感受书香校园的氛围	学生自主选择修习
		书吧	全体学生	课间	二楼、三楼走廊设有书吧，从科技类到文史类种类丰富，便于孩子随时享受阅读带来的快乐	
		阅读树社团	三至六年级	每周两课时	图书室内每周社团课	
		国学课程	全体学生	每周一节	自编或选用教材，学生发展兴趣爱好、掌握技能，培养良好品性	
有源有本	显性课程	道德与法治	全体学生	按课表进行	用国家编写的教材，有针对性地对学生进行民族精神教育、生命教育等	按国家和学校规定的课时，以班级授课形式组织课堂教学
	隐性课程	语、数、音、体、美、科学、信息科技、英、地方课程	全体学生	按课表进行	在国家统一编写的教材中充分挖掘各学科中的德育内容，寻找适合课程生长的原点，配合多样性的课程模式，进行有效教育	
	校本课程	读书节、科技节、艺术节、体育节	全体学生	每年四月、五月、十月、十二月	每年的校园四大节日都会有着不同的主题，结合不同的主题开展丰富多彩的活动，促进学生的全面发展	
		传统节庆	全体学生	传统节日	元宵节、清明节、端午节、中秋节时以不同形式激发孩子对传统文化的热爱，增强民族自豪感	

（续表）

课程科目		参与对象	课时安排	课程内容及要求	说明
有来有往	显性课程	争章	全体学生	班队会课	在雏鹰争章的评价体系中设置以击剑德行为目标的校本特色章，建立更为具象的德育评价体系	体育学科的校本特色课程
	隐性课程	新城之星	全体学生	一月	体能、动作规范训练，校内开展友谊赛，组队参加各级锦标赛	
	校本课程	击剑课、社团、队训	全体学生	一周一次	掌握一定的击剑技巧，并在日常学习和形式多样的比赛中养成剑礼，实现击剑精神的内化	
有物有则	显性课程	班队会课、国旗下讲话、校园广播站	全体学生	周一班队会课	少先队活动是基础教育阶段学生德育的有效手段，通过节水、节电、保护环境、谈谈零花钱的使用等主题培养学生的勤俭节约的美好品质	
	隐性课程	墙面文化	全体学生	全年	学校的文化建设突显廉洁教育特色，墙体或其他学生目光所及之处利用各种廉洁故事丰富校园文化	
	校本课程	比赛、征文	分学段参与	每学期一至二次	每学期开展形式多样的活动，如变废为宝手工制作、欢乐淘宝节、雏鹰小队进社区宣讲、唱廉洁歌曲、讲廉洁故事、廉洁征文	

（二）"精彩专题"的课程评价

"精彩专题"课程活动要规范化、科学化，构建符合新课程标准和适合学生年龄特征的评价体系，各活动开展能够围绕项目活动开展的目的、内容、方式、过程和效果进行评价。开展活动注重普及性，强调学生的全部参与。开展活动注重家、校、社会各种资源的整合，强调课程资源形成合力。开展活动注重评价的层次性和多样性，强调评价的针对性和有效性。这样才能保证"智慧城"课程高效地开展，从而真正促进学生的发展，收集方案、计划、过程材料、活动总结、评定奖项等。综上，学校制定了《合肥市新城小学"雅、乐、勇、信"橙宝评选标准》（见表5-8）。

表5-8　合肥市新城小学"雅、乐、勇、信"橙宝评价表

称号	评选条件	奖励机制	晋级标识
小"雅宝"	1. 热爱祖国，热爱中国共产党，明确少先队员的身份，不做不符合少先队员行为规范的事。 2. 课堂上，能认真倾听，积极发表自己的见解，乐于探索，养成阅读的习惯。 3. 每周按要求穿戴全套校服，佩戴红领巾。 4. 衣物干净，衣领翻好，不穿破洞牛仔裤。 5. 勤洗手，勤理发，讲究卫生。 6. 上下楼梯互礼让，楼道、楼外不追逐打闹。不大声喊叫或尖叫出怪声。 7. 安全活动，爱护公物。不踩桌椅板凳，不攀折植物，不捡拾鹅卵石。 8. 不说脏话，不取笑他人。不适合少先队员身份的网络用语不说。见到老师行队礼问候。 9. 无论课上课下做到尊敬师长，语言谦逊，服从管理。 10. 同学相处和睦，不争吵、不打闹，谦让、理解、包容、互助。	作业免写卡一张（每张限免一项） 评优评先加三分（不累计） 做一天老师小助手 三年级以上可体验一日大队委工作	小雅宝卡通公仔
大"雅宝"	累计三次被评为小"雅宝"可升级为大"雅宝"。每月两次（5日、20日），由各班级评选出一位"雅宝"，学校进行表彰。累计获得三次"雅宝"称号升级为大"雅宝"，奖励可爱小公仔一只。	和校长共进下午茶一次或与校长散步（可自行选择心仪的校长） 作业免写卡两张（每张限免一项） 按照自己的意愿换座位一次 参与升旗仪式，与旗手一同升旗	大雅宝卡通公仔
"乐宝"	1. 活泼开朗，充满朝气。 2. 有才能、乐于展示。在校园读书节、艺术节、科技节中表现突出。 3. 乐于助人，获得班级同学一致认可。 评选方法：不定期评选。	奖章、奖状、评优评先加两分（不累计） 作业免写卡一张（每张限免一项） 做一天老师小助手	乐宝卡通公仔
"勇宝"	1. 在校阳光体育节中表现突出。 2. 参与击剑队、田径队等校队训练，并取得优异成绩。 评选方法：不定期评选。		勇宝卡通公仔
"信宝"	1. 诚实守信，对同学、父母、老师做到不撒谎，犯了错误积极改正，及时挽救。 2. 自信，充满正能量。通过自己的努力获得某方面阶段性进步。 评选方法：不定期评选。		信宝卡通公仔

六、编织"精彩节日",营造校园文化氛围

元宵、清明、端午等中国传统节日和国家重大纪念日含有丰富的教育内容,是开展主题教育的重要载体。新城小学在开展丰富多彩的节日文化教育、宣传活动的同时,通过营造浓郁的文化教育氛围,引导孩子挖掘节日文化的内涵,搭建孩子的展示平台,既提升了校园文化,又彰显了学校的特色教育。

(一)"精彩节日"的课程设计

我校"精彩节日"的课程设计主要通过国家的传统节日、现代节日、学校传统的特色节日,让学生在缤纷的节日课程中增长见闻,认识自我,提高自我,努力成为最好的自己(见表5-9、表5-10、表5-11)。

表5-9 合肥市新城小学"精彩节日"传统节庆课程

月份	节日	主题	活动
一月	春节	浓浓的团圆情	剪窗花、写对联、说拜年话
二月	元宵节	满满的思念情	赏花灯、猜灯谜、吃元宵
四月	清明节	深深的故乡情	忆先烈故事、制作思念花、扫墓
六月	端午节	火热的爱国情	包粽子、念屈原
八月	中秋节	淳淳的民族情	做月饼、绘月亮、讲故事
九月	重阳节	真挚的敬老情	敬老人、献孝心
十二月	冬至	暖暖的思乡情	包饺子、吃汤圆

表5-10 合肥市新城小学"精彩节日"现代节庆课程

时间	节日	主题	活动
一月	元旦	新年新气象	1. 制作一份新年规划 2. 订下一个小小目标
三月	妇女节	我爱妈妈	1. 亲手给妈妈制作一张贺卡 2. 给妈妈唱一支歌 3. 给妈妈说一句暖心的话 4. 为妈妈做一件力所能及的事
五月	劳动节	劳动最光荣	1. 我是社区服务小能手 2. 我身边的劳动模范 3. 评选班级劳动小模范
六月	儿童节	少年强则国强	1. 亮亮我的成绩单 2. 才艺展示

(续表)

时间	节日	主题	活动
七月	建党节	我是优秀少先队员	1. 学习党的历史 2. 学画党旗、党徽 3. 我身边的党员
八月	建军节	拥军爱军	1. 走进军队 2. 革命故事比赛 3. 赠送拥军大红花
九月	教师节	老师，您辛苦了	1. 出一版敬师黑板报 2. 我给老师敬杯茶 3. 说一句感谢老师的话
十月	国庆节	祖国妈妈我爱你	1. 学唱国歌 2. 国旗国旗我爱你 3. 爱国歌曲合唱比赛 4. 我做升旗手

备注：特殊日活动如世界水日、地球日、学雷锋纪念日、毛泽东诞辰纪念日等开展相关活动。

表5-11　合肥市新城小学"精彩节日"校本节庆课程

时间	节庆课程名称	活动
四月	精彩校园科技节	科技动手做、科技宝贝秀、精彩小创客、科幻画、科普讲座、科技体验
五月	精彩文化艺术节	歌手大奖赛、器乐大奖赛、传统文化作品展、画展、课本剧大赛等
九、十月	精彩阳光体育节	校园广播操比赛、体质达标运动会、击剑班际比赛、趣味运动会
十一、十二月	精彩品味读书节	征文比赛、知识擂台、图书漂流、阅读分享红色经典、走进国学

（二）"精彩节日"的评价标准

"精彩节日"评价标准的设置首先由学校教导处和德育处共同牵头，组织各学科老师，针对课程活动设计活动、赛事的评价表，来评价学生在校园节日中的表现，并与新城"橙宝"评选结合起来，从中评选出"节日之星"。（见表5-12）

表5-12　合肥市新城小学"精彩节日"评价表

评价内容	评 价 标 准	评 分
方案设计 20分	1. 主题突出明确，有实际教育意义； 2. 活动内容详细，符合学生身心发展特点； 3. 人员安排得当，调动集体力量。	
节日开展 40分	1. 学生参与，学生充分展现自我； 2. 团队合作，群体共同完成活动； 3. 师生互动，师生一起达成活动课程。	
效果呈现 30分	1. 践行体会，在体验中完成课程； 2. 共享过程，师生活动兴致高昂； 3. 收获良多，学生收获丰富。	
后期跟进 10分	1. 及时总结，师生共同总结课程活动情况； 2. 记录反思，回看课程所达到的效果； 3. 形成经验，为今后此类课程积累经验。	
总评得分		
备注	A等级90分—100分　　B等级75分—89分 C等级60分—74分	

总之，"精彩教育"已成为合肥市新城小学发展的新篇章，在走特色办学、品质发展、文化建设的道路上，"智慧城课程"为学校搭建了快车道，使学校赢得了家长、社会的广泛赞誉。未来，我们将继续秉承"金诚所至　金石能开"的校训精神，践行"我们与世界只差一个精彩的你"这一办学理念，培养朝气蓬勃的精彩少年，创造精彩纷呈的美好未来。

（撰稿者：余华　冯璨璨　朱军）

第六章

寓教于乐即课程生长

寓教于乐是指在娱乐中寄托教育的作用，在课程教学中融入让学生娱乐的元素，增强课程教学的创造力，让课程教学变得更加新颖，让学生能够在欢愉的氛围中积极学习，使学生更容易在课程学习中得到满足。寓教于乐改变了课程教学的实际状况，使课程教学真正成为寓教于乐的温床，使课程教学变得更加新颖。

寓教于乐即课程创造，对于课程教学来说，一定要懂得将寓教于乐运用于课程教学之中，在娱乐中寄托教育的作用，会使课程教学变得更加具有娱乐性，使学生在娱乐之中学习课程，从而增强课程教学的创造力，让课程教学变得更加新颖，使学生更容易在课程学习中得到满足。寓教于乐不是一句口号，更不是为了应付而做出的举动，其应该自然深入地融入课程教学之中，只有这样才可以发挥寓教于乐的真正作用。

寓教于乐就是课程创造，寓教于乐就是在课程教学中融入让学生娱乐的元素，从而带给学生更多的快乐，让学生能够在欢愉的氛围中积极学习，让学生领略到课程学习中也是包含着很多欢乐的。寓教于乐会让学生们更好地开展课程学习，能够处理好老师和学生之间的关系，使更多的学生明白老师的用心良苦，知道寓教于乐教学方式的重要性。在寓教于乐的教学过程中，老师会因为寓教于乐的教学特点而大受学生的欢迎，而学生们也会在寓教于乐的学习中体味学习带来的愉悦心情，让学生们感受到课程学习也可以是丰富精彩的，也蕴含着很多的欢乐成分[1]。

作为老师来说，必须要懂得如何运用寓教于乐的教学方式，如何依靠寓教于乐来改变课程教学的实际状况，使课程教学真正成为寓教于乐的温床。老师必须要深入理解和掌握寓教于乐，多进行学习和培训，学习更多寓教于乐的教学方式，使自己的课程教学变得更加具有张合力。老师要具备丰富的寓教于乐理念，使寓教于乐的教学观念变得根深蒂固，不仅如此，还应该改变寓教于乐的教学方法，依靠游戏、故事、竞赛、活动等不同的方式充斥课程教学，让学生们在学习中感受到足够的快乐。寓教于乐是一种对待教学的态度，更是老师寻求良好教学效果的良方妙药，应该被每一个老师重视起来，只有依靠寓教于乐开展课程教学，才可以使课程教学变得丰富多彩，赢得更多学生的喜欢。

寓教于乐是对课程教学的创造，老师应该懂得怎样来开展寓教于乐教学，只有具备创造力，才可以真正地改变课程教学，使课程教学走向更加美好的发展之地。寓教于乐需要老师真正理解和体悟，找到寓教于乐的精髓，寓教于乐的精髓就是乐，让教学充满乐趣，让教学变成一种轻松自然的氛围，使

---

[1] 姜双春.益智课程　助力学生能力成长［J］.中小学教学研究，2018（09）：90-92.

学生感觉到学习的轻松，使更多的学生渐渐地感受到教学带给自己的成长和进步。每一个学生都是老师眼中的花朵，老师应该平等地对待每一个学生，让学生们在寓教于乐的教学作用下获得成长，得到知识的供养，从而养成良好的学习态度，以轻松愉悦的心情来学习，这样学生们才乐于接受老师的寓教于乐教学，才能感受到学习带给自己的美好。相信学生们一定会在寓教于乐的教学方式下培养自己的创造力，使自己具备更加强烈的创新精神。而老师开展的寓教于乐教学也可以带给课程教学无限的创造力，让寓教于乐教学开启教学的新路程，使课程教学走向更加美好的未来。

（撰稿者：陈慧）

特色学校　合肥市琥珀小学
特色课程　美好派课程：向着美好生长

　　合肥市琥珀小学位于合肥市蜀山区琥珀山庄小区内，于1993年建校。学校的前身是一所建于二十世纪七十年代的乡村小学。2008年9月，合肥市琥珀小学西区（翠竹园校区）正式投入使用。两校区现有2000多名师生，占地面积13000多平方米。我们始终秉承"尚德求真 温润纯粹"的校训，在一支优质均衡的教师队伍的共同努力下，这里成为孩子们的美好乐园。学校自办学以来，先后被评为"全国首批青少年校园足球布局学校""全国零犯罪示范校""安徽省家教名校""安徽省文明单位""合肥市外籍子女定点学校""合肥市文明校园""合肥市素质教育示范学校"。

第一节

美好生长是最美的姿态

一、学校教育哲学

我们认为学校教育就是要让每一个孩子都拥有美好未来，邂逅一场美好的生命之旅；让孩子们在最美的年华，做最好的自己，在美好中不知不觉成长。因此，我们提出"美好教育"的教育哲学。"美好教育"是以美好之手段培育美好之人的教育。它是温润的教育，滋润心灵；是纯粹的教育，朴实无华；是灵动的教育，智慧生长；是美丽的教育，自然和谐。基于上述理解，我们秉持如下教育信条：

我们坚信，
人生而温润美好；
我们坚信，
学校是一个美好的地方；
我们坚信，
向着美好生长是教育最美的姿态；
我们坚信，
让每一位教师美好地工作是学校发展的力量；
我们坚信，
让每一个孩子拥有美好的未来是教育的神圣使命。

二、学校办学理念

基于学校的教育哲学，我们确定如下办学理念："让每个孩子都拥有美好的未来"。我们始终坚信，只有保持独立的个性，才能展现生命的美好；只有保持美好的心灵，才能体会生命的意义。教育是美好的事业，学习是最美的语言姿态。让每一个孩子过美好而温润的生活，让每一个孩子拥有美好的未来是教育的使命。

三、学校课程理念

基于学校的教育哲学和办学理念，我们提出了"向着美好生长"的课程理念。我们以课程标准要求为基础，以学校特色课程为补充，建立了与学生全面发展需求相一致的，有助于促进学生特长发展，提高综合品质的特色鲜明的课程体系。我们认为：

——课程是美好的体验。课程是一种体验，以体验式教学方式为主，采用互动式情景教学。课程在体验的基础上，以师生互动、角色演练、案例分析等多种形式展开。

——课程是成长的方向。课程是学生成长的方向，成功的课程是为孩子的成长确定人生的方向。所以我们的追求在于使教育内容与教育方式符合儿童身心发展的实际，促进儿童向着正确的方向健康成长。

——课程是个性的张扬。课程主张积极向上，个性张扬。张扬是一种自信，是一种勇气。我们要向孩子呈现的就是各种能张扬学生个性、蕴含德行发展的开放课程、生活课程。

总之，课程是对学生最好的教育，课程变革更是教育发展强大的动力。在学校办学理念和课程理念的引领下，我们提出"美好课程"的学校课程模式。

第二节

让每个孩子都拥有美好的未来

一、学校育人目标

"美好教育"是我们的教育哲学,"美好教育成就精彩人生"是学校的办学宗旨;"让每个孩子都拥有美好的未来"是我们的办学理念;"向着美好生长"是学校的课程理念。基于上述核心价值理念,我们确定学校的育人目标是"温润、纯粹、灵性、美丽"的"小琥娃",具体内容如下:

——温润:温润谦和,有修养,有内涵,有气质。

——纯粹:朴实无华,学真知,做真人,干真事。

——灵性:智慧灵动,会学习,会实践,会创新。

——美丽:自然和谐,发现美,欣赏美,表现美。

二、学校课程目标

学校的育人目标需要通过课程更好地实施与完成,为了实现育人目标,我们将"温润、纯粹、灵性、美丽"这四个育人目标进行细化,形成各个年段的课程目标(见表6-1)。

表6-1 合肥市琥珀小学"美好课程"各年段目标

课程目标 育人目标	低 年 级	中 年 级	高 年 级
温润	爱祖国,爱家庭,爱同学。尊重老师,尊重长辈,听从老师与父母的话。	爱党,初步理解社会主义核心价值观,能够约束自己的不当行为,有感恩之心。	了解党史,体会社会主义核心价值观对形成良好社会风尚所具有的意义,能有意识地继承和发扬这些美德。

（续表）

课程目标 育人目标	低 年 级	中 年 级	高 年 级
纯粹	自觉遵守学校和班级的各项规章制度；能够完成力所能及的劳动。	具有集体荣誉感和责任心；热爱劳动，能够完成学校和家庭规定的劳动任务。	热爱集体，关心他人；热爱劳动，初步掌握一些劳动技能，能够进一步在工业、农业、商业劳动中体验价值获得成长。
灵性	热爱学习，逐步了解良好的学习习惯；能提出"为什么"，并能尝试去探究问题；能主动学习，对问题有自己的看法。	热爱学习，有学习兴趣；有一定的动手和创造能力；初步养成良好的学习习惯；主动探究。	热爱学习，学习兴趣浓厚；具有一定的创造力；能够有比较科学的学习方法和良好的习惯，具有自信及积极向上的心理品质。
美丽	积极参加体育活动，掌握简单的体育动作；积极参加艺术活动，感受艺术活动给自己带来的愉悦体验。	掌握稍微有难度的体育动作，初步养成锻炼身体的习惯；有一定审美能力，具有积极、乐观的生活态度和健康的心理。	掌握一至二项体育技能，有健康的身心素质；热爱艺术，有自己的艺术特长；能欣赏作品，感悟经典，提高艺术方面的综合素养和能力。

第三节

描绘美好课程的蓝图

我们遵循"让每个孩子都拥有美好未来"的办学理念,以多元智能理论为基础,以育人目标为导向,形成多维度全景式课程结构体系。

一、学校课程逻辑(见图6-1)

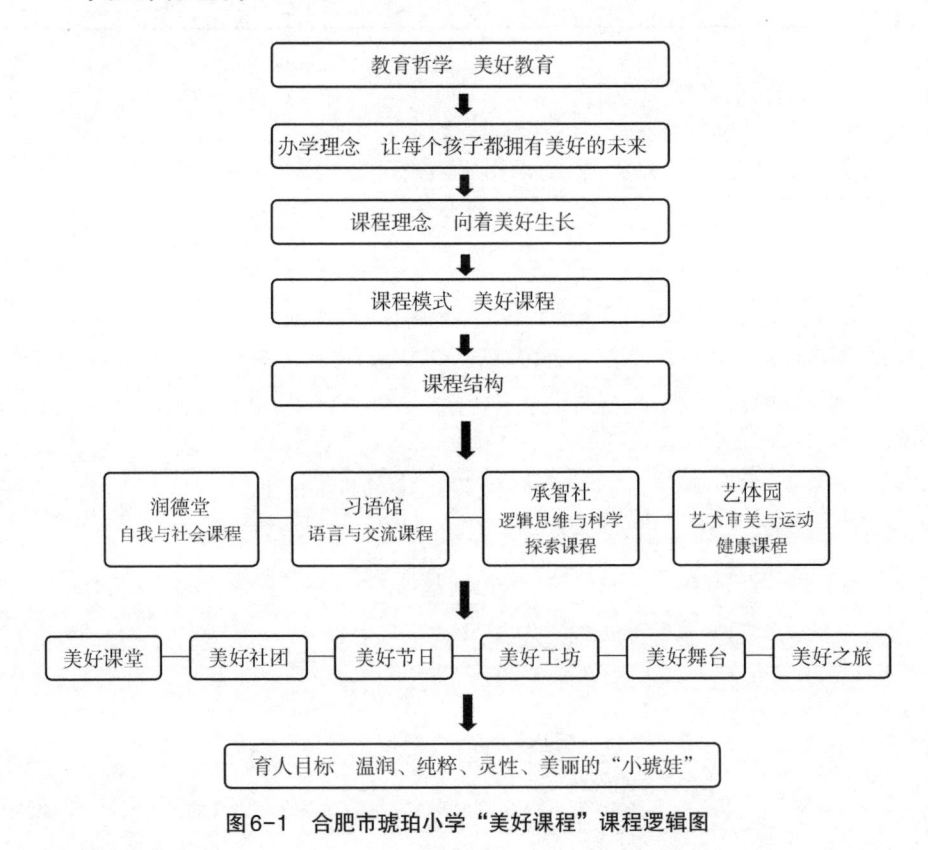

```
教育哲学  美好教育
    ↓
办学理念  让每个孩子都拥有美好的未来
    ↓
课程理念  向着美好生长
    ↓
课程模式  美好课程
    ↓
课程结构
    ↓
润德堂          习语馆          承智社            艺体园
自我与社会课程   语言与交流课程   逻辑思维与科学     艺术审美与运动
                                探索课程          健康课程
    ↓
美好课堂 — 美好社团 — 美好节日 — 美好工坊 — 美好舞台 — 美好之旅
    ↓
育人目标  温润、纯粹、灵性、美丽的"小琥娃"
```

图6-1 合肥市琥珀小学"美好课程"课程逻辑图

二、学校课程结构

我们根据多元智能理论，并围绕"温润、纯粹、灵性、美丽的'小琥娃'"的育人目标，建构了四大课程群：润德堂——自我与社会课程；习语馆——语言与交流课程；承智社——逻辑思维与科学探索课程；艺体园——艺术审美与运动健康课程（见图6-2）。

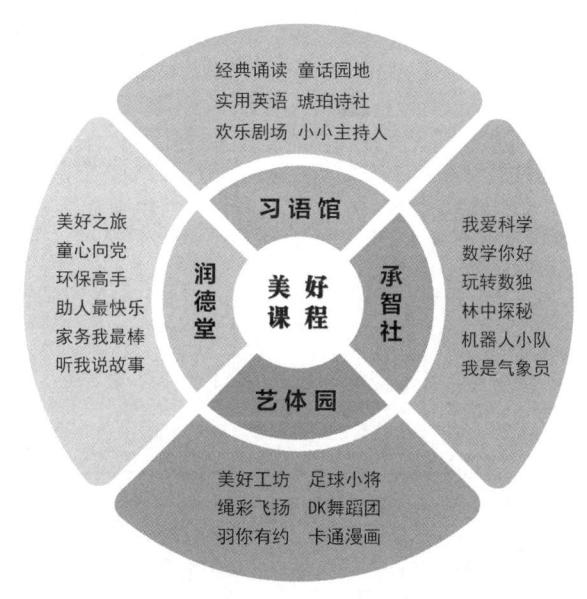

图6-2 合肥市琥珀小学"美好课程"课程结构图

三、学校课程设置

我们坚持"美好教育成就精彩人生"的办学宗旨，努力做到让我们的孩子成为温润、纯粹、灵性、美丽的"小琥娃"。学校课程具有体验型、开放性的特质，为实现"向着美好生长"的课程理念，我们设置如下年级段课程（见表6-2）。

表6-2 合肥市琥珀小学各年级课程设置

课程设置 年级	润德堂	习语馆	承智社	艺体园
一年级	1. 红领巾小主人 2. 美好之旅 3. 什么是亲情	1. 经典诵读 2. 我爱普通话 3. 故事屋	1. 乐高机器人 2. 数学，你好 3. 我爱科学	1. 美好工坊 2. 足球小将 3. 我爱游戏

（续表）

课程设置 年级	润德堂	习语馆	承智社	艺体园
二年级	1. 红领巾迎风飘 2. 美好之旅 3. 听我说故事	1. 童话园地 2. 创想语文 3. 经典诵读 4. 童话园地	1. 有趣的图形 2. 科学幻想画 3. 机器人小队	1. 美好工坊 2. 足球小将 3. 绳彩飞扬
三年级	1. Say Hello! 2. 美好之旅 3. 礼字当先	1. 经典诵读 2. 我是小书虫 3. 实用英语 4. 故事屋	1. 神奇的魔方 2. 奇妙博物馆 3. 科学与生活	1. DK舞蹈团 2. 琥珀流光合唱 3. 小豆点简笔画 4. 心理健艺
四年级	1. 童心向党 2. 我是好公民 3. 美好之旅 4. 助人最快乐	1. 经典诵读 2. 我爱英语 3. 小小主持人	1. 玩转数独 2. 创意设计 3. 我是气象员	1. 足球小子 2. 灌篮高手 3. 七色花美术 4. 羽你有约 5. DK舞蹈团 6. 琥珀流光合唱
五年级	1. 美好之旅 2. 家务我最棒 3. 环保高手	1. 经典诵读 2. 小小主持人 3. 琥珀诗社	1. 林中探秘 2. 神奇的数字 3. 计算机编程	1. 羽你有约 2. 卡通漫画 3. 美好工坊
六年级	1. 我是学长 2. 美好之旅 3. 厉害了，我的国 4. 精彩小学生	1. 我爱诗词 2. 英美文化赏析 3. 欢乐剧场	1. 环保与生活 2. 计算机编程 3. 数学的妙用	1. 美好工坊 2. 国球社 3. 棋魂社

四、学校课程内容设置

（一）一年级课程内容设置（见表6-3）

表6-3　合肥市琥珀小学一年级课程内容设置

课程维度	课程安排		课 程 内 容
润德堂	上册	美好秋之旅（必修）	利用秋季研学游培养孩子认识自我，认识自然。
		红领巾主人（必修）	利用班会时间对红领巾知识进行讲解，使孩子具备基本入队前知识。
	下册	美好春之旅（必修）	利用春季研学游培养孩子认识自我，认识自然。
		什么是亲情（选修）	利用班队会、晨会时间对中华传统亲情进行讲解，使孩子了解孝道，具备基本的礼仪修养。

（续表）

课程维度	课程安排		课　程　内　容
习语馆	上册	经典诵读（必修）	通过吟唱古诗儿歌，培养和激发孩子用朗诵传承经典文化。
		我爱普通话（必修）	以分享为目的，激励孩子用普通话表达欲望和真情实感，鼓励孩子表达自我。
	下册	经典诵读（必修）	通过吟唱古诗儿歌，培养和激发孩子用朗诵传承经典文化。
		故事屋（必修）	通过故事动画或经典绘本的引入，带领孩子了解故事的内容，在故事中感受语言交流。
承智社	上册	乐高机器人（选修）	对随意立体图形进行创意拼搭，培养孩子的空间观念。
		数学你好（必修）	通过读绘本，借助绘本中的情景，更好地帮助孩子理解一些与生活相关的数学问题。
		我爱科学（必修）	帮助孩子认识中国从古至今科学家的童年趣事。
	下册	乐高机器人（选修）	对给定立体图形进行创意拼搭，培养孩子的空间观念。
		数学你好（必修）	通过读绘本，借助绘本中的情景，更好地帮助孩子理解一些与生活相关的数学问题。
		我爱科学（必修）	帮助孩子认识世界大科学家的童年趣事。
艺体园	上册	美好工坊（必修）	利用物体切面纹理进行涂色印染绘画，感知物体纹理的奇妙。
		足球小将（选修）	帮助孩子了解足球基本知识和常识。
		我爱游戏（选修）	通过儿童趣味游戏，培养基本身体协调能力。
	下册	美好工坊（必修）	通过泥塑培养孩子动手能力和指关节的运动能力。
		足球小将（选修）	帮助孩子了解足球基本知识和常识。
		我爱游戏（选修）	通过儿童趣味游戏，培养孩子的基本身体协调能力。

（二）二年级课程内容设置（见表6-4）

表6-4　合肥市琥珀小学二年级课程内容设置

课程维度	课程安排		课　程　内　容
润德堂	上册	红领巾迎风飘（必修）	利用班队会时间对红领巾的意义进行讲解，使孩子认识红领巾的意义，具备基本入队前知识。
		美好秋之旅（必修）	利用秋季研学游培养孩子集体主义精神和人际交往能力，认识自我、认识自然。

（续表）

课程维度	课程安排		课 程 内 容
润德堂	下册	听我说故事（选修）	通过让孩子们说出自己身边发生的亲情故事和听到的亲情故事，感受家庭的温暖。
		美好春之旅（必修）	利用春季研学游培养孩子集体主义精神和人际交往能力，帮助孩子认识自我，认识自然。
习语馆	上册	童话园地（必修）	指导孩子阅读中国古代童话故事，说说童话故事的道理。
		创想语文（必修）	通过阅读绘本，借助绘本中的情景，更好地帮助孩子掌握写话基本技巧。
	下册	经典诵读（必修）	通过吟诵古诗文，培养和激发孩子用朗诵传承经典文化。
		故事屋（必修）	通过引入故事动画或经典绘本，带领孩子理解故事的内容，在故事中感受语言交流。
承智社	上册	有趣的图形（必修）	利用七巧板进行创意拼图，培养孩子的空间观念。
		科学幻想画（选修）	指导欣赏科幻画，指导创作科幻画，展示优秀科幻画。
		机器人小队（选修）	少儿机器人入门基础知识培训（一）
	下册	有趣的图形（必修）	利用多边形模型图形进行创意拼图，培养孩子的空间观念。
		科学幻想画（选修）	指导欣赏科幻画，指导创作科幻画，展示优秀科幻画。
		机器人小队（选修）	少儿机器人入门基础知识培训（二）
艺体园	上册	美好工坊（必修）	利用七彩泥塑培养孩子动手能力和创意能力。
		足球小将（选修）	帮助孩子了解足球基本知识和常识。
		绳彩飞扬（必修）	让孩子掌握跳绳的基本脚步。
	下册	美好工坊（必修）	利用七彩泥塑培养孩子动手能力和创意能力。
		足球小将（选修）	帮助孩子了解足球基本知识和常识。
		绳彩飞扬（必修）	让孩子掌握跳绳的基本脚步并培养孩子的身体协调能力。

（三）三年级课程内容设置（见表6-5）

表6-5　合肥市琥珀小学三年级课程内容设置

课程维度	课程安排		课　程　内　容
润德堂	上册	Say Hello!（选修）	利用英语课培养孩子大胆表达自己观点的能力，增强孩子们的自信心。
		美好秋之旅（必修）	利用秋季研学游培养孩子集体主义精神，培养同伴互助精神，帮助孩子认识自我，了解自然。
	下册	礼字当先（选修）	利用班队会时间对日常生活中常见的礼仪进行讲解，使孩子掌握其使用的环境及方式。
		美好春之旅（必修）	利用春季研学游培养孩子集体主义精神，培养同伴互助精神，帮助孩子认识自我，了解自然。
习语馆	上册	经典诵读（必修）	通过吟诵经典文章，培养和激发孩子用朗诵传承经典文化。
		我是小书虫（选修）	通过阅读指定少儿读本，培养孩子的阅读兴趣，提升孩子的人文素养。
	下册	故事屋（必修）	通过引入经典故事读本，带领孩子理解故事的内容，在故事中感受语言交流。
		实用英语（选修）	带领孩子学习日常英语对话：问候用语、就餐用语、购物用语，了解英语歌谣、英语故事等，培养孩子更好地了解英语文化。
承智社	上册	神奇的魔方（选修）	通过介绍魔方的起源、规则以及基本技巧，提高孩子的逻辑推理能力。
		奇妙博物馆（选修）	带孩子走进场馆感受场馆实物教学，丰富孩子探索自然科学和人文底蕴的途径。
		科学与生活（必修）	农业科普（上）、气象科普（上）
	下册	神奇的魔方（选修）	通过介绍魔方的起源、规则以及基本技巧，提高孩子的逻辑推理能力。
		奇妙博物馆（选修）	带孩子走进场馆感受场馆实物教学，丰富孩子探索自然科学和人文底蕴的途径。
		科学与生活（必修）	农业科普（下）、气象科普（下）、科学膳食
艺体园	上册	DK舞蹈团（选修）	帮助孩子掌握舞蹈常识，练习基本训练组合，学习与了解不同舞种。
		心理健艺（选修）	帮助孩子认识自我。
		琥珀流光合唱（选修）	带领孩子学习多声部五线谱的认谱。
		小豆点简笔画（必修）	帮助孩子掌握绘画基本常识，练习基本训练线条，学画简笔画。

（续表）

课程维度	课程安排	课程安排	课程内容
艺体园	下册	DK舞蹈团（选修）	帮助孩子掌握舞蹈常识，练习基本训练组合，学习与了解不同舞种，学习成品舞。
		琥珀流光合唱（选修）	带领孩子学习多声部五线谱的认谱。
		小豆点简笔画（必修）	帮助孩子掌握绘画基本常识，练习基本训练线条，学画简笔画。

（四）四年级课程内容设置（见表6-6）

表6-6　合肥市琥珀小学四年级课程内容设置

课程维度	课程安排	课程安排	课程内容
润德堂	上册	童心向党（必修）	利用主题班会和晨会进一步培养孩子的爱党情怀，了解没有中国共产党就没有新中国。
		我是好公民（必修）	利用班队会时间进一步深化安全、法治、环保教育。
		美好秋之旅（必修）	利用秋季研学游培养孩子集体主义精神，培养合作精神，认同自我，探索自然。
	下册	童心向党（必修）	利用主题班会和晨会进一步培养孩子爱党情怀，认识没有中国共产党就没有新中国。
		美好春之旅（必修）	利用秋季研学游培养孩子集体主义精神，培养合作精神，认同自我，探索自然。
		助人最快乐（选修）	利用晨会宣传好人好事，表彰孩子们助人为乐的行为。
习语馆	上册	经典诵读（必修）	通过吟诵经典文章，培养和激发孩子用朗诵传承经典文化。
		我爱英语（选修）	通过观看英语影片培养孩子语感，鼓励孩子用英语为影片配音。
		小小主持人（选修）	利用校广播站培养小主持播音基本技能。
	下册	经典诵读（必修）	通过吟诵经典文章，培养和激发孩子用朗诵传承经典文化。
		我爱英语（选修）	通过观看英语影片培养学生语感，鼓励孩子用英语为影片配音。
		小小主持人（选修）	利用校广播站培养小主持播音基本技能。
承智社	上册	玩转数独（选修）	初步认识数独，掌握唯一解法技巧、基础屏蔽法技巧、区块屏蔽法技巧、唯余解法技巧。培养孩子的数感，拓展孩子思维。
		创意设计（选修）	欣赏创意设计，画创意设计图，制作创意成品。
		我是气象员（选修）	利用学校小小气象观测站，了解气象对人类生活的影响与作用。

（续表）

课程维度	课程安排	课程内容
承智社	下册	
	玩转数独（选修）	深入认识数独，掌握唯一解法技巧、基础屏蔽法技巧、区块屏蔽法技巧、唯余解法技巧。培养孩子的数感，拓展孩子思维。
	创意设计（选修）	欣赏创意设计，画创意设计图，制作创意成品。
	我是气象员（选修）	利用学校小小气象观测站，了解气象对人类生活的影响与作用，认识常见的气象灾害。
艺体园	上册	
	足球小子（选修）	了解足球比赛基本阵型和比赛规则，掌握足球传切球技术。
	羽你有约（选修）	培养孩子掌握羽毛球的基本规则和打法。
	灌篮高手（选修）	培养孩子掌握篮球的基本知识和技能。
	DK舞蹈团（选修）	培养孩子掌握中国古典舞蹈常识，练习基本训练组合，学习与了解不同舞种，学习成品舞。
	琥珀流光合唱（选修）	带领孩子学习多声部五线谱的认谱，学会循环呼吸、二部和声的配合。
	七色花美术（必修）	教授各种儿童绘画技能，初步感知一定的审美情趣。
	下册	
	足球小子（选修）	了解足球比赛基本阵型和比赛规则，掌握足球传切球技术。
	羽你有约（选修）	培养孩子掌握羽毛球的基本规则和打法。
	DK舞蹈团（选修）	培养孩子掌握中国古典舞蹈常识，练习基本训练组合，学习与了解不同舞种，学习成品舞。
	灌篮高手（选修）	培养孩子掌握篮球的基本知识和技能。
	琥珀流光合唱（选修）	带领孩子学习多声部五线谱的认谱，学会循环呼吸、二部和声的配合。
	七色花美术（必修）	教授各种儿童绘画技能，初步形成一定的审美情趣。

（五）五年级课程内容设置（见表6-7）

表6-7　合肥市琥珀小学五年级课程内容设置

课程维度	课程安排	课程内容
润德堂	上册	
	美好秋之旅（必修）	利用秋季研学游培养孩子集体主义精神，培养同伴合作精神，帮助孩子发现自我，探索自然。
	家务我最棒（选修）	定期组织开展家务劳动摄影展，培养孩子劳动观念。
	环保高手（选修）	利用安农大大学生志愿者来校进行环保讲座和野外拓展，培养孩子环保意识。

（续表）

课程维度	课程安排		课程内容
润德堂	下册	美好春之旅（必修）	利用春季研学游培养孩子集体主义精神，培养同伴合作精神，帮助孩子发现自我，探索自然。
		家务我最棒（选修）	定期组织开展家务劳动摄影展，培养孩子劳动观念。
		环保高手（选修）	利用安农大大学生志愿者来校进行环保讲座和野外拓展，培养孩子环保意识。
习语馆	上册	经典诵读（必修）	通过课本剧表演，培养和激发孩子用朗诵语言传承经典文化。
		小小主持人（选修）	开展主持人课程培养孩子播音主持基本素养。
		琥珀诗社（必修）	举办"飞花令"活动，培养孩子古诗词积累能力。
	下册	经典诵读（必修）	通过课本剧表演，培养和激发孩子用朗诵传承经典文化。
		小小主持人（选修）	开展主持人课程培养孩子播音主持基本素养。
		琥珀诗社（选修）	举办"飞花令"活动，培养孩子古诗词积累能力。
承智社	上册	林中探秘（选修）	介绍认识30种常见园林植物的基本知识。
		神奇的数学（必修）	有趣的数学规律，数字谜，神奇的数学符号，神奇的速算法。
		计算机编程（必修）	以机器人结构设计、模块编程为平台的思维、逻辑、创新训练。
	下册	林中探秘（选修）	介绍认识15种常见中草药植物图谱。
		神奇的数学（必修）	基于数学故事或生活疑问的数学求真、求证。有趣的三维空间数形转换。
		计算机编程（必修）	以机器人结构设计、模块编程为平台的思维、逻辑、创新训练。
艺体园	上册	羽你有约（选修）	培养孩子了解羽毛球的双打基本规则和打法。
		卡通漫画（必修）	培养孩子认识卡通画绘画技巧。
		美好工坊（选修）	培养孩子学习剪纸基本方法。
	下册	羽你有约（选修）	培养孩子掌握羽毛球的双打基本规则和打法。
		卡通漫画（必修）	培养孩子掌握卡通画绘画技巧。
		美好工坊（选修）	带领孩子学习绘画物体轮廓，运用编织法进行经纬线的穿插。

（六）六年级课程内容设置（见表6-8）

表6-8　合肥市琥珀小学六年级课程内容设置

课程维度	课程安排		课　程　内　容
润德堂	上册	我是学长（必修）	利用班队会、晨会时间使孩子理解什么是学长，做一名优秀学长需要哪些必备品质。
		美好秋之旅（必修）	利用秋季研学游培养孩子集体主义精神，培养同伴互助精神，探索自然。
		厉害了，我的国（选修）	利用主题班会和晨会观看纪录片，进一步培养孩子爱国情怀，认识新中国现有的成就。
	下册	美好春之旅（必修）	利用春季研学游培养孩子集体主义精神，培养同伴互助精神，探索自然。
		精彩小学生（必修）	通过精彩事例，培养孩子综合素质，丰富孩子对自己的认识。
		厉害了，我的国（选修）	利用主题班会和晨会观看纪录片，进一步培养孩子爱国情怀，认识新中国现有的成就。
习语馆	上册	我爱诗词（必修）	带领孩子学习古诗词，仿写古诗词，熟练掌握诗词仿写技巧。
		英美文化赏析（选修）	通过观看英文影片，带领孩子用英语交流、配音。
		欢乐剧场（选修）	创编课本剧，带领孩子了解编剧、场务、导演等相关知识。
	下册	我爱诗词（必修）	带领孩子学习古诗词，仿写古诗词，熟练掌握诗词仿写技巧。
		英美文化赏析（选修）	通过观看英文影片，带领孩子用英语交流、配音。
		欢乐剧场（选修）	创编课本剧，带领孩子了解编剧、场务、导演等相关知识。
承智社	上册	环保与生活（必修）	介绍常见的垃圾分类方法。
		计算机编程（必修）	介绍计算机语言，介绍人工智能，科技动手做。
		数学的妙用（选修）	提升孩子的数学综合素养，带领孩子挑战数学难度，提高数学思维。
	下册	环保与生活（必修）	介绍常见的垃圾分类方法。
		计算机编程（必修）	介绍计算机语言，介绍人工智能，科技动手做，3D打印技术。
		数学的妙用（选修）	提升孩子的数学综合素养，带领孩子挑战数学难度，提高数学思维。

（续表）

课程维度	课程安排		课程内容
艺体园	上册	美好工坊（选修）	带领孩子制作水果拼盘。
		国球社（选修）	培养孩子掌握乒乓球基本规则和打法。
		棋魂社（选修）	培养孩子掌握中国象棋的基本知识。
	下册	美好工坊（选修）	带领孩子制作水果拼盘。
		国球社（选修）	培养孩子掌握乒乓球基本规则和打法。
		棋魂社（选修）	培养孩子掌握国际象棋的基本知识。

第四节

奔着美好的方向生长

为了更好地践行"让每个孩子都拥有美好的未来"的办学理念，落实"美好课程"育人目标，我们从"美好课堂""美好社团""美好节日""美好工坊""美好舞台""美好之旅"六个方面加以实施并评价，体现了对课程理念的贯彻与执行。课程实施是一个行动的过程，通过课程行动将课程理念转化为老师和学生的行动，从而实现课程内在的意义。

一、构建"美好课堂"，落实学校课程

（一）"美好课堂"的内涵与实施

"美好课堂"是灵动的课堂。师生关系平等对话，教学相长完美体现，民主尊重多元互动，优势互补和谐交往。"美好课堂"是慧智的课堂。师生架起"平等对话"的舞台，机智点燃孩子思维的火花，机智把握教态、控制学态。"美好课堂"是创新的课堂。根据不同孩子自身的素质，教师选择适合每个孩子特点的学习方法来创新教学。

"美好课堂"的实施就要求教师的教学适应孩子发展需要，体现课程标准三位一体的学科核心素养。创设新颖的教学情境，科学合理设计教学活动，组织形式灵活多样，引导孩子积极思考、主动探求。教师还要面向全体学生，创新施教。依据学生不同的品质和性格进行教学，使每个学生都能够得到发展。

（二）"美好课堂"的评价标准

依据"美好课堂"的内涵，制定以下评价标准（见表6-9）。

表6-9　合肥市琥珀小学"美好课堂"教学评价表

课堂内涵	评价指标	评 价 标 准	评 分
灵 动	教学理念（10分）	面向全体，依据学生不同的特长、兴趣和性格进行教学。（10分）	
慧 智	教学目标（10分）	符合新课程标准，体现三维目标。（5分）	
		教学能从学生发展水平出发，以此激活学生的思维。（5分）	
创 新	教学内容（10分）	创造性地使用教材，教学内容结合本地特色。（10分）	

二、开设"美好社团"，落实学科拓展课程

（一）"美好社团"的内涵与实施

"美好社团"是一个让学生在活动中增强相互认同，在活动中培养兴趣爱好，在活动中开启智慧灵感，在活动中快乐成长的课程。我们创建"美好社团"，让孩子们在这些社团活动中提升品质，培养学生的创新精神和实践能力。

学校在全面了解教师和学生兴趣、特长的基础上，结合学校的实际开设了以下社团：以提升个人能力为目标的社团，如："爪哇"编程、无人机战队、魅力主播社团等；以体育、艺术等方面内容为主的文艺体型社团，如：经典诵读社团、篮球社团、足球小将社团、小叮铃舞蹈团、琥珀流光合唱团、戏曲社团、七色花美术社团等；以志愿者组织社会服务为主要目标的服务型社团，如：灯塔社团、心语社团、美妙绿社团等；以科学探究等为主要内容的科技型社团，如：酷玩创客社团、科技小达人社团等。

我们将每周五下午定为社团的统一活动时间。社团活动面向全体孩子，孩子根据自身的爱好和实际情况，选择合适的社团自愿报名参加。使孩子们在学中做、做中学，培养、训练、展示孩子才华，力争使每个孩子都有自己的一技之长。

（二）"美好社团"的评价标准

我们的"美好社团"，从社团机构与管理、活动组织与开展两个方面进行评价，采用每周活动开展情况评价与学期末综合评价相结合的方式，具体评价标准如下（见表6-10）。

表6-10 合肥市琥珀小学"美好社团"评价实施细目量表

项目	评价标准	得分	评估方法
社团机构与管理	1. 社团管理体制完善，机构设置合理，制定符合孩子实际的社团实施方案。（10分）		1. 实地查看 2. 材料核实 3. 师生座谈 4. 成果展示 5. 活动巡查
	2. 严格执行社团各项规章制度。（10分）		
	3. 社团人数适合，资料档案齐全。（10分）		
	4. 指导教师认真负责。（10分）		
	5. 社团突出孩子的主体性和创造性，使孩子在社团活动中自治自理、健艺发展。（10分）		
	6. 社团活动地点固定，环境良好，有相应的文化建设。（10分）		
活动组织和开展	7. 定期开展社团活动，组织有序，记录完善。（10分）		
	8. 按照社团规定内容活动。（10分）		
	9. 社团活动成果显著。（10分）		
	10. 活动取得良好的教育效果，在孩子中有一定的影响力。（10分）		
总分：			

三、聚焦"美好节日"，落实主题教育课程

（一）"美好节日"的内涵与实施

为丰富校园文化，我校以传统节日与校园节日相结合的方式，努力落实主题教育课程。借助"美好节日"，充分挖掘节日教育元素，开设多样的适合孩子个性发展的主题活动，激发孩子参与的兴趣，丰富孩子的经历和情感。

1. 传统节日活动（见表6-11）

表6-11 合肥市琥珀小学"美好节日"——传统节日活动安排表

时间	节日	主题	活动内容
一月	春节	欢欢喜喜过春节	写春联、送福字、拜大年
二月	元宵节	琥娃闹新春	做灯笼、猜灯谜、包汤圆
四月	清明节	深深思念情	网上祭奠英烈、踏青
六月	端午节	中国心 端午情	屈原的故事、包粽子
八月	中秋节	月是故乡明	飞花令、经典诵读
九月	重阳节	爱在重阳	敬老人、献孝心

2. 校园主题节日活动（见表6-12）

表6-12　合肥市琥珀小学"美好节日"——校园主题节日活动安排表

时间	节日	主　题	活　动　内　容
三至四月	读书节	书香润心灵	课本剧表演、诵读之家、读书讲座等
五至六月	科技节	科技创造 超越梦想	机器人动手做、创客比赛、乐高拼搭等
十至十一月	体艺节	快乐成长 快乐生活	音乐剧表演、合唱比赛、舞蹈比演等

（二）"美好节日"的评价标准（见表6-13）

根据"美好节日"课程内涵，结合活动前的方案设计、活动时的课程实施、活动后的活动效果等情况进行评价，具体如下：

表6-13　合肥市琥珀小学"美好节日"评价细目量表

评价内容	评　价　标　准	权重分	得分
活动方案	内容贴近社会现实、贴近孩子实际生活、贴近孩子身心发展规律，紧扣主题，突出重点。	30	
实活动施	1. 情景设计合理，面向全体孩子，关注孩子的个性和差异，注重培养孩子的实践能力，教育作用明显。 2. 师生互动，孩子参与面广，能充分体现孩子主体、教师主导的课程理念。	40	
活动效果	1. 活动形式新颖、独特、多样，让孩子充分展示自我。 2. 孩子有认识，有感悟，自我教育能力得到增强。	30	
总分		100	

四、建设"美好工坊"，落实科技创新课程

（一）"美好工坊"的内涵与实施

"美好工坊"是学生激情四射的畅想地带，在思考中启迪科学智慧。为更好地推进品质教育，培养孩子创新精神和实践能力，学校结合"酷玩创客"课程和校园气象站课程，积极开展科学观察、科技制作等多种类型的科技创新活动，真正做到"人人都参与，人人懂科技"。通过板报、队会和学校宣传栏广泛开展科普知识宣传活动；通过春秋研学游，实地观察，记录观察感想；通过社团活动进行科技动手做，形成具有真实性、完整性的科技实践论文和一些小发明；通过电脑绘画、科幻画、电脑制作网页和其他数字化作品参加

各类比赛，提高学生科技获得感。

（二）"美好工坊"的评价标准（见表6-14）

表6-14　合肥市琥珀小学"美好工坊"评价细目量表

评价对象	评 价 内 容	评价分值	得分
学　生	1. 在活动中，培养创新能力，训练与提高解决实际问题的能力。	20	
	2. 会反思自己发现了什么，明确下一步的做法。	30	
教　师	1. 在课程设计与组织教学时，有具体明确的教学要求。	15	
	2. 注重过程性评价，采用多种方式激励学生。	20	
	3. 鼓励学生大胆试错，激励学生不断纠正。	15	

五、丰富"美好舞台"，落实艺术审美课程

（一）"美好舞台"的内涵与实施

"美好舞台"是将学校课程成果通过艺术加工，为集中展示孩子自身艺术、体育、科技等方面才艺提供了平台，旨在培养孩子"四美"的能力，促进孩子全面发展。"美好舞台"尊重孩子个性发展，将兴趣特长和社团活动进行整合、提升，构建内容新颖、形式多样、适合孩子全面发展和个性生长的学校课程体系。

"美好舞台"通过丰富多彩的展示活动促进校园文化建设，陶冶情操，提升素养，培养孩子积极向上的精神风貌。"美好舞台"利用社会教育资源，补充和完善教育活动内容，促进教育活动质量和水平的提高。"美好舞台"采取多种形式，组织孩子参加社区、街道等单位举办的文化艺术活动，让孩子在实践中提升艺术品质。

（二）"美好舞台"评价细目量表（见表6-15）

表6-15　合肥市琥珀小学"美好舞台"评价细目量表

评价内容	评 价 标 准	权重分	得分
活动主题	主题具有时代性、科学性、艺术性、教育性	30	
活动目标	1. 达到孩子情感、态度、价值观的转变 2. 孩子有认识，有感悟，自我教育能力得到增强，能促进孩子身心健康发展	30	

（续表）

评价内容	评 价 标 准	权重分	得分
活动效果	1. 新颖、独特、多样，让孩子充分展示自我 2. 注重孩子的感悟和体验 3. 重视活动的群体性，引导孩子合作学习 4. 能创设生动、活泼的活动氛围	40	
总分		100	

六、推进"美好之旅"，落实研学旅行课程

（一）"美好之旅"的内涵与实施

"美好之旅"是以提高孩子核心素养为目的的研学旅行，有利于引导孩子主动适应社会，达到书本知识和生活经验的统一。

为了让孩子们更好地亲近自然，全面了解家乡文化，开展家乡文化的全面探究活动，学校积极落实研学旅行课程。从合肥的地理人文，到经济、教育，再到"合肥十景"，最后到"合肥名人"，让孩子在探究中全面熟悉自己的家乡。尤其是"合肥十景"和"家乡名人"探究，让孩子深切感受到家乡巨大的变化和家乡名人的伟大。研学旅行课程有机地整合了其他课程，例如在"合肥十景"探究活动后整合美术学科开展"我眼中的合肥"年级绘画比赛，整合信息学科进行"美丽家乡"电脑绘画比赛。在"家乡名人"探究活动后整合阅读课进行故事演讲比赛，在探究体验中让孩子有了自己的"合肥印象"。我们以"美好之旅"开设为契机，培养学生感受人与自然、人与社会和谐发展，引导孩子走进社会和自然，拓宽孩子视野，提高孩子的社会责任感。

（二）"美好之旅"的评价标准

我们的"美好之旅"课程目标是让孩子学会团结合作、责任担当，尝试探索创新，拥抱未来。具体评价标准如下（见表6-16）。

表6-16 合肥市琥珀小学"美好之旅"评价细目量表

评价项目	评 价 标 准	权重分	得分
课程设计	明确的研学目标、研学内容、评价方式，体现实践性和创新性	15分	
实施准备	准备充分，过程中关注孩子良好习惯的培养与教师的专业成长	15分	

（续表）

评价项目	评价标准	权重分	得分
实施安排	有利于研学旅行课程内容的深度有效学习及多种学习方法的内化	20分	
实施体验	孩子有独特、丰富的体验	20分	
安全保障	安全方案与应急预案制定合理，处理突发事件及时，师生安全有保障	15分	
学生评价	对孩子进行实践性评价	15分	
总分		100分	

总之，我们秉承"美好教育"为教育哲学底蕴，以"立德树人"为教育根本任务，用美好教育之手段，引导孩子认识美好、感受美好、塑造美好，并以此促进孩子向着美好成长。

（撰稿者：徐诗友　夏林　王苏微　金玲　李洁）

《琥珀小学赋》

夫琥珀者，松脂之化石也。剔透晶莹，有宝石之光辉；玲珑温润，藏生物之精髓。表里如一，持赤子之纯粹；古今同质，守岁华之幽微。夫琥珀小学者，拥环城之翡翠，依山庄之崔巍；具明珠之精美，发朝阳之春晖；培庐州之花蕊，启智慧之门扉。琥珀小学，琥珀般之小学也，小学中之琥珀也。

溯乎壬申（1993年）本部创建，分校戊子（2008年）招生。尚德求真，以人为本；和谐发展，既悦且诚。文明活泼，求实向上新气象；师生合力，教学共赢大前程。硬件齐全，现代化设施紧跟时代；软件配套，高素质队伍蓬勃新生。严谨善导，师德师魂春风化雨；博学奉献，自尊自律润物无声。乐学善思，健康成长百花艳；奋进创造，快乐学习群鸟鸣。绵绵校史墙，增进学子自豪感；幽幽香樟径，陪伴书香礼仪行。品读经典，传承数千年文化；发散思维，激发多方面潜能。迄今教师近百，骨干优秀竞相驰骋；学子两千，国家省级奖项丰盈。教学与教研，功夫双管齐下，四节四走进，素质全面提升。天佑人勤，以切磋而显才艺；春华秋实，有磨砺方展剑锋。誉满省城，高质量兼高品位；名播社会，勤付出且勤攀登。承既往之辉煌，一抒壮志；创未来以灿烂，再鼓雄风。

赞曰：翡翠环城，琥珀流光。黑池坝西，景美书香。琢玉成器，有爱无疆。启蒙祛昧，坚守担当。读书报国，奋发图强。今朝桃李，明日栋梁。

第七章

礼仪学习即课程愿景，是对课程教学的期许。课程教学需要让礼仪学习成为其愿景，这是一种对教学的升级，也是教师开展课程教学的主要目的。礼仪学习可以帮助课程教学变得更有深度，更能够彰显课程教学的实际意义，为课程教学带来更大的教学意义，才可以深化课程教学的内在，让课程教学变得更有营养。

礼仪学习即课程愿景

礼仪学习即课程愿景，对于老师而言一定要在课程教学中融入礼仪学习，因为礼仪学习是非常重要的，礼仪反映着学生的实际素质，对于学生未来的学习、生活和工作非常重要，如果一个学生不懂得礼仪，那么这个学生将在平时的学习和生活中表现出无礼的行为，他的言行举止在很大程度上会破坏他的学习和生活，让别人对他产生恶劣的印象，那么这个不懂得礼仪的学生就很难立足于自身的学习和生活之中。作为一名老师应该明白礼仪教学的重要性，应该将礼仪学习融入课程教学当中，那么礼仪学习也就成为课程愿景，是课程教学的期许，课程教学需要让礼仪学习成为其愿景，这是一种对教学的升级，也是教师开展课程教学的主要目的。

中国自古以来就是一个礼仪之邦，正是因为有礼仪的存在，才可以使我们的交往变得更加正规化，才可以使我们收获更多的友谊和帮助，正是因为礼仪的存在，才使我们中华美德变得更加完善，由此看来传承礼仪是我们每一个中国人应该做的，而礼仪更应该被运用到课程教学之中，这样才可以真正体现礼仪教学的价值，使更多的学生知道礼仪学习的重要性。礼仪学习就是课程的愿景，帮助课程教学变得更有深度，更能够彰显课程教学的实际意义。无论是在过去，还是在现在或者将来，礼仪教学都应该成为课程愿景，成为课程教学最为可靠的因素，如此才可以让学生们学好礼仪，用礼仪来完善自我，用礼仪来提升自己的素质，使自己拥有更加光明的未来。

礼仪学习是课程教学之中必不可少的组成部分，如果课程学习只顾单纯的知识理论，而不顾及礼仪学习，那么这样的课程教学是枯燥的，是没有营养的，只有将礼仪学习融入课程学习中，如此才会带给课程教学更大的动力，让教师明白礼仪教学的重要性。作为课程任课老师应该提升自己的礼仪学习意识，借鉴先进的教学经验和方式，使礼仪教学充斥在自己的实际教学之中，从而让更多的学生认识到礼仪学习的重要性，从而积极配合老师开展礼仪教学，使课程教学变得更富内涵，更有感染力，感染更多的学生来积极学习礼仪，在实际的生活中运用礼仪来做更多的事情[1]。

无论在何时何地，礼仪教学都应该存在课程教学之中，为课程教学带来更大的教学意义，礼仪只有深入地融入课程教学，才可以深化课程教学的内

---

[1] 国英.《现代礼仪》课程教学改革应以学以致用为目的[J].职业技术，2006（12）：42-43.

在，让课程教学变得更有营养，从而培养更多的学生，使他们懂礼仪，懂礼貌，变成一个具有丰富礼仪内涵的好学生。在实际的课程礼仪教学之中，老师应该为学生详细地讲解有关中国礼仪的内容，并且能够让学生有可以实际操作的机会，从而改变学生对礼仪的看法，作为老师还应该培养学生对礼仪的认识态度，让学生们可以认真地学习礼仪，认真地开展礼仪学习。只有将礼仪传递给学生，让他们真正将礼仪带来的改变深深烙印在内心深处，才可以让学生读懂礼仪，明白礼仪在中华文明五千年的更迭变幻，看到礼仪传承和发扬的重要意义。无论在任何时候，作为课程老师都应该秉持礼仪教学的原则，让更多的学生学到礼仪，明白礼仪带给自己的改变。

（撰稿者：陈慧）

特色学校　合肥市大柏中学
特色课程　芳香派课程：向着芳香生长

　　合肥市大柏中学建校于1971年，有着五十年办学历史。2013年9月，这所占地约50亩的乡村学校成为合肥市蜀山教育的一员，在均衡教育春风的沐浴下，它逐渐跟上了时代发展的节奏，踏浪而来。近年来，学校发生了"气质"性的变化，洋溢着现代教育的迷人芳香：校园环境得到改善，基础设施一步步更新，教育教学装备得到更新，根据标准化学校建设要求，学校配齐了相应的功能处室，教学条件和设施在与日提升。学校拥有一支高素质的教师队伍，省、市、区级学科带头人和骨干教师多人，学校教风正学风纯，教研教改风气较浓，教育教学成绩显著。

第一节

向着芳香生长

十年树木，百年树人。合肥市大柏中学在半百风华中用"芳香"滋养着莘莘学子，努力把每一棵"幼苗"培育成挺拔的"大柏树"，精心呵护着他们向着芳香生长，活出他们本该有的样子。

一、学校教育哲学

柏树，坚毅挺拔、斗寒傲霜，素为正气、高洁、不朽的象征。《史记》将柏定为"百木之长""芳香可爱"，《本草纲目》将柏定为"香木类上品""无柏无檀不成香[①]"。自古以来，柏与香都是相关联的，是不可分割的。我们认为柏树这种质朴庄重、朴实无华、坚忍不拔的品质，也应是大柏中学学生该具备的良好品德。中学学生正似朝气蓬发的幼苗，而环境与教育就如同阳光与雨露，作为教育者，我们要尽自己雨露化泽之功，助力学生成为巍然屹立、不畏风雪的大柏树。学校与教育者以柏比德，身体力行，让我们的教育带着柏树的芳香，让学生浸润在柏树的淡淡香气之中，闻香向雅，沐香笃行。教育是芳香的事业，故而学校提出"芳香教育"之哲学。

"芳香教育"是温润的教育。它尊重生命，以生命的生长为意义，致力于每个生命的蓬勃、绽放。

"芳香教育"是和谐的教育。它遵循教育规律，基于儿童的立场，致力于

[①] 杜宣新. 为《本草纲目》补遗的人——记爱柏如命的陈奕洪 [J]. 中国健康月刊, 2010（9）: 56-57.

每个生命的和谐、健康成长。

"芳香教育"是多彩的教育。它遵循学生的发展规律，奠基学生的成长需要，致力于每个生命的精彩成长。

基于这样的学校教育哲学，我们确立了"让每一个孩子散发着芳香"的办学方向。

由此，学校提出以下教育信条：

我们坚信，
教育是心灵芳香的事业；
我们坚信，
向着芳香生长是教育的美好情态；
我们坚信，
每一个孩子都有他独特的芳香特质；
我们坚守，
让每个孩子散发自己的"芳香"是教育的崇高使命。

二、课程理念

基于学校教育理念和办学方向，我们提出了"向着芳香生长"的课程理念。"芳香"寓意着美好，是儿童在生长过程中本质的追求；"芳香"寓意着方向，是学生多种智能不同方式的组合；"芳香"寓意着成长，是学生在成长过程中对自我价值的肯定。

——课程即美好情愫。杜威在阐述他的"教育即生活"的理念中提出了儿童中心课程，打破了束缚儿童的教育思想传统，主张教学、课程以儿童为中心[1]。杜威认为，"生活就是发展，而不断发展、不断生长，就是生活"。"教育就是儿童现在生活的过程，而不是将来生活的预备。"[2]他说："从生活中学习""从经验中学习"是最好的教育方式。教育是要给孩子提供一个能够保证成长或者充分生活的环境。学校的目的是给每个孩子一个机会和方法去做他

---

[1] 刘铁芳.从苏格拉底到杜威：教育的生活转向与现代教育的完成[J].北京大学教育评论，2010，8（02）：91-112+190.

[2] 卢国琪.论杜威对毛泽东早期教育思想的影响[J].学理论，2009（05）：136-137.

真正想做的事情，并在他们做事情的过程中提供指导，引导他们探索与认识所做之事的社会意义。我们认为课程是学生的生命发展过程，课程的目的就是不断地促进他们的可持续发展，是美好情愫。

——课程即成长方向。加德纳在《智能的结构》中提出"多元智能教育理论"，研究认为几乎所有人都是聪明的，但智力的类别和性质是不同的。学生间的差异性是最宝贵的教育资源而不是教育的累赘。古罗马学者昆体良认为，观察和弄清学生之间的差异、找到每个孩子的天性倾向是优秀教师的标志之一[①]。因此，课程的出发点应该是孩子的个性化需求，并不断满足学生的成长中需求，学校课程开发的宗旨是开发出能提高学生智能，并助其发现自己的智能特点及职业倾向、爱好的课程。我们认为课程即生长方向。

——课程即内在生长。马斯洛认为，教育应该以人为本，教育的功能基本上是促进人类的"自我实现"。学生的自我实现是在课程的体验过程中获取内在价值，激励个性发展、培养健全人格。我们认为优化课程的目的是让学生在有限的学习时间里感受文化的无限魅力，实现自我成长。对于教师而言，职业的专业发展、课程开发能力的提升，这些自我实现的需要都将通过课程来落实。我们认为课程即内在生长。

基于学校教育哲学、办学理念、课程理念，及对课程的认识，我们提出"芳香派课程"模式。"派"之意取自希腊字母"π"，代表着人生的无限可能，寓意着孩子成长中的无数个方向，我们致力于提供给孩子多样丰富的课程，让孩子根据个性需求选择，成就自我芳香、茁壮成长。

---

① 余承海，姚本先.昆体良的师德观研究［J］.天津市教科院学报，2007（04）：44-45.

第二节

让每个孩子都有自己的芳香特质

确定了学校的课程模式,就要有达成的目标。就像课程标准一样,它们是学生学习一段时间后应该知道对能够做的事情定义和表达,实际上也反映了对学生学习成果的期望。我们的芳香派课程也制定了相应的目标,以观测在课程实施的过程中学生在某领域应达到的水平,让每个孩子都有自己的芳香特质。

一、育人目标

"芳香教育"旨在培养"体健、智睿、德美、趣雅"的芳香群体。

具体内涵如下:

体健——体魄健硕,心灵质慧。学习掌握健康锻炼的相关知识和技能,在增强体质中增进和培养学生的各种心理品质,培养学生的意志力和耐挫力。

智睿——笃行敏学,睿智博才。通过系统的科学文化知识、技能训练,培养学生的创新能力、科学思维方法和主动探究的精神,做有智慧的学生。

德美——明德近道,修身善行。弘扬和学习优秀传统文化,培养社会主义核心价值观,树立正确的政治观念,使学生崇尚美德,知行合一,向善而行。

趣雅——情趣高雅,诗意人生。结合校内外审美教育,通过各项有益的活动,发展学生感受美、发现美、创造美的能力,引导学生形成积极乐观的生活态度。

二、课程目标

育人目标的实现要通过课程来落实、支撑，为了实现育人目标我们把"体健、智睿、德美、趣雅"目标进行细化，结合基础课程，基于课程标准分成七、八、九年级三个学段课程，具体见表7-1：

表7-1 合肥市大柏中学"芳香派课程"目标表

目标＼年级	七年级	八年级	九年级
体健	积极参加体育活动，通过广播操、舞蹈等多种形式，体会体育活动给自己的生活带来的乐趣。情绪稳定，精力旺盛，对自己充满信心。精通1—2项体育类活动。	养成参与运动的兴趣和爱好，形成坚持锻炼的习惯，养成健康的生活方式，能够懂得发扬体育精神，有乐观积极、自信坚强的生活态度。基本掌握1—2项运动技能。	能积极参加体育活动，保持参与运动的兴趣和坚持运动的习惯，保持愉快的心情，使性格变得开朗大方，坚韧自信，提高灵敏、耐力、协调、力量等身体素质，动作更协调。掌握2—3项运动技能，并成为特长项目。
智睿	养成良好的听课习惯，以及良好的预习、复习、发言和完成作业等习惯；能对常见问题提出"为什么"，并尝试探究，养成独立思考的好习惯，乐观向上。	通过课程学习，培养孩子正确的学习方法，善于思考，主动探究，能大胆提出问题，尝试自己解答，有灵活多样的解决问题的方法。	善于思考，保持浓厚的学习兴趣，能较好地在实践中运用所学知识，促进学生学有所长。善于独立思考，有自信，有独特个性的解决问题的方法与策略，形成一定的质疑精神和创新能力。
德美	懂得做人道理，能明辨是非，感受他人给与的鼓励、关怀；能接受合理的建议与批评。尊敬师长，友爱同学。	在理解的基础上，对他人给与的关怀心怀感恩，并进一步将之转化为自己进步的动力。做到表里如一，将外在美和内在美相结合，让美好情感化作内驱力，促进健康成长。	关爱他人，关怀弱者。从被关怀者逐步转化为关怀者，从对个人的关爱，推及家乡、社会、国家，形成具有"大爱"的高尚人格。
趣雅	衣着整洁，每天保持乐观的心态，能积极参加校内外各种活动，培养自己的爱好和特长。	衣着整洁，每天保持乐观的心态，积极参加校内外的活动，有自己擅长的乐器或运动项目。	衣着整洁，每天保持乐观的心态，积极参加校内外的活动，有自己擅长的乐器或运动项目，培养多元化的兴趣和审美能力，增强自信心。

第三节

建构蕴含芳香的园地

课程体系是指对于学校各类课程和教育科目中的各种不同专业和不同类别的课程进行组织、搭建所形成的合理联系与适宜比例，是由不同类别的课程组成、课程间联系、支撑的完整统一。基于"芳香派课程"的目标，我们为"芳香派课程"建立了一定的体系，蕴育儿童的芳香特质，以满足学生不断发展的成长需求，以达成科学参与和合理应对的成长要求。

一、学校课程结构

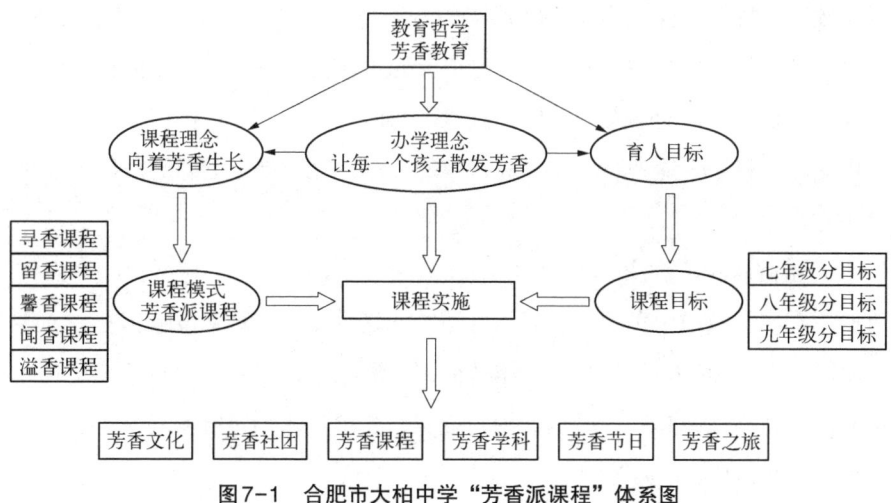

图7-1 合肥市大柏中学"芳香派课程"体系图

按照多元智能理论，我们把课程分成五大领域：科学领域、社会领域、艺术领域、语言领域、健康领域，分别对应"芳香派课程"的寻香课程、留香课程、馨香课程、闻香课程、溢香课程。

1. 寻香课程（科学领域课程）。由数学学科、物理学科、化学学科、生物学科四个学科的课程群组成。本课程旨在发展学生逻辑推理能力和抽象性思维的过程中，抓住学生的好奇心，培养学生的科学素养，促进和提高他们的科创意识和实践能力。

2. 留香课程（社会领域课程）。由道德与法治学科、历史学科、地理学科三个学科的课程群组成。本课程以广大学生生活实际及社会经验为教育基础，在社会与家庭、人与自然等各个方面，以爱国主义、改革创新为核心，在积极乐观向上的人生态度培养中，促进学生公民责任意识、道德品质、法律意识、心理品质等进一步提高，形成正确的人生观、世界观和价值观。

3. 馨香课程（艺术领域课程）。由音乐旋律和空间审美两个学科的课程群组成。本课程注重优秀中华传统文化的弘扬，关注与学生实际生活的紧密联系，帮助学生形成积极的审美情趣，并在体验中发展观察、想象及自我创造的能力，把学生的审美情操的培育沉浸于课程潜移默化的实施中去，健全人格，以美育人，践行社会主义核心价值观。

4. 闻香课程（语言领域课程）。由语文学科、英语学科的课程群组成。本课程致力于提高学生语言文字运用能力的培养，为学习其他学科奠定基础；在学生综合素养提升中，形成良好品格。通过课程实施帮助学生树立正确的三观，继承传统，增强文化自信，凝练民族向心力，以及开拓视野，具有跨文化交流的意识与能力，形成开放包容的性格，适应当今世界的百年未有之大变局。

5. 溢香课程（健康领域课程）。由体育与健康学科、心理学科的课程群组成。本课程旨在引导学生掌握体育健康的基本知识、基本技能和方法，增强体能，使其拥有坚强意志、合作精神和沟通能力，了解心理健康的标准和意义，提高心理保健和心理危机预防意识，在自我认知、自我调节、社会适应等方面得到发展（见图7-2）。

二、学校课程设置

"芳香派课程"课程设置以年级为横向分成三阶，以五大领域课程为纵

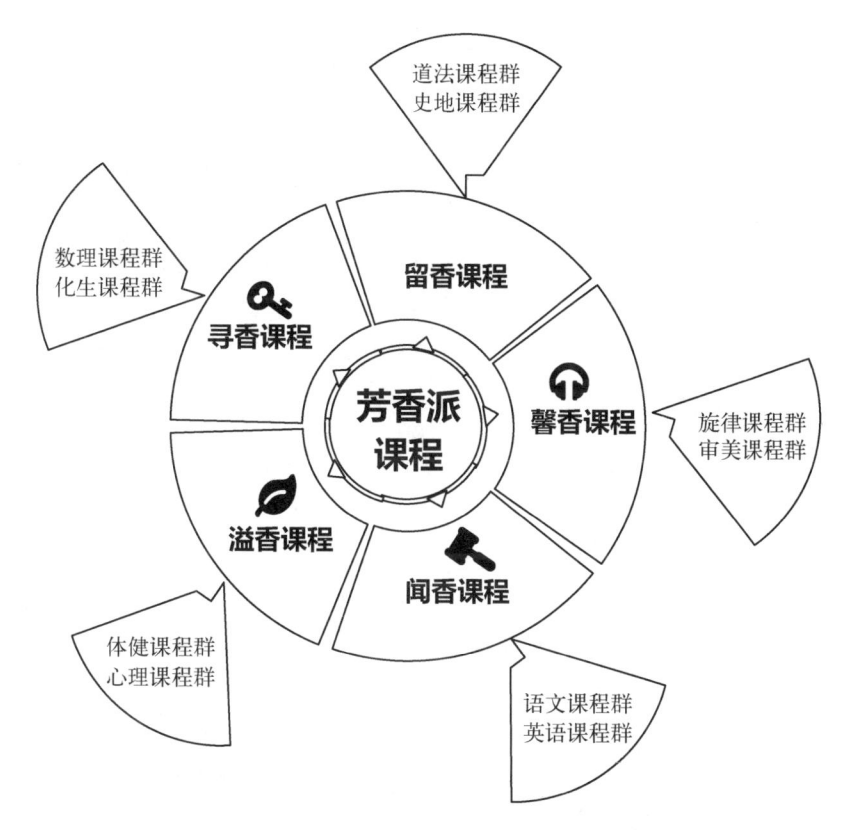

图7-2 合肥市大柏中学"芳香派课程"结构图

向，除了基础类课程之外，我校开设了学科拓展类课程（见表7-2，表7-3，表7-4，表7-5，表7-6）。

表7-2 合肥市大柏中学语言领域课程

	一 阶	二 阶	三 阶
语文课程群	读书节，享乐于书 小小朗读者 走进中国近代伟人 打开中国传统节日的大门	练习汉字书写 领悟传统书法的魅力 汉字书写比赛	朗诵比赛 辩论比赛 手抄报展示
英语课程群	语音教学之发音规则 单词接龙 语音教学之连读、爆破、省略等技巧 语音教学之语音语调	英文写作专练——复合句 英文写作专练——从句 英文写作专练——篇章结构 英文写作专练——错误检查	中西文化对比：节日篇 课本情景剧：Goldilocks and three bears 辩论赛：Online shopping

表7-3　合肥市大柏中学健康领域课程

	一　阶	二　阶	三　阶
体育课程群	锻炼技巧指导 韵律操 养生操 团队拓展训练 奥运趣闻 提高肌肉爆发力的小练习	乒乓球入门 羽毛球入门 接力跑训练 足球练习 篮球练习 花式跳绳	中长跑训练 团体竞技比赛 个人竞技比赛 中医养生操 体育精神宣讲
心理课程群	心理基础知识讲解 调控情绪 正确对待学习压力 青春期的懵懂 与人交往的艺术	心理案例分析 个别心理辅导 视频影片教育 专家讲座	危机干预 心理情景剧表演 正确宣泄实践 说出我的烦恼 关爱他人，共建友爱社会

表7-4　合肥市大柏中学社会领域课程

	一　阶	二　阶	三　阶
道德与法治课程群	探索中学学习方法 中学生礼仪 意志力培养 与父母沟通 文明出行 运动与学习的关系 如何激发学习动力	做合格消费者 假期生活安排 我为社区做贡献 关爱他人，人人有责 亲社会行为的养成 如何提升自我幸福感	学习法律知识 搜集法律案例 观看法治视频 进行法的案例探讨 宣传法治精神
历史课程群	探索秦汉的科学文化成就 跟随张骞重走"丝绸之路" 郑和为什么下西洋 清朝为何要"锁国"	李鸿章和他的北洋舰队 国父孙中山的一生简介 "国歌"的选定由来 关于两岸关系和祖国统一的讨论 "一国两制"与港澳回归	英国最著名的女王 哥伦布与新大陆 冷战与苏联解体 历史识记技巧 历史剧表演
地理课程群	"大柏"地理 运河初探 我国地域河流的分布情况 我国气候变化的情况	走进我们的城市 地理视频赏析 PPT展示，我所了解的祖国	演讲比赛：我的一次旅游 搜集资料，了解世界

表7-5　合肥市大柏中学艺术领域课程

	一　阶	二　阶	三　阶
音乐课程群	校歌 四部合唱课 歌舞入门 走近黄梅戏名家 学唱黄梅戏名段	歌舞剧 古典舞基础—旋转、跳跃 民族舞基础—新疆舞 民族舞基础—傣族舞 器乐齐奏—竖笛	古典舞成品—《玉生烟》 学唱黄梅戏名段 器乐齐奏—竖笛 器乐齐奏—口风琴 二胡的基础入门

（续表）

	一 阶	二 阶	三 阶
美术课程群	手绘线条图像 彩色铅笔画 手工制作剪纸窗花 手工制作剪纸十二生肖	色彩的认识 色彩的搭配 卡通漫画1 卡通漫画2	水墨画认识 水墨画初学 水墨画展示 中外美术鉴赏

表7-6　合肥市大柏中学科学领域课程

	一 阶	二 阶	三 阶
数学课程群	加减有道 乘除有理 调查真相 排队等候	奇思妙算 勾三股四 四封家书 赌徒之思	合法开支 出入相补 公不公平 布丰投针
物理课程群	破镜不能重圆 冰山一角 探究物质的硬度 拔河中的学问 小小秤砣压千斤	炒肉中的见面熟 探究物体的导电性 人工降雨的探究 彩虹的形成 足球中的香蕉球	小孔成像 杠杆原理的运用 水滴里的彩虹 气化雾化的运用
化学课程群	初识元素 身体里的化学元素 化学与生活 常见化学反应介绍	制作氧气的实验探究 镁条燃烧的现象 颜色变化实验 自制汽水 "可乐"变"雪碧"	初探生活中的化学反应 观看视频，探索化学世界 中外化学家介绍
生物课程群	生物与我们的联系 认识人体 认识细胞 认识植物 认识微生物	观察校园植物 "松柏"习性初探 观察植物叶片上的气孔 探究溶液浓度和细胞吸水失水的关系	测量人的脉搏 用显微镜观察细胞 鉴别植物类型 探究溶液浓度和细胞吸失水的关系

第四节

让每个孩子芳香四溢

"芳香派课程"五大领域课程的开发及执行均由教师作为主体，体现出教师对课程的自主性，同时学生对课程的需求度决定了课程实施的可行性。为确保"芳香派课程"的顺利实施，"芳香教育"理念的有效落实，让每个孩子都能芳香四溢，学校提出了以下实施办法。

一、通过"芳香课堂"，推进学校课程的有效实施

课堂是学校教育教学、课程实施的重要途径。为落实"芳香派课程"的有效实施，构建符合我校实际的"芳香课堂"。"芳香课堂"以课堂教学的各个环节为突破，建构以学生发展为本，使课堂教学工作符合教育规律和学生身心发展特点，将德育、智育、体育、美育和劳动教育等有机统一在课堂教学之中，着重培养学生的创新和实践能力。

（一）"芳香课堂"的要义与操作

"芳香课堂"是我校推行芳香课程和素质教育的主阵地、主途径，作为"芳香派课程"的重要渠道，教学环节上，"芳香课堂"在目标、问题、互动、体验、评价等方面提出明确的要求。

1. 教学目标的层次性。教学任务、目标在设定时应照顾到各个层次的学生，过高或过低的任务、目标会使得课堂教学只能对部分学生具有有效性。同时，过于强调知识的传授或者太过强调体验学习又将造成学习目的性缺失。作为学习主体的学生，在"芳香课堂"中能够得到应有的尊重，通过活动目标的优化和层次性设计，发挥其目标引导对整个课堂教学活动的指引、定位

功能，提高课堂教学的方向性和实效性。

2. 问题设计的针对性。教学问题的提出对于课堂生命力的激发有着至关重要的作用。"芳香课堂"的核心要素之一即是优化课堂问题的设计，根据学生学龄、知识构成、生活阅历等进行针对性设计，要求问题设计能够激发学生的兴趣，给予学生思考空间，能够在各个教学环节中起到"润滑剂"的作用，能够使得课堂教学行为更加自然流畅。

3. 教学互动的有效性。教学相长和产生情感共鸣重要的途径之一是教学互动。教学互动的有效性在于新的教学资源能否在多元、多样的教学互动中生成。教育民主是"芳香课堂"的宗旨，学生主体地位的体现，学习的权利及尊严保障，都是"芳香课堂"的要义。"芳香课堂"是师生的群言堂，"芳香课堂"要求教师弹性教学，精心预设，发挥教育智慧，杜绝"轰轰烈烈"的为"生成而生成"。

4. 学习体验的自主性。作为学习的对象和主体的学生，需要通过亲身的自主经历和体验去掌握知识，"芳香课堂"则更加注重学生的亲身参与及对于体验的感悟。"芳香课堂"从三个维度来观察学生的学习体验。一是学生注意力的参与。学生能否有效学习，成为学习的主体，先决条件是学生的注意力。"芳香课堂"要求教师切入教学目标、学生状态、教学期待三者之间的结合点，这就要求教师对教材和学生的现状进行实时分析。以发现问题、提出问题、解决问题、拓展问题等过程中的各种要素激发学生，让学生最大程度地运用多种学习方式进行学习活动，调动多种感官参与学习。二是学生思维的积极参与。我们认为，课堂教学的实效性在于积极主动的思维参与。学习是否有效，关键在于其创造性思维是否得到积极调动。那些"封闭式、填空式"的问题不利于学生积极调动创造性思维，教师在问题提出和推进的同时要注意提出有思维冲突和思维训练的有效问题。三是学生的情感体验。课堂教学质量提高的有效途径是学生真实的情感参与，而能否调动学生的真实情感，与教师的教学内容设计、教师的情感把控、教师的体态语言都密切关联。"芳香课堂"要求教师在课堂教学时积极观察学生的学习状态来观测学生情感体验程度，运用教育智慧来调动学生的情感参与。

5. 评价反馈的指向性。对学生课堂表现的评价反馈贯穿在整个教学过程中，它对三维教学目标的达成起着调节、强化和矫正的作用[①]。"芳香课堂"提出评价反馈要注意三个问题。一是反馈的有效针对性。教学反馈需要根据教学目标和学生实际设计有针对性的反馈问题，及时了解学生实现学习目标的信息，有效地调节、强化和矫正教学实际实施。二是评价反馈的全程性。知识的获取和认知是循序渐进的，学生的认知也是逐级而上的，课堂教学的前后呼应和前后知识的关联要求教师通过多种途径掌握学生学习全过程中的信息，以便调整、强化教学和矫正学生认知的学习效果。三是评价反馈信息的有意识矫正。教学中学生的层次、经历、体验不同都将导致学生学习效果的不同。"芳香课堂"要求教师在获取学生评价反馈信息后及时实施矫正措施，有效地帮助学生矫正错误的认识。

学校倡议"以生为本"的教学意识，坚持教学研究，打磨精品课例，以教学环节为突破点，推进"芳香课堂"的有效实施。教导处、教研处组织教研组研讨精品课例，针对学科特点，结合课堂实施各环节中存在的问题进行专项研究，形成各学科"芳香课堂"示范课例。为提升课堂品质、促进教师的专业发展，学校以示范课、公开课、汇报课等方式开展"芳香课堂"的教学标杆课观摩活动。

（二）"芳香课堂"的评价标准

"芳香课堂"的有效实施离不开课堂教学的实践，学校根据"芳香课堂"的核心要义，从教学设计、课堂实施、教师教学素质等方面设计出"芳香课堂"评价标准（见表7-7）。

表7-7　合肥市大柏中学"芳香课堂"的评价标准

班　级		学　科	
课　题		授课教师	
评价项目	评　价　标　准		得　分
学习目标 （20分）	1. 学生学科素养的培养在教学目标中有体现，三维目标得到落实。 2. 教学目标结合学生实际，符合内容，全面、明确、具体，注重阶梯性、均衡性、针对性。		

[①] 张利明，李玉鹏. 区域推进课堂教学"三全""五优化"的研究［J］. 上海教育科研，2010（12）：75-76.

（续表）

评价项目	评 价 标 准	得 分	
问题设计 （15分）	1. 学习内容以问题形式呈现，学习目标具体化，用问题引领学生。 2. 构建以学生为中心的课堂，问题的设计要符合学生发展水平，可以适当拔高。 3. 应用恰当的技术手段创设适切问题情景，唤醒学生已有的知识与生活经验，释放学生的情感。		
教学互动 （25分）	1. 倡导个性化、多样化的教学方式，注重实效与实际。 2. 课堂教学内容与学情分析准确、全面，关注学生起点，预设体现科学性、适切性和可行性，实施具有针对性和实效性。 3. 学生积极参与展示交流活动，过程中体现合作、探究、实践、质疑等学习方式，学生能够恰当评价，教师能够适时引导，关注教学的有效生成。		
学习体验 （25分）	1. 学生对教学内容关注度高，注意力集中，求知欲强，乐学善思。 2. 学生能够独立思考、能够发现问题并积极解决问题，思维能力得到发展。 3. 教学氛围活跃有序，学生思维活跃、学习积极主动，在学习活动中获得良好体验。		
评价反馈 （15分）	1. 评价贯彻于教学的全过程，教、学、评融为一体，指向学生学科核心素养和终生发展。 2. 借助信息化手段，基于数据统计进行精准评价。 3. 基于观察、对话和合作探究等方法进行契合实际的评价，教学的评价全面、科学并有发展性，能促进学生学科思维发展，体现核心素养。		

二、建设"芳香学科"，推进学科拓展课程的有效实施

"芳香学科"是落实学校课程的重要力量。"芳香学科"以学科课程为核心，以提高学生学科素养为目的，基于学科课程进行延伸与拓展，注重学科核心素养，建设具有学校特色的学科课程群。

（一）"芳香学科"的建设路径

我校基于学生的发展需求，以学科为基础，拓展、延伸出丰富、多维度的特色学科课程群。"芳香学科"课程群依据《关于深化课程改革，落实立德树人根本任务的意见》和2011年版义务教育各学科课程标准制定，包含基础型国家课程和拓展型学科课程两大类。

（二）"芳香学科"的评价标准

"芳香学科"是在国家课程基础上由学科教研组依据本学科的特点及学科课程标准，自主开发的学科课程群。学校对"芳香学科"的评价不仅重视结果，更加重视过程性的评价，从课程、团队、教学、学习四个方面进行评价，具体要求如下（见表7-8）。

表7-8　合肥市大柏中学"芳香学科"评价标准

评价分类	评 价 标 准	评价方式	权重	得分
学科课程	课程哲学与学校课程哲学相一致，贯彻学校教育思想、课程理念。	查看课程方案、学科课程标准	25%	
	有明确的学科价值观，学科亮点突出。			
	总目标清晰，与核心素养相对应，年级目标符合学生发展特点，科学、可行，具有层次性。			
	课程内容丰富，有逻辑，有梯度，与课程目标一致。			
学科团队	团队组建机构合理，分工明确。	查看课程方案、学科课程教案、学科课程观察	25%	
	教研氛围良好，形成教研文化。			
	有完善的科学教研制度，人人有课题。			
	团队形成适切的课程开放机制。			
	团队进取意识、创新精神强。			
学科教学	科学安排课时，组织有序，探究、合作等方法得到运用。	课堂观察，查看课程方案、教学设计、作业情况等	25%	
	以学科核心素养为依据制定教学目标，课堂以学生为主体。			
	教学设计符合"芳香课堂"教学环节要求。			
	课程实施方式具有学科特色，能够形成经验。			
学科学习	学生积极参与，有协作意识，锻炼能力。	入班观察，"芳香课堂"评价表评价，查看学生学业评价档案	25%	
	指导学生确立正确的学习观念和思路，学习策略具有科学性。			
	根据学校的现实和学科的特点，制定学科学习标准，引导自主学习。			
	提高学习品质，灵活运用学习方法。			
	评价权重明确，措施方法得当，内容具体。			

三、建设"芳香社团",发展兴趣爱好课程

社团是满足学生个性生长、发展学生兴趣特长、实现学生全面发展的重要平台。为落实学校的育人目标,学校以实施"芳香社团"课程为载体,开设了符合我校学生实际的社团活动。

(一)"芳香社团"的主要类型

基于我校"向着芳香生长"这一课程理念,我校"芳香社团"的建设以学生的兴趣爱好为切入点,着重培养能力,搭建平台释放天赋,展示自我,促进学生全面成长。根据学校课程规划以及学校师资力量,"芳香社团"开设以下社团课程(见表7-9)。

表7-9 合肥市大柏中学"芳香社团"设置表

课程类别	社 团 名 称
科学素养类	植物观察社团、建筑模型社
文体审美类	梨花戏曲、巧手美工、球动舞团、灌篮高手、楚汉争锋、葫芦兄弟
社会实践类	爱心社、绿色环保社
语言素养类	柏花朗诵社、世界桥、心情驿站

(二)"芳香社团"的评价标准

社团的发展离不开科学全面的评价,为推进"芳香社团"的全方位、多角度、健康的发展,学校从社管机构与管理及活动组织与开展两方面制定了"芳香社团"评价标准(见表7-10)。

表7-10 合肥市大柏中学"芳香社团"的评价标准

项 目	"芳香社团"指标	得分	评价方式
社团机构与管理	1. 社团机构设置合理,管理体制完善。		1. 课程观摩 2. 审阅资料 3. 课程调研 4. 成果展示
	2. 建立、健全并严格执行社团各项规章制度。		
	3. 社团各项资料齐全,规模适中。		
	4. 指导教师认真负责。		
	5. 社团管理以学生自主管理为主,培养学生创造性和主体性。		
	6. 以文化建设社团,彰显人文气息,社团活动空间固定。		

（续表）

项　目	"芳香社团"指标	得分	评价方式
活动组织和开展	7. 社团活动开展有序，记录完整。		
	8. 社团活动开展以培养学生能力为主，与学校文化相契合。		
	9. 社团成员或集体活动成果显著。		
	10. 社团活动在学生中有一定影响。		

四、创设"芳香节日"，推进节庆文化课程

"各种重要节日、纪念日，蕴藏着宝贵的道德教育资源。"[1]芳香派课程以中华传统节日为触点创设"芳香节日"，旨在加强中华传统文化教育，继承传统文化精髓，增强学生的文化自信，汲取生长养分。

（一）"芳香节日"课程设置

"芳香节日"课程以学校"向着芳香生长"这一课程理念为指导，以节日为载体，通过学生对节日有关内容的搜集、探究、体验，拓宽学生的学习广度、深度、维度，丰富情感体验，培养学生的综合能力，渗透社会主义核心价值观。结合学校的办学实际，整合课程资源，学校开设1+1节日课程，即传统文化节日和校园文化节日，具体课程开设如下（见表7-11）。

表7-11　合肥大柏中学"芳香节日"课程设置表

芳香节日		时间安排	实施途径	活 动 安 排
传统节日课程	甜香节（元宵节）	寒假及开学初	调查访问动手操作实践体验	通过多种方式调查元宵节的来历、家乡习俗等，和家人一起制作灯笼、手抄报或者逛花灯、制作元宵等方式庆祝元宵节。
	清香节（清明节）	4月上旬	调查访问社会实践团课	了解清明节渊源、习俗及纪念方式。组织学生至烈士陵园祭奠、网上祭英烈、了解合肥烈士、英雄模范事迹等形式，引导学生缅怀先烈，进行爱国主义教育。

[1] 徐梓彦，黄明理.论改革开放以来我国公民道德演进与发展——基于《公民道德建设实施纲要》和《新时代公民道德建设实施纲要》[J].东南大学学报（哲学社会科学版），2020，22（06）：35-40+152.

（续表）

芳香节日		时间安排	实施途径	活动安排
传统节日课程	粽香节（端午节）	5月上旬	调查研究 情感体验	以了解端午节的习俗对学生进行爱国主义教育，并通过包粽子等活动对学生开展劳动教育。
	醇香节（中秋节）	9月	调查研究 社会实践	通过中秋节系列教育活动，使学生了解中秋的文化，渗透传统文化教育，引导学生关爱家人，热爱生活。
	绵香节（重阳节）	10月	社会实践	了解节日的由来，传统习俗，认识到尊老爱幼是华夏的传统美德。通过尊老爱幼等活动塑造学生优良品德。
	迎香节（春节）	2月	实践体验	调查春节的不同地区、民族的习俗，撰写调查报告，渗透民族团结意识，领略中华文明的博大精深，通过亲友拜访等活动加强学生礼仪文化教育。
校园文化艺术节课程	迎新师生书画展	12月第一个星期	活动展示	通过书画作品的展示，在传统文化教育渗透中增强学生的自信，张扬个性。
	迎新手抄报展	12月第二个星期	实践操作	通过手抄报展览提升学生的美育，锻炼学生的综合素质。
	社团展示	12月第三个星期	活动展示	通过社团一学期的学习，学生基本上都将掌握本社团的技能，展示成果是对学生社团活动肯定的同时也是学生能力锻炼的平台。
	迎新文艺汇演	12月第四个星期	文艺汇演	通过丰富多彩的文艺演出来锻炼学生综合能力，在增强班级凝聚力的同时有意识地引导学生进行协作，培养团队精神，深植集体主义思想，建设和谐校园。

（二）"芳香节日"的评价标准

为保证"芳香节日"课程的有效实施，增强发挥评价促进课程发展的作用，学校采用多途径、多手段、多形式的课程评价方式，从课程的主题、目标、内容、实施和效果五个维度制定了"芳香节日"课程评价标准（见表7-12）。

表7-12　合肥市大柏中学"芳香节日"课程评价标准

评价指标	评 价 内 容	评价分值
主　题	主题鲜明，立意新颖，符合学生的身心发展规律，符合主流价值观。	
目　标	教育目标明确，具有鲜明的导向性和时代特点，能够促进三维目标的落实。	
内　容	符合切合实际、易于操作的原则，课程内容考虑学生实际需求，引导参与社会实践。	
实　施	形式多样，操作性强，能体现学生综合知识的运用和能力的锻炼，关注学生的共性特质和差异性特质，教育作用明显，活动设计富有特色和创意。	
效　果	设计内容完成度高，有助于正确价值观形成的同时能让学生得到积极的情感体验。	

五、聚焦"芳香文化"，落实专题教育课程

主题明确、内容聚焦的各类主题教育活动也是学校优质的课程资源，是学校文化构成的重要组成部分。为此，我们聚焦各类主题教育，创设"芳香文化"这一专题教育课程，提高学生的素养，使之具有"芳香"气质和能力。

（一）"芳香文化"课程设置

学校把专题教育融入德育管理当中，由入学、普法、生命、爱国等教育模块构成，由学校德育处负责建设、实施、管理、评价。"芳香文化"课程设置如下（见表7-13）。

表7-13　合肥市大柏中学"芳香文化"课程设置表

主题教育类别	课程名称	课程实施	课程内容及目标
入学教学课程	《中小学日常行为规范》	七年级开学第一周	通过对行为规范的学习，明确学习目的。
	校园文化初解	七年级开学第一周	在学生熟悉学校环境后，组织学生解读学校"三风一训"，对学生进行校园文化熏陶。
	放飞理想	七年级开学第一周	对学生进行理想信念教育，树立远大人生目标，规划初中学习生涯，确立当前任务。
	家校互育	七年级开学第一周	对家长的家庭教育进行指导，提出学校教育的具体要求，提取家长代表意见，打造和谐共生的家校关系。

（续表）

主题教育类别	课程名称	课程实施	课程内容及目标
安全教育课程	心理健康	9月第二周	采用多种活动形式向学生传授心理健康知识，健全学生人格，建立积极心态，感受幸福人生。
	防踩踏	10月第二周	认识到踩踏事故的严重性，掌握遇到踩踏事故正确的自我保护方法，防止踩踏事故的发生。
	安全出行	11月第二周	认识各类交通标识、标线，了解交通法规，能自觉遵守交通法规，培养学生尊重他人劳动，爱护交通设施的意识。
	火眼金睛	12月第二周	向学生介绍常见的电信诈骗形式，通过模拟诈骗等形式的活动，让学生掌握防骗的方法，同时能够向家人、朋友等传授。
	地震防身	3月第二周	通过演习，训练教师和学生在地震的情况下根据学校环境进行有效避险，掌握地震时的自救技能。
	消防安全	4月第二周	通过专题讲座和消防演练了解火灾发生的过程，掌握常规灭火的手段，能够向家人、朋友传授。
	防溺水	5月第二周	建立防溺水相关安全知识。
普法教育课程	《宪法》	12月第一周	通过《宪法》的学习，了解依法治国、法治社会的意义，树立法治观念。
	《未成年人保护法》	3月第三周	通过学习，掌握未成年人的权力和义务，知道如何进行自我保护。
爱国教育	国歌、国旗、国徽	9月第三周（七年级）	通过学习国歌、国旗、国徽等内容，激发学生热爱祖国的热情。
	唱响红歌	9月第四周	通过传唱经典红歌以及了解红歌的背景故事等多种形式对学生进行爱国主义教育。
	清明节、建军节、国庆等专题	相关节日	通过清明节、建军节、国庆节等节日的专题系列教育让学生缅怀历史，感受浓浓的爱国热情。
	讲革命故事	6月第一周	通过渡江战役纪念馆等地的参观学习，让学生了解革命先烈的英勇事迹，培育学生爱国情怀。

（二）"芳香文化"课程的评价标准

学校为落实"芳香文化"课程的有效实施，制定相应评价标准（见表7-14）。

表7-14 合肥市大柏中学"芳香文化"课程评价标准

评价维度	评 价 标 准	评价方式
方 案	创意新颖，契合学生身心发展，目标明确，可操作性强，方案切合实际，针对性强。	以评促建，阶段性整理学生成果，形成学生成长档案，以成果和档案作为课程的阶段性和过程性评价依据。
实 施	活动有序，层次清晰，确保学生主观能动性得到发挥，关注学生的差异性，评价多样化，师生互动，共同完成活动。	
效 果	实践体验，在体验中完成课程，乐享活动，师生互动兴致高昂，学生收获丰富，注重学生的实践和感悟，学生能够合作学习，能展示自我。	

六、推行"芳香之旅"，落实研学旅行课程

从学生的多维成长需要出发的综合实践活动是学生学习生涯中不可或缺的部分，而学习性的研学课程作为综合实践开展形式之一，在培养学生的探索、思维和质疑的精神中发挥着重要作用。

（一）"芳香之旅"课程的设置

在《关于推动中小学生研学旅行的意见》中指出"学校教育和校外教育衔接的创新形式，是教育教学的重要内容，是综合实践育人的有效途径[①]"。"芳香之旅"课程根据合肥市关于中小学研学旅行相关文件及推荐路线，结合学校周边社区资源开启"芳香之旅"，具体课程设置如下（见表7-15）。

表7-15 合肥市大柏中学"芳香之旅"，具体课程设置

课 程	主 题	主 要 内 容	实施年级
缤纷社区	幸福祥源农场	亲近自然，了解农场相关知识	七年级上学期
	"果玩"田园综合体	亲近自然，劳动实践，参与果树种植	七年级下学期
寻胜家乡	合肥市第一批研学旅游基地	增强热爱家乡、保护家乡自然生态环境的意识，弘扬传统文化	八年级上学期
	合肥市第二批研学旅游基地	了解合肥的历史，知道合肥的爱国人士，增强家乡自豪感，弘扬爱国主义精神	八年级下学期
大美河山	省内研学旅游基地	参观景区，了解历史，学习地域文化，增强环保意识	九年级上学期

---

① 众里研学（行走的课程）[J].山西教育（教学），2019（09）：2.

（二）"芳香之旅"课程的评价

学校按照《教育部等11部门关于推进中小学生研学旅行的意见》（教基一【2016】8号）的要求做好学生研学旅行的成效评定工作，包括评定方式、计分方式、成绩来源等。研学旅行课程的终极目标指向学生核心素养的提升[1]。因此，"芳香之旅"课程对学生的评价贯穿在整个研学过程中。

1. 完善测评工具，做好行为记录。研学之前，师生根据研学内容收集资料，设计研学手册。研学途中，根据任务分配，学生完成小组、个人研学单。研学后，分小组、个人通过多种形式展示研学收获。

2. 开展多元评价，以评促研。在学生研究过程中通过多元评价的方式观察学生的课程活跃度。首先，采取自评、互评、师评三个维度同样权重的评价，把学生从研学的参与者提升到评价者来提高学生的热情。其次，多元评价的内容多样，涵盖了整个研学的整个过程的各个方面，包括研学个人、小组方案的制定、研学报告、研学表现等等，将极大促进学生研学的质量。

3. 保障研学质量，促进成果展示。研学课程的核心要素是学生能力的提升，素质的提高。研学成果的展示尤其重要，报告、随笔、绘画、影集等多形式的成果展给学生搭建了一个悦纳自我、欣赏他人、实践操作的平台。

总之，芳香派课程尊重儿童的生命成长历程，尊重生命特质，激发每个孩子的活力和潜能。我们致力于每个生命的和谐健康成长、蓬勃绽放，我们坚信，向着芳香生长是教育的美好姿态。

（撰稿者：陈继传　王宝文）

---

[1] 范胜武.研学旅行的"一贯制"设计：让学生在行走中"豪迈"地成长［J］.中小学管理，2018（01）：46-48.

后记

荀子说：不闻不若闻之，闻之不若见之，见之不若知之，知之不若行之。学至于行之而止矣。合肥市蜀山区作为首批全国品质课程试验区，近几年来，每一所学校、每一位教师都在这片实验田里躬行深耕，积极探索。回望来时路，过程很艰辛，从在最初课程初识时的杂乱无序到如今的理论成书、落地实施，一遍遍地论证，凝聚了多少蜀山教育人辛勤的汗水；回望来时路，结果很幸福，蜀山区参加品质课程建设的每一所学校越来越清晰自己的课程定位，并能如火如荼地推进品质课程建设的实施。

在品质课程实施过程中，我们立足于立德树人的根本宗旨，基于每一所学校的校况，基于每一所学校的办学理念，提出了符合自己的课程理念，有"自上而下"的顶层设计，也有"自下而上"的实践创新。从整体上摒弃了空洞的理论说教，重在课程的落地开展。本书选取了七所学校：合肥市西园新村小学南校教育集团的"小天鹅课程"、合肥市蜀山小学的"新生态课程"、合肥市蜀新苑小学的"S-M-I-L-E课程"、合肥市安居苑小学的"小绿叶课程"、合肥市新城小学的"智慧城课程"、合肥市琥珀小学的"美好派课程"和合肥市大柏中学的"芳香派课程"。这七所学校打破了以往的校本课程为了课程而课程的怪圈，避免"大杂烩"与"碎片化"，不再是单个课程"点"上的叠加，而是关注到课程的"面"，形成有逻辑的完整的课程体系。

本书从课堂教学、重组整合、研学旅行、社团活动、节日民俗、寓教于乐、礼仪学习七个方面具体阐述学校课程的实施路径。改变了过去单一的课程实施模式，"生活即教育"，一切来自学生生活实际的都可以成为课程实施的途径和方法。在这里我们没有简单的叠加，而是进行课程重组和整合，把各个相关的课程进行组合搭配，构建出新的课程群，在时空上打通校内外深度学习的渠道，加强校内外的联系。关注儿童身心发展的规律、生活实际与课程的活性，这不仅是课程理论上的创新，更是课程实施上质的突破。

反思本书所建构的学校品质课程实施过程的几个方面，难免存在一些不足之处，下一步，我们将继续对课程建设进行探索。

"一花独放不是春，百花齐放春满园"。蜀山区开展"区域推进中小学品质课程建设的实践研究"以来，所有蜀山教育人在课程实施中，行动是积极活跃的，研究氛围是蓬勃而热烈的。我们看到品质课程已经在蜀山教育的沃土上扎根、发芽、开花、结果。

最后，在本书即将出版之际，我们诚挚感谢上海市教育科学研究院品质课程团队的悉心指导，感谢合肥市蜀山区教育体育局的潜心投入，感谢参加编写这本书的学校和老师们的付出和努力！

王慧珍

2021年5月12日

"品质课程"阅读书目

学校整体课程规划	978-7-5760-0423-6	48.00	2022年1月
推进育人方式变革的区域教学改进研究	978-7-5760-2314-5	56.00	2021年12月
学校整体课程规划的七个关键	978-7-5760-0424-3	62.00	2021年3月
课堂教学的30个微技术	978-7-5760-1043-5	52.00	2020年12月
教学诠释学	978-7-5760-0394-9	42.00	2020年9月
原点教学：提升区域育人质量的策略研究	978-7-5760-0212-6	56.00	2020年8月

品质课程聚焦丛书

自组织课程：语文学科课程群新视角	978-7-5760-1796-0	48.00	2021年12月
数学作为学习共同体：一种新的数学课程观	978-7-5760-1746-5	52.00	2021年12月
学科育人的整体课程范式	978-7-5760-2290-2	46.00	2021年12月
聚焦育人质量的学科课程设计	978-7-5760-2288-9	42.00	2021年11月
活跃的学习图景：学校课程深度实施	978-7-5760-2287-2	48.00	2021年11月
学科文化：英语学科课程新视角	978-7-5760-2289-6	48.00	2021年12月
课程联结：学科课程群设计方法	978-7-5760-2285-8	44.00	2021年12月
数学学科课程决策：专业视角	978-7-5760-2286-5	40.00	2021年12月
特色项目课程：体育特色课程的校本建构	978-7-5760-2316-9	36.00	2021年12月
进阶式探究课程设计：学科整合视角	978-7-5760-2315-2	38.00	2021年12月

学校课程发展精品丛书

学科课程群与全经验学习	978-7-5760-0583-7	48.00	2021年1月
育人目标与课程逻辑	978-7-5760-0640-7	52.00	2021年2月
学科课程与深度学习	978-7-5760-0505-9	52.00	2021年2月
学校课程的文化表情：百花园课程的学科指向与深度实施			
	978-7-5760-0677-3	38.00	2021年2月
学校文化与课程变革	978-7-5760-0544-8	62.00	2021年2月
语文天生重要：语文学科课程群设计	978-7-5760-0655-1	44.00	2021年2月
五育并举的课程体系：致良知课程的旨趣与探索			
	978-7-5760-0692-6	48.00	2021年1月

学科课程与育人质量	978-7-5760-0654-4	48.00	2021 年 1 月
在地文化与课程图谱	978-7-5760-0718-3	46.00	2021 年 2 月
中观课程设计与学科课程发展	978-7-5760-0624-7	36.00	2021 年 1 月
大教学：英语学科核心素养培育的课程模式	978-7-5760-0462-5	46.00	2021 年 1 月

特色学校聚焦丛书

儿童是天生的探索者：360°科学启蒙教育	978-7-5675-9273-5	36.00	2020 年 2 月
做精神灿烂的教师：教师自我成长的 5 个密码	978-7-5760-0367-3	34.00	2020 年 7 月
让教育温暖而芬芳	978-7-5760-0537-0	36.00	2020 年 9 月
快乐教育与内涵生长	978-7-5760-0517-2	46.00	2020 年 12 月
故事教育与儿童发展	978-7-5760-0671-1	39.00	2021 年 1 月
美好教育：学校内涵发展的循证研究	978-7-5760-0866-1	34.00	2021 年 3 月
把美好种进儿童心田	978-7-5760-0535-6	36.00	2021 年 3 月
倾听生命的天籁："天籁教育"的实践与探索	978-7-5760-1433-4	38.00	2021 年 9 月
为了每一个孩子的美好心愿	978-7-5760-1734-2	50.00	2021 年 9 月
向着优秀生长："模范教育"的理念与实践	978-7-5760-1827-1	36.00	2021 年 11 月
让个性自然发荣滋长："引发教育"的理论寻源与实践探索	978-7-5760-2600-9	38.00	2022 年 3 月

跨学科课程丛书

大情境课程：主题设计与创意评价	978-7-5760-0210-2	44.00	2020 年 5 月
社会参与素养的培育模型与干预机制	978-7-5760-0211-9	36.00	2020 年 5 月
大概念课程：幼儿园特色主题活动设计	978-7-5760-0656-8	52.00	2020 年 8 月
项目学习：进入学科的课程智慧	978-7-5760-0578-3	38.00	2021 年 4 月
STEAM 课程的设计与实施	978-7-5760-1747-2	52.00	2021 年 10 月
幼儿个性化运动课程	978-7-5760-1825-7	56.00	2021 年 11 月
幼儿园特色课程的框架与实施	978-7-5760-2598-9	48.00	2022 年 3 月

核心素养导向的课堂教学丛书

| 转识成智的课堂教学：核心素养导向的历史教学 | 978-7-5760-0164-8 | 40.00 | 2020 年 5 月 |

学导式教学：学会学习的教学范式	978-7-5760-0278-2	42.00	2020 年 7 月
高阶思维教学的关键技术	978-7-5760-0526-4	42.00	2021 年 1 月
会呼吸的语文课：有氧语文的旨趣与实践	978-7-5760-1312-2	42.00	2021 年 5 月
高阶思维教学的核心指向	978-7-5760-1518-8	38.00	2021 年 7 月
磁性课堂：劳动技术课就这样上	978-7-5760-1528-7	42.00	2021 年 7 月
核心素养导向的作业设计	978-7-5760-1609-3	40.00	2021 年 8 月
语文，让精神更明亮	978-7-5760-1510-2	42.00	2021 年 9 月
"六会"教学法：基于核心素养的课堂教学	978-7-5760-1522-5	42.00	2021 年 9 月

特色课程建设丛书

教师，生长的课程	978-7-5760-0609-4	34.00	2020 年 12 月
学校课程发展的实践范式	978-7-5760-0717-6	46.00	2020 年 12 月
丰富学习经历：如歌式课程的愿景与深度	978-7-5760-0785-5	42.00	2020 年 12 月
学科课程群设计方法	978-7-5760-0579-0	44.00	2021 年 3 月
学校美育课程的立体建构：菁华园课程的逻辑与框架	978-7-5760-0610-0	36.00	2021 年 3 月
关键学习素养与学科课程设计	978-7-5760-1208-8	34.00	2021 年 4 月
学校课程设计：愿景建构与深度实施	978-7-5760-1429-7	52.00	2021 年 4 月
生长性课程：看见儿童生长的力量	978-7-5760-1430-3	52.00	2021 年 4 月
"慧阅读"课程：儿童视角	978-7-5760-1608-6	42.00	2021 年 6 月
诗意栖居的课程愿景：智慧岛课程的逻辑与深度	978-7-5760-1431-0	44.00	2021 年 7 月
每一个孩子都是最重要的人：V-I-P 课程的内在意蕴与学科视角	978-7-5760-1826-4	54.00	2021 年 8 月
给每一个孩子带得走的能力：井养式课程的旨趣与探索	978-7-5760-1813-4	42.00	2021 年 10 月
指向核心素养的课程统整框架：I AM BEST 课程的学科之维	978-7-5760-1679-6	48.00	2021 年 11 月